U0582758

广佛肇民营企业协同创新发展研究

Research on the Collaborative Innovation and Development of Private Enterprises in Guangfozhao

王子飞 / 著

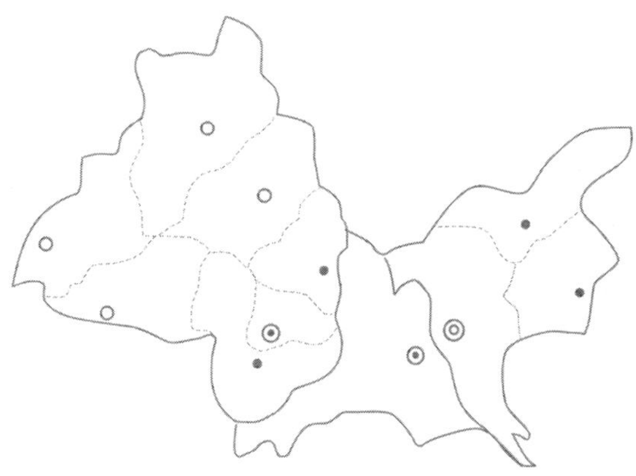

经济管理出版社
ECONOMY & MANAGEMENT PUBLISHING HOUSE

图书在版编目（CIP）数据

广佛肇民营企业协同创新发展研究/王子飞著．—北京：经济管理出版社，2017.8

ISBN 978-7-5096-5195-7

Ⅰ.①广… Ⅱ.①王… Ⅲ.①民营企业—企业发展—协调发展—研究—广州、佛山、肇庆 Ⅳ.①F279.265

中国版本图书馆 CIP 数据核字（2017）第 148550 号

组稿编辑：郭丽娟
责任编辑：郑 亮
责任印制：司东翔
责任校对：赵天宇

出版发行：经济管理出版社
（北京市海淀区北蜂窝 8 号中雅大厦 A 座 11 层 100038）
网 址：www.E-mp.com.cn
电 话：（010）51915602
印 刷：北京玺诚印务有限公司
经 销：新华书店
开 本：720mm×1000mm/16
印 张：17.25
字 数：291 千字
版 次：2017 年 8 月第 1 版 2017 年 8 月第 1 次印刷
书 号：ISBN 978-7-5096-5195-7
定 价：68.00 元

前　言

自改革开放以来，我国经济高速增长了30多年。目前，我国还没有形成像东京、巴黎、纽约和芝加哥那样的世界级经济圈。随着我国综合国力的增强，世界经济发展中心逐渐东移，我国在不久的将来必将出现若干个世界级经济圈，成为推动区域经济发展的“增长极”。从发展趋势来看，“泛珠三角经济圈”“泛长三角经济圈”“泛环渤海湾经济圈”成为世界级经济圈的可能性最大。从国际化程度、自由贸易度、经济综合实力和对亚洲与世界的辐射力及聚集力等因素综合考虑，“泛珠三角地区”具有率先构建世界级经济圈的可能。

2013年底，中共十八届三中全会在关于全面深化改革若干重大问题的决定中，明确提出“建立产学研协同创新机制，强化企业在技术创新中的主体地位……推进应用型技术研发机构市场化、企业化改革，建设国家创新体系”，把协同创新正式列入我党的重大决策中。

广佛肇经济圈是中共广东省委、广东省人民政府为协调广州、佛山、肇庆三市经济社会一体化发展和贯彻实施国家发展改革委员会于2008年12月发布的《珠江三角洲地区改革发展规划纲要（2008~2020年）》而提出并建立的，属于珠三角区域一体化的内容之一。区域一体化就是打破行政界限，消除差别待遇，实行经济优势互补与联合，在更高一级的范围内实现产品和生产要素等资源的优化配置，降低区域的整体发展运行成本，提升区域综合实力和竞争力，进而推动经济和社会又好又快发展。

加快推动广佛肇经济圈民营企业协同创新合作发展，推进三地产业转型升级，形成结构高级化、发展集聚化、竞争高端化现代产业体系，携领珠江三角洲经济一体化发展，是深入贯彻落实《珠江三角洲地区改革发展规划纲要（2008~2020年）》的具体举措，是广东省委、省政府赋予广州、佛山、肇庆三市的历史使命。当前，国内外经济形势复杂，经济全球化和区域一体化深入发展，国际金融危机引发世界经济结构的重大调整，广州、佛山、肇庆三市正处于产业结构转型和转变经济发展方式的关键时期，企业协同与创新发展既面临着巨大挑战，也面临着重大机遇。为加快推进产业协调发展，政府先后出台《广东省国民经济和社会发展第十三个五年规划纲要》《珠江三角洲产业布局一体化规划（2009~2020 年）》《广佛肇经济圈建设合作框架协议》《广佛肇经济圈发展规划（2010~2020 年）》《广东省现代产业体系建设总体规划》等相关文件。

自 2009 年《广佛肇经济圈建设合作框架协议》签署至今，各级政府、科研机构、学者等从制度、产业转移与合作、动力机制等层面对广佛肇经济圈进行了分析和研究。本书共分为九章，从广佛肇经济圈民营企业的技术创新、制度创新、管理创新、财务成本管理、人力资源管理创新、文化建设创新、协同创新与核心能力进行相关研究，最后列举了广佛肇经济圈近几年比较典型的企业创新案例。

本书在写作过程中得到王元良、易伟义等诸多教授的指导，同时在研究过程中也参考和吸收了学术界相关的成果，在此一并感谢。由于本人学识水平有限，研究水平还不高，同时受数据资源收集不足的限制，本书所研究的内容在一定程度上还不够完善和全面，其错误也在所难免，恳请学界同仁和读者不吝批评、指正！若得指教，当不胜感激。

作 者

2017 年 2 月 28 日

目　录

第一章　广佛肇经济圈民营企业及其发展

第一节　广佛肇经济圈及其民营企业

一、广佛肇经济圈的界定

无论在全国还是某个地区，区域经济发展不平衡都客观存在。改革开放30多年来，广东省总体经济水平一直处在全国前列，但是随着经济的不断发展，区域经济发展不平衡的问题越发突出。“广佛肇经济圈”的概念，由前广东省委书记在肇庆首先提出，随后引发省内关注。广佛肇一体化由广佛同城的概念发展而来，包括广州市、佛山市、肇庆市。国土面积约为26232.1平方公里，人口总数约为2381万人。广州市人民政府、佛山市人民政府、肇庆市人民政府于2011年6月30日共同发布《广佛肇经济圈发展规划（2010~2020年）》。

本书所指广佛肇经济圈，是指相对于经济特区和珠三角地区而言的广州、佛山和肇庆地区。广州地区主要包括越秀区、海珠区、荔湾区、天河区、白云区、黄埔区、南沙区、番禺区、花都区、从化区、增城区。佛山地区主要包括现辖禅城区、南海区、顺德区、高明区和三水区。肇庆地区主要包括端州区、鼎湖区、高要区、肇庆新区、大旺高新开发区、广宁县、怀集县、封开县、德庆县、四会市（见表1-1和图1-1）。

表 1-1　广佛肇经济圈地区分布

地区	广州	越秀区、海珠区、荔湾区、天河区、白云区、黄埔区、南沙区、番禺区、花都区、从化区、增城区
	佛山	禅城区、南海区、顺德区、高明区、三水区
	肇庆	端州区、鼎湖区、高要区、肇庆新区、大旺高新开发区、广宁县、怀集县、封开县、德庆县、四会市

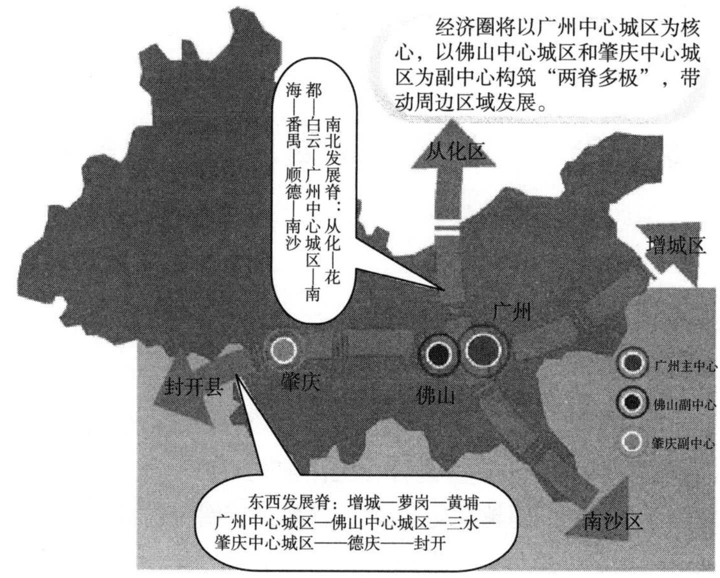

图 1-1　广佛肇经济圈地区分布

二、广佛肇经济圈发展基础

当前，国内外经济形势复杂，经济全球化和区域一体化深入发展，国际金融危机引发世界经济结构的重大调整，广州、佛山、肇庆三市正处于产业结构转型和转变经济发展方式的关键时期，产业合作发展既面临着巨大挑战，也面临着重大机遇。

改革开放以来，广佛肇三市产业快速发展，经济互动频繁，产业分工协作日益明显，逐渐形成产业集聚发展态势，呈现出结构互补、分工明确的产业协

作格局，形成良好的产业协作发展基础。

（一）地域空间相连

广佛肇三地处于珠三角核心区，是连接珠三角东西两岸的枢纽地带，自然地域空间紧密相连。广佛之间接壤地段长达200公里，佛肇之间接壤地区连绵130多公里，以西江干流为衔接，水网贯通广佛肇地区，是连通海外、连接珠三角与广西地区的重要战略通道。同时，城镇建设相互衔接发展明显，荔湾、南海、白云、花都、三水、番禺、顺德等广佛交界地区的城镇建设相向发展，广佛城镇通过“双转移”等与肇庆城镇形成良好互动，三地城市空间呈连绵共同发展态势。三市居民通勤、交往及跨市居住、就业、消费等日趋频繁，社会事业和公共事务合作领域不断扩大、合作层次不断提升、合作成效不断显现。良好的自然社会条件，为广佛肇产业合作发展奠定了基础。

（二）基础设施衔接成网

广佛肇水系相通，道路逐步连通成网。信息网络初步连通，“佛山通”与“羊城通”互联互通，跨行政区的信息化范围正在逐步扩大。广佛肇城际、贵广、南广等轨道交通建设与珠三角环线、广肇高速、二广高速、肇花高速等高快速路建设正在全面推进，将整合形成广佛肇江海联运的一体化运输体系，实现广佛肇各区域与广州铁路南站、白云国际机场、南沙港等战略性基础设施的交通对接，三市之间将形成全面对接、互联互通、一体化的综合交通体系，为产业协作提供了可靠载体。

（三）产业合作发展思路机制对接

广佛肇三地政府、民间均对经济圈和产业协作达成广泛共识，交流日益密切，发展思路、机制逐步对接。广州“西联”与佛山“东承”发展战略相互对接。在产业规划布局、资源配置、产业园区规划等方面三市加强了衔接协调，广州实施“西联”发展战略，佛山实施“东承”发展战略，肇庆提出“向东看，往东赶”的口号，并确定“尽快实现GDP超千亿元目标，尽快成为名副其实的珠三角城市，把肇庆建设成为未来广东发展的新增长极，成为能够代表广东科学发展成果的城市”的近期和远期战略目标。《广佛同城化建设合作框架协议》《广州市佛山市同城化建设产业协作协议》《广佛肇经济圈建设合作框架协议》及相关领域协助文件正式签署，在规划对接、交通运输、产业协作、科技创新、环境保护、旅游合作、社会事务、金融等领域三地展开了实质性的合作，科学建立编制实施广佛肇一体化规划体系的统筹机制和政策机制，广佛肇经济圈产业协作已上升到战略合作层面。

（四）产业合作发展成效显著

改革开放以来，广佛肇经济逐渐集聚，产业特色明显，分工协作格局逐步显现，产业结构互补，经济互动频繁，分工合作日益紧密，形成了配套日渐完善的区域产业集群，产业关联度进一步加强。

一是现代服务业合作紧密。三市在金融保险、交通运输、现代物流、商务会展、中介服务、文化教育等现代服务业发展合作领域日益紧密。在金融领域，三地在防范化解地方金融风险、加强产业资本与金融资本融合等领域的合作不断深化，形成广州金融总部经济发达，佛山负责金融企业的研发、数据处理等后台业务，肇庆初步为广佛资本市场发展拓展区的发展格局。在交通运输业方面，以广州空港、海港及铁路枢纽为核心，仓储、展示、交易、批发等功能交流日益紧密，实现三地货物在国内外市场“大进大出”的紧密合作模式。在会展业方面，以广交会为龙头，以佛山专业会展为特色，推进会展营销队伍的建设、展会主题、形式创新等方面合作。在商贸旅游方面，三市商贸旅游企业克服资金、规模、品牌限制，通过多种出资组建的形式重新整合了商贸旅游资源，实现服务的优质化、个性化。

二是先进制造业区域产业链逐步形成。在先进制造业领域，广佛肇三市先进制造业发展相互渗透。广佛钢铁产业与装备制造业已形成紧密的产业链上下游协作关系，肇庆的装备制造业也逐步跟上步伐。在石化工业、电子信息产业等方面，广佛肇的产业协作逐步加强，广州整车与佛山、肇庆汽配的区域汽车产业链逐渐形成，区域制造业集群式发展逐步形成。同时，肇庆设立了中山（肇庆大旺）省级产业转移工业示范园、顺德龙江（德庆）省级产业转移工业园、中山大涌（怀集）省级产业转移工业园等产业转移园承接珠三角产业转移。广佛肇三市传统优势制造业互为补充，家电、家具、纺织、金属加工、新型建材等行业已有大量中小企业利用加盟等方式与大型企业开展合作，以充分利用后者的品牌、资金、网络等优势来发展壮大。

三是优势传统产业的生产环节与研发、物流、营销等环节协作加强。广佛

两市的家电、家具、纺织、金属加工、新型建材行业有不少企业在肇庆设立生产环节，部分传统产业产品实现了“品牌走出去”“采购走出去”，增强了广佛服务业的辐射能力，提高了肇庆发展水平，提升了广佛肇地区传统行业企业在国际贸易价值链上占据的层次。

四是高新技术产业合作不断拓宽。以电子信息、软件、生物医药、新能源、新材料、LED 产业等为主导的多个产业合作平台、途径、项目不断增加，跨区域的研发机构、科技培训机构等开始涌现，科技、人才、资讯等资源流动日益频繁，企业通过合理的分工，力争在某个供应链或产业链的一个节点上成为专业供应商，达到“模块分工、专业制胜”的效果。

五是都市型农业合作日益深化。三市在农业产业化、农产品流通、农产品质量安全、观光休闲农业等领域的合作不断深入。居民市郊自助游、农家乐休闲等需求升温，为广佛肇发展现代都市农业提供了无限商机。以拓宽农业科研、农产品物流、农业会展商贸等服务渠道加快了三市现代农业的发展。此外，目前三地农产品互通日益频繁，市民的“菜篮子”更加丰富。

三、广佛肇经济圈发展环境

（一）广佛肇经济圈面临的国际环境

金融危机促使世界各国日益注重经济平衡的增长模式，开始注重“再工业化”和重归实体经济的发展趋势，能源、气候和环境问题成为国际政治经济博弈的焦点。危机也酝酿新的技术革命，西方发达国家加快开发环保、清洁能源技术、绿色能源科技与低碳经济发展，谋求在更高领域培育新的经济增长点，跨国公司开始在全球范围内重新筹划其研发、投资、贸易、生产、服务、融资、人才等经济活动，国际产业和技术转移出现新变化。产业融合化、制造业服务化、服务业知识化发展步伐不断加快，国际产业结构正发生深刻变化。国际环境新变化必将对广佛肇经济圈参与全球竞争和世界产业分工产生重大影响。广佛肇要提升在全球产业价值链中的地位，需要顺应时代发展趋势，加强节能减排、资源集约利用，加强自主创新，加快经济结构调整，优化区域产业布局，推动区域产业协调互动发展，转变经济发展方式，提升产业的创造力和竞争力，努力实现全面协调可持续发展。

（二）广佛肇经济圈面临的国内环境

改革开放30多年，我国区域经济发生了深刻变化，逐步形成了全方位、多层次的对外开放新格局。我国经济发展进入战略发展期，为促进经济平稳较快发展，国家提高经济增长质量和效益，更加注重推动经济发展方式转变和经济结构调整，更加注重推进改革开放和自主创新、增强经济增长活力和动力，更加注重扩大内需、促进经济增长由主要依靠外需拉动向内外需协调拉动转变。与此同时，国家把区域经济发展提升到国家战略高度，相继批准长三角、珠三角、环渤海地区、北部湾经济区、海西经济区及黄河三角洲地区发展规划，区域竞争开创新局面。作为珠三角经济区核心地区的广佛肇经济圈，如何进一步创新发展思路，争当科学发展的“排头兵”，有赖于产业合作发展转型升级，有赖于产业布局一体化的加速推进，以聚集区域内力，为经济发展提供持久的强大动力。

（三）广佛肇经济圈区内环境

在珠三角三大经济圈中，广佛肇三市中心地位突出，广佛肇经济圈规模最大，2009年地区生产总值占珠三角的46.0%；经济发展态势强劲，2009年肇庆、佛山的GDP增长速度在珠三角九市中分别名列第一、第二。三市产业综合性与区域互补性明显，有条件率先构建一体化发展格局，成为珠三角一体化发展的引领与示范。同时，广佛肇三市综合经济发展水平已经进入一个新的发展阶段，产业结构升级转型强烈，需要进一步扩充市场规模，进一步推进要素合理流通，引领区内产业发展升级。

四、民营企业的概念

改革开放30多年来，对“民营企业”的概念在理论界形成了多种多样的认识。究竟如何界定民营企业概念，结合我国经济现实，按照经济发展的规律去认识和理解民营企业，我们认为这样显得较为客观和相对合适。民营企业是相对于国营的概念而提出的。

民营企业是指按照《中华人民共和国公司法》具备法人资格，实行委托经营或租赁经营的国有企业、个体私营企业、联营企业、合伙企业、各种类型

的股份制和股份合作制企业、在中国境内的“三资”企业（中外合资经营企业、中外合作经营企业或有多种经济成分参股的混合制民营控股企业），通过资产重组和劳动合作，真正开展生产经营、市场营销，以取得利益最大化为目标的多元化跨产业、行业的互相参股组建的各类所有制经济组织、企业组合。它反映出某一区域或在某一阶段、某一时期市场化要求下，跨所有制、跨行政行业区划组建的具有民营经理人或民营企业家控制的多元经济组织。其具有动态化产权分割与控股要素资源重组及利益分配的约束关系，是一种反映适应国际市场化规则下，交叉于混合所有制结构的有效运行的综合组织结构。其特征表现为：市场化的适应性及可操作性，经营理念的亲和性与创新性，空间拓展的多向性和包容性，以及最大市场份额占有性及强化效能的活力竞争性。

弄清民营企业概念我们还要走出两个误区：一是民营就是私有的误区。这种说法无论是从企业的分类概念上，还是从民营企业的实践上说都是不公平的。从概念上说，传统的民营企业是旧体制下的私有企业，是指私人独资和私人有限公司。当然，这些企业发展到一定程度，作为一个机构法人再投资产生出更高层次的民营企业，即建立在法人基础上以民营法人投资为主体的民营企业，但他们还属于私有企业。持这种观点意味着民营企业就是私人企业，民营化就是私有化。而在传统的按所有制划分的企业形态中，集体企业是公有性质的企业，因此，集体企业不在民营企业范畴内。事实上在新中国成立后的几十年时间里，都把民营企业与私有企业等同起来，至今中国的很多产业政策，包括资本市场政策及人们的观念上，对私有企业仍具有歧视性，因此把民营等同于私有对民营企业的发展是不利的。事实上，民营企业只是与国有企业相对，应包含公有性质和社会所有性质的各种类型企业，私有企业只是民营企业的一种形态。因此，我们必须从实践中将民营企业和私有企业分开，在各种场合尽量多宣传民营和私有的区别，这会对中国民营企业（包括私有企业）的发展产生实实在在的好处。二是国有企业不能是民营企业的误区。民营与国营相对，而不与国有相斥，国有企业完全可以是民营企业，民营企业也完全可以是国有企业。现在的集体企业应被视为民营企业，我们今天讨论的民营企业包括各种类型的集体企业，而不仅限于私人企业。

民营企业将从原有计划体制下的所有制静态分析界定中脱颖而出。摒弃以往资本积累慢、规模小、抗风险能力低、家族式管理、企业主素质低下及非理性特征等弊端，按照中国“入世”后的市场“游戏规则”，在竞争性领域得到有益的发展。

宏观政策的导向和倾斜，使民营企业自身有效的整合效应不断升华，其原有的体制方向、目标、条件通过货币资本和人力资本的优良化，转化为良性增值的基点和动因。在“有所为，有所不为”的原则下，实行“三个有利于”推动了21世纪民营企业群的长足发展。

从“苏南模式”到“温州模式”的历史演变，综观民营化企业的发展，无一不雄辩地证明：不管宏观控制下的制度效应有多严格，微观领域的经济组织形式必须符合市场经济发展规律的原则，否则是“成也萧何，败也萧何”。“苏南模式”通常是指江苏省苏州、无锡和常州（有时也包括南京和镇江）等地区通过发展乡镇企业实现非农化发展的方式。由费孝通在20世纪80年代初率先提出。其主要特征是：农民依靠自己的力量发展乡镇企业；乡镇企业的所有制结构以集体经济为主；乡镇政府主导乡镇企业的发展。“温州模式”是指浙江省东南部的温州地区以家庭工业和专业化市场的方式发展非农产业，从而形成小商品、大市场的发展格局。小商品是指生产规模、技术含量和运输成本都较低的商品。大市场是指温州人在全国建立的市场网络。

“苏南模式”中的乡镇企业，在政府扶持下曾创下令人羡慕的辉煌，但由于“官本位”经济的影响、激励和约束机制的失灵、膨胀化的投资，形成“过剩”危机，致使资本原始积聚在后期处于无效。而处于同一时期的“温州模式”，按照市场规则不断发展形成集聚化的民营企业群落，随着其资本积聚和运营及“人本”效益的营销理念，开创出比过去更加辉煌的市场前程。它的发展既没有无效的过剩投资，又使企业家自身无法形成“短”执政的寻租行为，其强大的生命力已使自身发展的触角延伸于欧美各国，并分享国际市场的有效份额。

总结和分析我国民营企业概念内涵的延伸，并非只是从发展和变化动态地理解民营化企业的可行性，而是要为中国整体经济在国际市场规则中概括出超前发展的民营化企业组织形式。

五、广佛肇经济圈民营企业的种类

（一）基本分类

第一，个体工商户。指个人占有生产资料，主要依靠自己和家庭成员的劳

动从事商品生产、商品交换或为城乡居民提供劳务服务，劳动所得归个体经营者所有的一种经济形式。这种以个人和家庭构成的生产经营单位的个体经营经济形式也称为个体所有制经济，包括小型工业、手工业、建筑业、商业、饮食业、服务业、修理业、交通运输业和长途贩运业、房屋修理业，统称为个体工商业。

第二，私营企业。指企业资产属于私人、所有雇工在 8 人以上的营利性的经济组织。其形式分为三种：独资企业、合伙企业、有限责任公司（《中华人民共和国公司法》在新的形势下对其定义将进行修订）。

第三，乡镇企业。指乡（含镇）、村（含村民小组）农民集体举办的自主经营、自负盈亏、独立核算的社会主义经济组织。

第四，城镇集体所有制企业。指财产由一定范围的城镇劳动群众集体所有，实行共同劳动，在分配方式上以按劳分配为主体的社会主义经济组织。

第五，“三资”企业。是外国企业和其他经济组织或者个人依照中华人民共和国法律在中国境内以直接投资方式参与或独立设立的各类企业的总称。外商投资企业包括以下四种形式：中外合资经营企业、中外合作经营企业、外资企业和外商投资有限责任公司。

第六，合伙企业。指依照《中华人民共和国合伙企业法》在中国境内设立的由各合伙人订立合作协议、共同出资、合伙经营、共享收益、共担风险，并对合伙企业债务承担无限连带责任的营利性组织，是一种非公有制的合作企业。

第七，国有民营的企业。

第八，其他联营性质的企业。

（二）其他分类

对民营企业的分类应以发展变化的动态性来确定。

第一，民营化的高科技企业。包括私营、乡镇、“三资”企业或民营控股国有的企业，以及民营科技创业公司和民营风险投资公司。特点：以高新技术成果作为无形资产参与转化项目投资。成果价值占注册资本比例最高可达 55%，成果完成者和成果实施者根据贡献股权收益率的享有可确定在 20%~60%。

第二，民营化的资本运作企业。包括私营房地产、乡镇企业、金融企业、“三资”及民营风险投资公司。特点：以全球化合作的房地产或控股证券、银行、电信等行业开展资本经营或资本运作。他们掌握了市场经济的游戏规则，同时，也为另一部分民营企业提供了完成资本原始积累条件，如招商银行、光大银行、广汇企业集团、德隆集团等。

第三，国有企业改组转型衍生出的一大批民营化的企业（包括委托经营和整体转型的各种国企）。特点：通过承包、租赁、委托经营、无形资产折股、年薪及期权等多种形式的民营化融入国有企业，以高级经理人和委托代理，参与竞争领域市场竞争。

第四，改革开放过程中率先完成原始积累的民营企业（包括外资引入和早期得到改革寻租收益的企业）。特点：以各种外资机构代理人、高层管理者或早期超前利用制度缺陷得到寻租收益者，其以人力资本和关系拥有创业优势、业务关系和行业经验。这是较高层次的民营企业家管理的企业。

第五，在新的市场空间日益壮大的民营中介企业（包括注册会计师事务所、律师事务所、广告代理商、代理报关服务等）。特点：以自然人为股东，负连带责任的合伙制，形成其出类拔萃的身价千万元的会计师人力资本群体队伍。

第六，在第三产业中早已完成原始积累的民营企业（娱乐城、酒店、连锁干洗店等）。特点：具有一定资本并具有新潮理念，收益率高。

第二节　广佛肇经济圈民营企业发展概况及特征

一、我国民营企业发展的阶段

从新中国成立至今，我国民营企业发展大体经历了五个阶段：

（一）全面否定和排斥阶段（1978 年以前）

三年国民经济恢复时期至“一五”计划前期，国家对个体私营经济和民族工商业持鼓励发展态度。当社会主义改造任务完成后，所有制结构开始向“一大二公”过渡，盲目追求越大越公的所有形式，对非公有制经济采取了限制、改造、排斥的方式，使民营企业几乎绝迹，所有制结构呈现为全民所有制和集体所有制的单公有制形式。私营工业占全国工业总产值的比重由新中国成立初期的48.7%迅速下降接近于零。特别是“文化大革命”时期，把个体经济等当做资本主义尾巴取缔，严重阻碍了生产力的发展和人民生活水平的提高，虽有极少数的私营经济存在，但也已奄奄一息。

（二）恢复阶段（1978~1984年）

中共十一届三中全会后，随着我国农村家庭联产承包责任制的推行，否定了“一大二公”的观点，肯定了个体经济的补充地位，放手发展个体经济，极大地调动了农民的生产积极性。中央和国务院相继发布了一系列重要的方针、政策，进一步阐明了发展多种经济形式的必要性和重要性，为民营企业，特别是个体经济的发展提供了更加充分的理论依据和政策保证。这一阶段，在坚持公有制经济的主体地位并使之进一步壮大的前提下，个体经济得到发展，原来那种与生产力水平不相适应的单一公有制结构开始得到改变。作为制度创新的结果，一是产生了各类农业生产、运输、销售专业户；二是农村乡镇企业迅速崛起；三是为解决知青返城、待业青年和社会闲散人员的就业，由街道兴办“三产”或鼓励其自谋职业，使城镇的个体私营经济逐步恢复。到1984年，城镇个体经济从业人员已达10.07万人，占社会从业人员的1.8%；城乡个体工业产值0.22亿元，占工业总产值的0.3%；个体经济零售额3.75亿元，占全部零售额的11.7%。

（三）困惑阶段（1985~1991年）

随着城市经济体制改革的进行，民营企业得到较快发展。社会从业人员中，民营企业所占比重由1985年的2.5%提高到1991年的2.7%，工业总产值由1.9%提高到2.7%，社会消费品零售额由18.3%提高到23%。城乡个体工商户超过20万户，从业人员达到31.3万人；1991年，私营企业已达到951户，从业人员达到2.01万人。但是，关于非公有制经济的地位引起较大争议，民营企业的进一步发展受到制约。20世纪80年代末到90年代初，东欧剧变、苏联解体，在这样的国际背景之下，新时期以来形成的党和国家关于民营企业的理论和方针、政策受到一些人的质疑。有人认为，发展民营企业就是走私有化道路，民营企业的发展将成为和平演变的重要经济基础。这种质疑和争论虽然发生在民营企业的发展过程中，却也阻碍了对社会主义初级阶段民营企业地位和作用的探索，使其发展处于停滞甚至后退状态。

（四）调整发展阶段（1992~1998年）

1992年，邓小平同志在南方谈话中提出三个“有利于”的标准，一针见血地批评了一些人所持的错误观点，进一步为我国的改革开放和社会主义现代化建设指明了方向。同年10月，中共十四大确定了建立社会主义市场经济体制的目标，坚持和发展了党关于民营企业的理论和方针，使民营企业在所有制结构中所处的地位日渐明显，促进了民营企业跳跃性的发展。截至1998年，城乡个体工商户比1991年增长82%，从业人员增长83%，注册资金增长4.65倍；私营企业增长12.2倍，雇工人数增长6.3倍，注册资金增长63.7倍；城乡个体工业产值增长5.3倍，私营企业产值和个体经济零售额增长4.67倍，个体经济投资增长3.12倍。股份制企业急剧增加，在公司制企业中，有限责任公司6036家，注册资本154.52亿元；股份合作制法人企业643家，注册资本5.90亿元。“三资”企业也得到长足发展，占进出口额的8.5%。

（五）蓬勃发展阶段（1998年至今）

中共十五届四中全会后，坚持邓小平的三个“有利于”的标准，科学地确定了民营化非公有制经济的地位。不到3年的时间，中国加入世界贸易组织后，国有企业在转型改制中充分利用民营企业家委托代理经理人的人才优势，国有民营的混合制企业发展异常迅猛。截至2011年底，全国实有企业1253.12万户（含分支机构，下同），比上年底增长10.26%，实有注册资本（金）72.25万亿元，比上年底增长21.16%。内资企业实有1208.47万户，比上年底增长10.67%，实有注册资本（金）61.35万亿元，比上年底增长24.73%。其中，私营企业967.68万户，增长14.45%，注册资本（金）25.79万亿元，增长34.27%。外商投资企业44.65万户，增长0.28%，注册资本（金）10.9万亿元，增长4.37%。

二、广东民营企业发展状况

自改革开放以来，广东的民营企业发挥了敢于“吃螃蟹”的精神，在推动广东经济发展中发挥了重要的作用，在新常态、新经济的发展新形势下，广东的民营经济在创业创新中再度发力，扬帆起航，实现二次创新，为广东经济的持续健康发展做出了重要的贡献。

截至目前，广东的民营经济对全省的经济贡献占一半以上，民营经济增加值占全省 GDP 的比重超过 60%，吸纳的就业人数超过 60%，缴纳的税收超过 50%，民间投资增长 19.7%，占比提高 60.8%，规模以上工业增加值增长 11.5%，比国有企业和外资企业分别高 9.2%和 7.4%。民营经济工业增加值增长达到了 11.8%，这个数字也是大大超过了其他所有制企业，民间投资占全社会的占比已经超过了 60%，也就是说民营经济确实在全省经济发展中举足轻重，有重大的贡献。

（一）民营经济主体地位进一步巩固

2016 年，广东民营经济增加值突破 4 万亿元。经初步核算，全年实现民营经济增加值 42578.76 亿元，按可比价计算，比上年同期增长 7.8%，增幅高于同期 GDP 增幅 0.3 个百分点。其中，第一产业实现增加值 3631.01 亿元，增长 3.0%；第二产业实现增加值 17306.17 亿元，增长 9.2%，增幅比同期 GDP 第二产业增幅高 3.0 个百分点；第三产业实现增加值 21641.58 亿元，增长 7.6%。民营经济占 GDP 的比重为 53.6%，比上年提高 0.2 个百分点，比 2010 年提高 3.9 个百分点，占比逐步提高；对 GDP 增长贡献率为 55.5%，同比提高 1.3 个百分点，拉动 GDP 增速达 4.2 个百分点，民营经济作用不断提升，是广东经济增长的主力军。广东民营经济 2015 年以来逐季累计增速对比如图 1-2 所示。

（二）民营经济产业结构持续改善

分产业看，民营经济三次产业结构为 8.5∶40.7∶50.8，第三产业比重比 2015 年提高 0.4 个百分点，占比持续上升。三次产业民营经济增加值占对应全部经济类型增加值的比重分别为 98.3%、50.3%和 52.2%，其中民营第二产业占比同比提高 1.4 个百分点，撑起第二产业的半边天。

分行业看，民营经济发展速度快于全部经济类型的行业，包括工业、金融业和其他服务业，其中民营工业实现增加值 15898.95 亿元，同比增长 9.7%，比全部经济类型工业高 3.3 个百分点；民营经济占全部经济类型比重较大的行

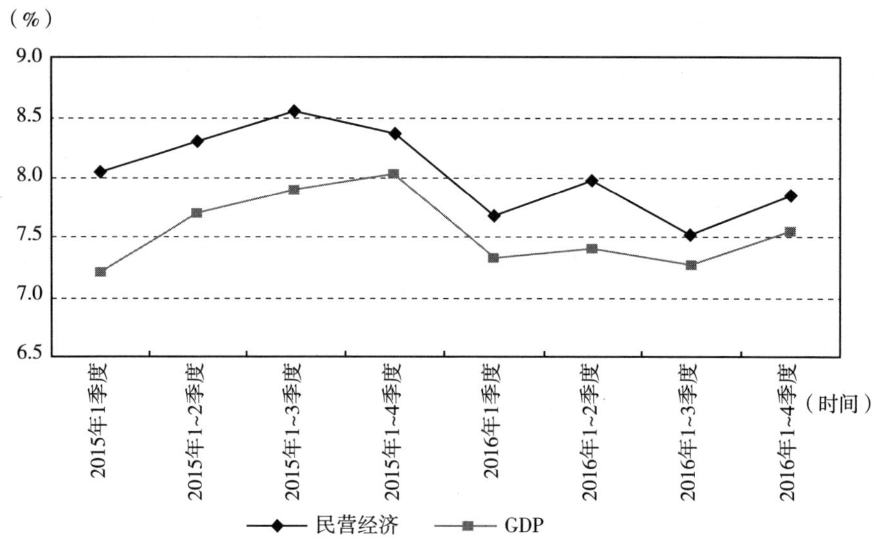

图 1-2　广东民营经济 2015 年以来逐季累计增速对比

业有农林牧渔业、住宿餐饮业、批发零售业和房地产业，分别为 98. 2%、85. 3%、73. 2%和 68. 3%；民营经济对 GDP 贡献率较大的行业有工业和其他服务业，分别为 25. 7%和 11. 3%。

(三) 民营经济地区集聚进一步加强

分地区看，珠三角地区完成民营经济增加值 31529. 60 亿元，比 2015 年同期增长 8. 7%，占地区生产总值的比重为 46. 4%；东翼地区完成民营经济增加值 4352. 77 亿元，增长 8. 1%，占地区生产总值的比重为 73. 5%；西翼地区完成民营经济增加值 4268. 21 亿元，增长 7. 9%，占地区生产总值的比重为 65. 3%；粤北山区完成民营经济增加值 3343. 16 亿元，增长 7. 6%，占地区生产总值的比重为 62. 7%。民营经济进一步向珠三角地区集聚，珠三角地区民营经济增加值占全省合计的比重为 72. 5%，同比提高 0. 1 个百分点。

三、广佛肇经济圈民营企业的发展现状与特征

广佛肇经济圈是中共广东省委、广东省人民政府为协调广州、佛山、肇庆三市经济社会一体化发展和贯彻实施国家发展改革委员会于 2008 年 12 月发布

的《珠江三角洲地区改革发展规划纲要（2008~2020年）》而提出并建立的，属于珠三角区域一体化的内容之一。

据《中国统计年鉴》显示，2015年广东省生产总值（GDP）达到72812.55亿元，在全国排名第一位，而广佛肇生产总值（GDP）为25133.98亿元，占全省的34.52%。由数据可以分析出，广佛肇经济圈生产总值在全省乃至全国都有很大的占比，广佛肇区域经济协调发展对广东和全国的经济发展有着重要意义。2014~2016年部分省市国内生产总值如表1-2所示。

表1-2　2014~2016年部分省市国内生产总值

序号	省份	2014年GDP总量（亿元）	2014年GDP增速（%）	2015年GDP总量（亿元）	2015年GDP增速（%）	2016年GDP总量（亿元）	2016年GDP增速（%）
1	广东	67792.24	7.80	72812.55	8.00	79512.05	7.50
2	江苏	65088.32	8.70	70116.38	8.50	76086.20	7.80
3	山东	59426.59	8.70	63002.30	8.00	67008.20	7.60
4	浙江	40153.50	7.60	42886.00	8.00	46485.00	7.50

（一）广佛肇经济圈民营企业的发展现状

当前广东经济步入换挡提质期，民营经济发挥的作用愈加突出，民营经济对全省及各市经济增长的贡献率不断提高，成为各市稳定经济增长的重要引擎。2015年，全省民营经济增加值（初步核算数）为38846.24亿元，占全省GDP的比重达到53.4%，比重比上年提高0.1个百分点，比2006年提高5.1个百分点。从近10年来民营经济增加值占GDP比重变化情况看（见图1-3），2007年略有回落，比上年低0.3个百分点；2008年有所回升；2009~2013年，民营经济发展加快，占全省GDP比重大幅提高，5年共提高4.8个百分点，平均每年提高接近1个百分点；2014~2015年民营经济增加值结构继续优化，占GDP比重的提高幅度有所放缓，分别比上年提高0.3个和0.1个百分点。

在21个地市中，民营经济增加值总量排名居第二位、第三位的是广州（7201.22亿元）和佛山（5063.56亿元），均超过5000亿元（见表1-3）。广佛肇经济圈民营经济增加值为13550.65，占全省民营经济总产值的34.9%。

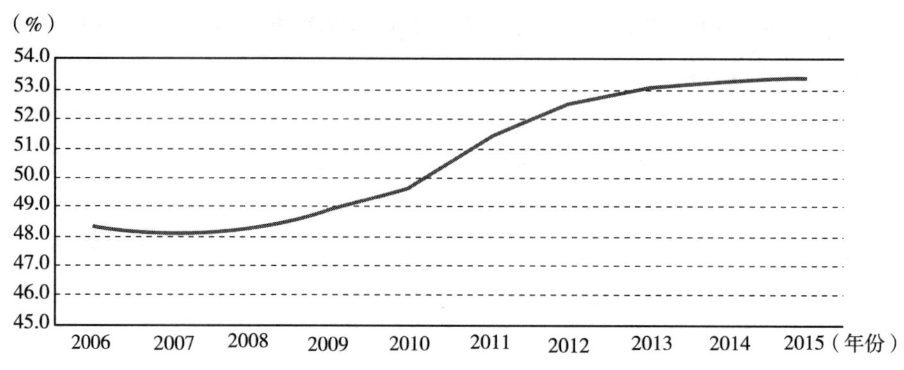

图 1-3　2006~2015 年全省民营经济增加值占 GDP 比重

表 1-3　2015 年广东省各地市民营经济增加值及占比

	民营经济增加值		占 GDP 比重	
	绝对值（亿元）	排序	占比（%）	排序
广州	7201.22	2	39.8	20
深圳	7488.61	1	42.8	18
珠海	685.20	15	33.8	21
汕头	1304.44	10	70.5	4
佛山	5063.56	3	63.3	12
韶关	589.49	18	51.3	15
河源	526.65	19	65.0	10
梅州	595.27	17	62.3	13
惠州	1341.17	9	42.7	19
汕尾	517.82	20	68.1	6
东莞	3043.00	4	48.5	17
中山	1562.89	6	51.9	14
江门	1134.36	12	50.6	16
阳江	871.95	13	69.8	5
湛江	1526.31	7	64.1	11
茂名	1593.36	5	65.2	9
肇庆	1285.87	11	65.3	8
清远	846.97	14	65.9	7
潮州	651.39	16	71.6	2

续表

	民营经济增加值		占 GDP 比重	
	绝对值（亿元）	排序	占比（%）	排序
揭阳	1493.96	8	79.0	1
云浮	503.60	21	70.9	3

（二）广佛肇经济圈民营企业的特征

1. 注册资本低，投资规模小

据统计，广佛肇经济圈民营企业注册资本 500 万元以上的、企业职工 100 人以上的占比很少。以佛山为例，顺德的家具行业有乐从和龙江两大专业镇，聚集生产销售家具企业近千家，但具备一定规模创出了品牌的企业和产品却寥寥无几。顺德的涂料企业在全国占有 20%的市场，聚酯漆生产销售超过全国的 50%，但全市只有少数企业形成规模，绝大多数企业规模小，产品单一，缺乏研发能力。

2. 产业结构不合理，企业品牌意识弱

广东民营经济的产业结构为“三二一”型，以第三产业为主，而且主要是集中于第三产业的一般加工业、运输业、小商品经营，其品种单调、档次低。大量处在加工制造末端的民营企业拥挤在一个狭小的行业中，在产品供过于求的情况下，企业之间的竞争也就进入了恶性循环。而在企业资本多元化的今天，东南沿海的一些省份正是通过大力发展民营企业，做大做强民营企业的品牌，实实在在地扩大了出口额。比如浙江的民营企业，2000 年便拥有了驰名商标 6 件，著名商标 65 件；2001 年，驰名商标增加了 9 件，著名商标增加了 127 件；至 2002 年上半年再次获得重大突破，共增加驰名商标 12 件，著名商标 99 件，在这一指标上，广东民企远远落后于浙江民企。2000～2001 年，广东民企在这 2 项上连续两年交了白卷，直到 2002 年上半年，才实现了零的突破，拥有驰名商标 6 件，著名商标 45 件，均只相当于浙江的半数。

3. 人才素质不高，法律意识淡薄

早期开办民营企业的几乎是农民、个体户和无业人员，他们的文化素质和管理水平较低。尽管近年来进入一些较高层次的技术和管理人员，但大权仍掌握在开办者手中，这种人才低层次的状况并没有从根本上得到改观。同时，法律意识较为淡薄，经营管理不规范。主要表现为生产和销售假冒伪劣产品，偷税漏税，商业贿赂，商业欺诈，低价倾销，转移、隐匿、销毁违法财物等。

4. 增势不够理想，比重有待提高

截至 2002 年上半年，广东省私营企业的总产值为 1394.3 亿元，远远低于浙江的 2186 亿元，这反映出民营经济在广东省的地位、作用还应大力加强，民营企业的覆盖面还不够广，并且科技含量较低。由于资本的原因，广东民企投资多数集中在资本投入少、资金回笼快、技术含量低的行业，远未完成原始积累。现在民营企业多以劳动密集型产业为主，高新技术产业所占比重小；生产设备、生产技术和产品工艺都处于低水平的循环中，相当数量的是手工劳动或半机械化操作。

5. 区域发展不平衡，广佛发展较快

当前广东省民营企业的发展主要集中在交通、信息、现代化程度都比较发达的珠三角和粤东一带。尤其是广州和佛山，如佛山的陶瓷业、广州的服装和小商品、顺德的家具制造业等，都表现出较高的发展势头。而肇庆及其山区等地区的民营经济实力偏弱，民营企业的规模、实力和生产总值都有很大提升空间。因此，民营经济如果能真正形成一种区域协调发展的格局，那么将极大地增强广东的经济活力。

第三节　广佛肇经济圈民营企业发展的意义及其制约因素

一、民营企业发展的意义

我国的经济从总体上来说是好的，但是，也面临着两方面的严峻形势。在经济发展方面，已经维持了调整增长 30 年以上的趋势，还能不能较长时期延续下去；在经济改革方面，建立社会主义市场经济体制的目标，如何做到进一步深入有效推进。其突出的矛盾是宏观层次的有效需求不足，严重制约着经济继续以较高速度增长；微观层次的国有企业效益低下，直接影响了整个经济发展的素质和质量；经济增长速度缓慢，导致社会劳动就业的压力越来越大；银行难以回收的不良贷款积累过多，潜在的金融风险明显增加；一系列重要的经济结构不尽合理，势必从多方面限制经济的协调运转和良性循环等。对这些矛盾，必须采用有效措施，并加以解决和缓解，才能确保我国经济持续、快速、健康发展。为此，各方面研究并提出了不少建议。但如果我们认真加以分析，综合比较权衡，就不难发现，认真搞好民营化经济的发展，可能是缓解和克服上述种种矛盾的一种代价最小、成本最低、时间最快、效果最好的途径。要下决心加快广佛肇经济圈内民营经济的发展，可以从以下四个方面分析。

第一，促进民营经济发展，可以有效加快经济的增长速度。我国近几年的经济增长速度虽然比前几年有些下降，但同世界其他国家比较，仍然属于增长较快的国家。但是，分国有经济和民营经济来看，可以明显看出，增长较快的主要是民营经济，国有经济增长是比较慢的。如按每年对新增加国内生产总值的贡献比例来计算，国有经济的贡献率一般只占到 30%，由民营经济贡献的部分达 70%。这充分说明，国有经济在我国经济发展中虽然扔发挥着主导作用，但增长的主力军已经是民营经济。没有民营经济，就没有我国经济的快速增长。要保持我国经济的持续快速增长，就必须加快民营经济的发展。

第二，促进民营经济发展，可以明显提高经济发展的效益。现在，我国经济发展的效益，分不同所有制按照投入产出比例来表示，其格局大体上是：国有经济每年所消耗的资源和资金大约占全国的 2/3，但其所能创造的国内生产总值仅占全国的 1/3；民营经济所消耗的资源和资金大约占全国的 1/3，但其所创造的国内生产总值占全国的 2/3。即国有企业的经济效益一般只相当于民营经济的 1/4～1/2。例如，1998 年的《中国统计提要》显示，1997 年全国独立核算的国有工业企业与集体工业企业比较，每占用 100 元固定资产所能实现的工业产值，前者相当于后者的 28%，所实现的利税前者相当于后者的 1/20；如果将民营经济中效益更好的个体、私人和“三资”企业包括在内，国有经济与民营经济的效益差距会更大。这就说明，搞好民营经济不仅有利于提高我国经济的增长速度，而且可以促使我国经济发展的效益明显提高。

第三，促进民营经济，可以大大缓解劳动力就业的压力。长期以来，我国的劳动力就业在城市主要是靠国营单位或国有企业，在农村主要是农业自我消化。改革开放以来，通过发展民营经济性质的乡镇企业，已经解决了许多剩余劳动力的就业问题，这条路子今后肯定还要继续走下去。在城市，由于国有企业普遍需要减员增效、下岗分流，在总量上无法再增加新的职工，也已经形成了主要依靠民营经济增加就业的格局。据 1997 年统计，依靠国有经济增加就业的人数只占 1/3 左右，依靠民营经济增加就业的达 2/3，2010 年和 2011 年这个比例更大。说明要解决和缓解我国劳动就业问题，无论在城市或农村，加快民营经济发展都是一种必然的选择。

第四，促进民营经济发展，可以较快缩小地区间的经济差距。改革开放以来，我国不同地区间特别是广东沿海和粤北、粤西等欠发达地区间的经济差距有所扩大，这是客观存在的事实。但不少人以为，这种差距的扩大，主要是过去对广佛肇经济圈中肇庆的投资太少了，其实这是不确切的。民营经济基本上不是由国家投资发展起来的，因此，如何采取有效的改革措施，充分调动民间投资的积极性，大力发展民营经济，不仅是振兴广佛肇经济圈经济必不可少的，而且是逐步缩小广佛肇经济圈内部之间经济差距的必由之路。

二、广佛肇经济圈民营企业发展的制约因素

改革开放以来，广东民营经济的发展一直处在全国前列，在广东的经济建设中起着重要的作用，它的健康发展直接关系到广东经济的稳定、持续和快速发展。随着中国改革开放进入深水区，广东民营企业发展也出现一些波动，广东省工商联最近公布的一份调研报告称，广东私营企业的整体竞争力呈现总体下降的趋势，个体工商户和私营企业的销售额和总产值两项指标分别被浙江超过，广东民营企业一直雄居全国榜首的地位开始动摇。当前在经济全球化的市场环境中，按照国际市场的各种规则和我国政策制度的不确定性，广佛肇经济圈民营企业发展面临着许多问题和影响因素。

（一）民营企业发展的外部制约因素

1. 民营企业的制度制约

在现代企业中，人无论是作为一种资源还是一种资本，其重要性都是毋庸置疑的，企业的主要领导人对企业的成败兴衰起的作用更是显而易见。但是制度是一个更为基础的因素。由于历史的原因，我国大多民营企业发轫于家族经营，广东地区也不例外，我们对家族式经营必须有一个全面、客观的认识。一方面，家族经营在经营管理和投资决策方面有天然的优势，但另一方面我们也

必须清醒地认识其优势的限度，它在企业创业初期比较容易显示出来，即仅局限在企业规模比较小、管理水平不高的条件下。一旦企业规模变大，其存在的问题和缺陷也就凸显出来了：内部管理靠人情而不是靠制度，导致家族问题和企业问题常常联系在一起。一旦家族内部出现纠纷，往往会导致企业丢掉和睦、协作和凝聚力的法宝，从而使家族经营的成功无从谈起；在经营管理上内外有别，对外来员工存在一种排斥力，极易打击员工的积极性；在财务上的"公""私"不分导致家族内利益之争。而家族式经营最大和最根本的弊端则体现在决策问题上：所有权和经营权不分，家长管理已日益难以适应现代化的科学管理和专家参与管理的需要；同时，家族企业由于事先缺乏约束机制，而发生失误后企业本身又缺乏吸收和自我更正的能力，所以又会对错误产生放大的效果。正如一个事情的两个方面，决策的独断性既是许多民营企业成功的重要保证，又是许多民营企业潜在的"滑铁卢"。总之，随着我国市场环境的不断规范，我们必须抛弃以人情关系而非以契约关系为基础的"公""私"不分的传统家族经营观念，尽快建立和完善以现代公司为主体的现代企业制度，在股东大会、董事会和执行机构之间建立一种以资产和利益为纽带的制衡机制。

2. 民营企业的产权制约

产权经济学认为，产权清晰是企业绩效的关键和决定性因素。这里的产权清晰主要有两方面的含义：产权在法律归属上的明确界定与产权的有效配置或产权结构上的优化配置。客观地说，民营企业在这两方面都存在着不容忽视的问题。

首先在产权归属上，民营企业似乎不存在国有企业的难题，但民营企业仍存在两个问题。第一，民营企业发展之初，由于政策环境及其他种种原因，它们与政府、国有企业有着千丝万缕的联系，许多民营企业挂着集体和国有的招牌，我们称之为"红帽子"。这一历史造成的问题已引起不少纠纷，虽然大部分民营企业在付出很大代价以后已摘掉了"红帽子"，但在一些地区仍是一个很大的隐患。第二，民营企业在创业之初多是白手起家，没有原始投入，创业者最初的投资与全体劳动者尤其是合伙人共同创造的财富没有明确的界定，由此造成了企业发展以后的产权不明晰。这一问题往往成为企业进一步发展中矛盾的导火线，更为民营企业进行股份制改制设置了障碍。

其次在产权结构上，民营企业都存在产权单一的问题。产权单一，一方面不利于企业形成一种开放的系统，使社会资源不能顺利进入企业，使企业很难借助外力实现根本性的进步；另一方面，产权单一，权力就缺乏制约，从而导致个人意志决定企业兴衰。科学决策是企业存在和发展的保证，科学决策的制度保证是股权结构的多元化，产权多元化变革在现实中面临着不少实际问题：一是产权多元化必须要打破或者排挤家族血缘关系，这种家族裂变对于依赖家庭血缘关系而发展起来的民营企业来说无疑是一个巨大的考验，尤其是在心理、利益和社会舆论上面临诸多挑战，稍有不慎，企业就有分崩离析的可能。二是产权多元化必然伴随两权分离和专家管理的产生，但是在我国产权多元化和向现代企业转变过程中，不断暴露出的职业经理人问题又使民营企业家心有余悸。面对职业经理人的职业意识淡薄和道德约束薄弱，民营企业家不得不考虑代理问题：不授权无法运作，授权又担心无法监控。同时，中国的“跳槽”之风更是一种致命威胁，总经理一般都掌握着企业的营销网络和社会关系，在中国这样一个“人情大国”里，这是一笔可贵的无形资产，这些网络和关系往往只认个人而不认公司，总经理一走，这些关系也就随之而去，给企业造成致命打击。

3. 民营企业的观念制约

观念是行动的先决，有什么样的观念就有什么样的行动。民营企业的观念局限（特别是民营企业家的观念局限）制约着其经营行为。民营企业要想有进一步的发展，其所有者即领导者必须破除一些陈旧的、非市场的观念。

一是官本位观念。据调查，广东地区和长三角地区比较，两个地区政府在扶持民营经济发展上有两种不同的观念。长三角地区的观念认为，每一个来投资办企业的人都对当地经济发展做出了贡献，主动为你服务是理所当然的事，还应当感谢你；而广东相当部分地区的观念是：“东西南北中，发财到广东”，你能到这里落户办企业，是我给了你发展的机会，你得好好感谢我。过去的传统体制和制度铸就了“商”对“官”的依附人格。改革开放以后，虽然对个私工商业先是“松绑”，继而鼓励，最后寄予厚望，但整个社会对“商”（包括商人和经商的行为）还是存在一种既轻又妒的情绪，加上政府对经济无所不至的管理权力，政府或社会有意无意地对国有、集体、外资、个私企业区别对待，以及转轨时期特有的混乱的经济秩序，这些都造成了民营企业与“官”说不清的“情结”。这主要表现在：首先，民营企业家一般都具有严重的政治化倾向。民营企业家们很少把经商看做是一种终身为之追求的伟大事业，而是更多地把它看作一种手段、一个桥梁，一个谋求更高地位的（由商到官）的跳板。其次，民营企业往往依靠政府、政策走捷径。他们的起步和在经商过程中一般都要寻求官的认可和保护，进而利用甚至贿赂权力来获取利益，即“寻租”。也许是因为受过太多的歧视，有钱以后自然要扬眉吐气。但无论如何，这种非市场观念是一把“双刃剑”，极易使民营企业在起步之后走向失败。

二是缺乏信用观念。在中国整体信用不足的大环境下，信用也成为民营企业面临的一大问题和危机。现代市场经济是一种建立在信用关系之上的经济。目前，我国经济中的失信行为十分普遍，低劣的信用状况和脆弱的信用关系已经严重影响国民经济的稳定运行。不可否认，如果说在“资本原始积累”和体制转轨阶段，民营企业的信用问题还不算什么突出问题的话，那么在实现了原始积累和新的市场经济秩序基本建立起来之后，民营企业必须高度重视信用问题，因为信用毕竟是一次性的东西。同时，低劣的信用状况也大大增加了企业的生产成本和投资风险，提高了投资预期的不确定性，使银行的投资信贷活动趋于谨慎和收缩。因此，民营企业在呼吁社会给其一个公平、公正的环境的同时，也必须正视自己的信用问题。

4. 民营企业的环境制约

民营企业本身是在一个十分不公平的环境下发展起来的。虽然国家通过的宪法修正案确立了民营企业的法律地位，但由于种种原因，民营企业的外部环境仍不宽松。这主要体现在：

一是在广东一些地区，由于缺乏有效的法律保护，民营企业的合法权益遭到随意侵犯，除税收负担较重外，还承受着名目繁多的乱收费、乱摊派、乱罚款等各种不合理负担。据调查，广东省各地民营企业缴纳各种费用仍然有 34 项之多，涉及十几个政府部门，根据省工商联最新的调查，在接受调查的广东民营企业中，没有额外缴纳任何费用的企业仅占 16. 5%，年缴费用 1 万~20 万元的最多，占 66. 16%。

二是民营企业的国民待遇已经解决，但从实践上看，仍存在一些“盲区”和不公平待遇。一些部门和地区在投资、用地、税收、工商注册、贷款、公司上市、行业准入及其他资源配置方面对国有经济和民营企业仍不能一视同仁。比如在国企准入的 80 多个领域中，民企占比不到 50%。在政府经济管理等部门公开竞聘时，存在允许国企厂长经理参加而不允许民企优秀企业家参加的现象。

三是缺乏金融支持。现在民营企业普遍感到融资难，深层次的原因还是对民营企业存在着一定的歧视，当然也包括一定制度上的原因。总之，民营企业仍生存在一个狭小的空间，如果这一问题仍得不到有效解决的话，民营企业将失去其竞争优势。

5. 民营企业受法制和政策失误形成的制约因素

国家对民营企业的政策也经历了一个较长的发展阶段，政策变化总的趋势是对其认识水准逐步提高，态度逐渐客观，有关政策法规逐渐配套，管理手段不断完善。但是，在政策不断完善的同时，其本身也存在很大的缺陷，而且正是这些缺陷阻碍了民营经济发展空间的扩大，限制了其进一步的发展，为其发展制造了重重障碍。而民营企业为了获得进一步的发展，必然会想方设法突破这些障碍，在目前改革存在着制度“瓶颈”的情况下，各种违规、违法、不道德的行为就将再现。从一定程度上说，对高额利益的追求和对国家政策法规尤其是不合适的政策法规的突破，构成了目前民营企业道德风险的两大主要原因。国家有关民营经济的政策对发展民营经济的认识至今没有统一，这种不统一的认识不仅存在于人们的思想之中，见诸理论探讨，而且也反映到党和国家对民营经济的政策、法规及管理体制上。一些地方把发展民营经济纳入了当地国民经济的宏观规划，作为经济增长的一个新的支撑点，列入重点扶持之列，专门成立了民营经济领导班子；有些地方对民营经济还有较深的成见，采取让其自生自灭的态度，不鼓励、不提倡、不宣传。中央政府没有设立民营企业主管机关，各有关行政管理机关和执法部门按照国家规定在各自的职责范围内对民营企业进行监督与管理，各有关行业主管部门按照国家规定对民营企业的生产经营活动进行业务指导、帮助和管理，从而使权责分明的管理民营企业的部门统一协调起来。我国近几年来民营经济增速逐渐趋缓，一方面是其发展渐趋成熟和其自身的一些原因，另一方面则是目前的政策偏差阻碍了其快速发展。广佛肇经济圈经济的发展要想在“入世”后保持较快的增长速度，必须依靠民间投资的大幅度增长和民营经济的快速发展，而这依赖于我国民营企业经济政策的调整和创新。

（二）民营企业发展的内部制约因素

1. 民营企业公益性道德风险制约因素

中小民营企业由于规模小、技术水平不高、经营不规范，且国家监管不

力，其本身又有逃避政府监管及法律约束的惯性，因而公益性道德风险也就较突出。公益性道德风险主要指由企业主自身的素质、思想、品质等带来的违背社会公共良俗或是普遍道德规范的风险。主要表现在以下六个方面：①生活腐化，挥霍浪费。由于私有产权和自我意识的主导，许多大企业老板对自己的财富不加珍视，肆意挥霍，在社会上形成一股不健康的消费风气。②家族式管理，任人唯亲，盲目排外，对一般员工的猜忌心理较为普遍，深恐大权旁落。③管理上独断专行，缺乏科学管理思想的支持，行为有时过于偏激。④小富即安，不思进取，短期行为盛行。⑤宗教迷信盛行，民营企业主由于市场竞争激烈，工作任务繁重，压力很大，因而大多信奉宗教，从事迷信活动的人较多，这对提倡科学、尊重科学的良好社会风气的形成是不利的。⑥政治情结较重。部分民营企业主一个较突出的现象是普遍具有较浓厚的政治情结，这一方面由于大多数民营企业主地位较低，从而渴望提高自身地位；另一方面也是由于民营企业的发展在很大程度上依靠政治权力的帮助。这种浓厚的政治情结导致了社会平等意识的部分泯灭和身份意识的再度盛行，不利于我国的社会主义精神文明建设。

当然，我们这里列举的仅是民营企业道德风险的一些较普遍的表现，还有一些方面不再详述，但也不排除许多经营较规范的大型民营企业家，他们在许多地区甚至成为当地守法经营、讲求公益的典范，其道德风险已降到很低，而且这些规范化经营的民营企业数量还在逐渐增多，成为我国目前民营企业发展较为突出的现象和方向。

2. 民营企业产品趋同的制约因素

在改革开放初期，由于长期实行计划经济所导致的经济短缺，压制了居民消费热情的释放，市场商品供给严重不足，因而消除了来自市场的竞争压力，使经营风险降到最低点，这时，各种类型的生产经营者迅速涌入市场。这些生产经营者以中小私营企业主居多，他们利用良好的商业机会、国家政策的放开、灵活的经营方式及明显的价格优势，在20世纪80年代迅速成长和发展壮大，确立了其在市场中的地位。

然而，正是这种特殊的市场环境与历史条件铸就了我国的私营企业是缺乏个性的，具有很大的同一性和重复性。首先，民营企业大多生产生活消费品，其本身差异性不大，而且由于私营企业本身规模小、资金短缺、设备陈旧、人才缺乏，因而缺乏新产品开发和技术创新的能力，加上其地域性较强，目标消费者单一或趋同，因而民营企业的产品具有高度的同一性，在性能、质量甚至外观方面都非常相似，大部分民营企业没有具有自己特色的产品和固定的消费群体。其次，我国的民营企业在建立成长的初期，就模仿抄袭生产社会紧俏商品，一旦某行业供给不足，盈利丰厚，先行企业的成功就成为其他企业模仿的对象。大量的民营企业都是以这种方式开始最初的生产经营活动，没有形成自己的生产特色。在企业缺乏生产和市场经营经验的改革初期，这种发展方式不失为企业成长较为可行的选择。但是模仿抄袭一旦成为民营企业的普遍发展方式，大量雷同商品的出现将严重影响民营企业在国际市场中的地位和声誉。市场竞争日益激烈，其生产规模也只是在低水平上进行盲目外延扩张。这种模仿抄袭的方式，造成了大量生产趋同商品企业的出现，也注定了这些企业从一开始就缺乏个性。最后，由于我国传统的行政垄断和地方保护主义及本位主义的盛行，一方面各地都争着设立自己的地方企业，尤其是那些在短期内获利丰厚的企业；另一方面，各地的民营企业在扩展市场方面又受到保护主义的限制，因而只能在低水平的基础上生产同质商品，且技术、质量等都得不到改进。这些原因造成民营企业的无序发展，从而使这种低水平的同质的生产方式得以盛行和蔓延。按照国际经济一体化规则对高技术产权及知识产权无形的保护和评估要求，使民营企业产品结构的提升增加了研发难度，并且在今后的产品结构的调整和提升方面，民营企业将面临严峻考验。

3. 民营企业主素质低下的制约因素

我国民营企业主诞生于改革开放之后，人数由少到多，发展十分迅速。目前，民营企业主已形成一个较大的群体。截至 2012 年 6 月底，全国私营企业有 1025.93 万家，比 2011 年底增加 58.26 万家。此外，以各种名义隐匿于国有企业、集体企业、“三资”企业及个体工商户之中的民营企业主为数也不少；这是一个庞大的企业家群体。但是与其他群体的企业家相比，民营企业主的群体素质是较低的。这可以反映在以下几个方面：从民营企业主原有职业来看，在农村私营企业中；原为农民的占了一半以上，技术人才仅占 4.1%；在城镇民营企业中，专业技术人员比例也仅为 12.1%。这种人员来源分布决定了民营企业经营的不规范、水平较低，而且隐含着一定的道德风险和经营风险。从私营企业主学历层次来看，民营企业主中大专以下占了 3/4 以上，其整体文化水平较低。这种低层次的文化水平，导致某些民营企业主在企业经营运作中投机活动盛行，不实行科学管理，也难以实现科学管理，因而在私营企业的组

建、运作、管理决策等方面产生了许多不道德、不合法的行为与现象。这是其道德风险产生的一个很主要的原因。从民营企业主的开业动机来看，大部分的民营企业主要么是为了自己生活富裕些，要么是为了给子孙留一点遗产，缺乏长远眼光，这必然导致其经营中的短视与短期行为。从民营企业主参与政治组织的情况来看，2011 年参加政治组织的民营企业主比重只占总体民营企业主的 1/4 左右。这反映出其整体政治素质不高，组织上受约束较少，因而其思想上受教育的机会较少，故其存在道德违规的概率就更大。

4. 家族经营弊端方面的因素

民营企业是具有市场化性质的经济形式，具有资本主义经济与封建经济相互连接的继承关系。现代中国民营经济仍带有自然经济的某些痕迹，具体表现在：

第一，企业主与雇工之间存在浓厚的血缘关系。血缘关系分两类：一是亲族联系，包括宗亲和姻亲；二是扩大的血缘关系，包括企业主亲戚介绍进厂的人缘关系和邻里地缘关系。据调查，在农村私营企业中，雇工中有 36.5% 与企业主沾亲，14.4% 是企业主的邻居或朋友；在城镇，有这两种关系的也占 1/3。

第二，家长式管理。由于民营企业大多是小型、分散的，以劳动密集型、家族经营型、拾遗补阙型为主，决策和管理权高度集中在企业主手中，企业主与雇工的关系多是血缘、地缘、人缘关系，这些因素决定了民营企业的管理特征是封建式的家长制管理。企业普遍存在基础管理工作差的现象，很多企业无规章制度，财务不建账或建假账，企业管理程序、规章、分配、生产经营决策均由企业主一人说了算。

正是由于这种传统的家族式管理，决定了民营企业的封闭性和民营企业主思想的封闭性，从而导致了其在企业经营中的诸多道德风险，如独断专行、过度剥削员工、短期行为等。我国目前已有不少民营企业，如中国长城集团、希望集团等，已经认识到家庭经营的弊端，正在或已经引入现代企业治理结构，摒弃家族管理方式，并已取得一定的成效。但目前众多中小私营企业仍然在家族经营的泥沼中跋涉，建立现代企业制度对于他们仍然是艰巨而重大的选择。

第四节　广佛肇经济圈民营企业发展中的认识误区

近年来，广东作为全国新一轮经济改革开放的“排头兵”，在经济新常态下，全省各行各业都在二次创业，广佛肇经济圈民营化企业群体的迅猛发展是大势所趋。区域经济一体化市场准入的原则，迫使我们理解问题呈全方位，而切忌出现诸多的误区和制约因素。因此有必要在改革调整与增强和提升民营企业市场竞争力的进程中，充分认识和鉴别相关制度安排及环境派生因素的各种误区。

一、利益驱动，唯多元化意识

西方经济学中为降低风险程度，提出过“不要把鸡蛋放在一个篮子里”的观点，这一度被奉为西方企业经营的准则。我国在20世纪80年代初，改革开放使一部分民营企业奉行多元化，受益匪浅。当时，国内卖方市场乏力，技术及相关服务水平落后，国内消费水平不高，财税政策不健全。因此为了能使民营企业利益最大化，就曾呈现出唯多元化的意识。

随着经济全球化和广东参与全国乃至全球经济一体化后市场化环境的形成，多种产品市场将使厂商预付大量的开发费用，包括技术开发费用、人才培养费用、市场调研费用，无疑使各类交易成本剧增。

民营企业实行多元化战略，要以市场需求导向为原则，使产品高附加值能迎合市场消费心理，否则，利少弊多，具体有以下几方面：

其一，多元化将使民企的生产和经营经常会碰到人、财、物供应不足的困难。当企业因多元化而使投入过多并引起资金不足甚至严重匮乏时，自然会使企业人为地陷入困境。每当这种情发生时，企业唯一的解救办法就是举债。举债是要按期还本付息的，企业如果因举债过多、过重或其他原因不能按期还本付息，会雪上加霜。即使在正常情况下，利息最终打入产品成本，使成本升高、利润下降、积累减少、收入萎缩、后劲不足、竞争乏力，如果任其发展下去，也有可能导致企业的衰落甚至破产和倒闭。

其二，多元化会使民企博而不专，很难集中精力创造出具有竞争力的、过硬的名牌产品来。任何人可用的时间、智力和精力都是有限的，企业也是这样。对任何一个企业特别是民企来讲，如果把有限的精力、智力、时间集中办一件事，往往事半功倍；否则，随心所欲，四面出击，八方应付，力不从心，结果事倍功半，在这方面，我们看到了许多企业由盛变衰，甚至破产。春兰集团 1995 年的空调销售额为 50 亿元，超过其他对手 5 倍。这时，春兰没有继续在空调行业中开拓创新、巩固和扩大自己的优势，而是大举进入电冰箱和摩托行业。众所周知，当时这两个行业已经面临着产量饱和状态，销路不畅，厂商间竞争十分激烈，结果春兰冰箱与春兰摩托都没有取得成功，而春兰空调在空调业中的优势也丧失殆尽。

其三，多元化已经不能适应工业经济时代企业利润平均化、收益递减和微利化的要求。

其四，只有专业化才能在强手如林的世界竞争格局中立于不败之地。当代，在世界经济趋于一体化的情况下，竞争的对手大多是来自国内外以名牌产品为后盾的大企业集团和跨国公司。只有集中优势“兵力”，其中包括科技、资本、资源、人才优势，才能不断地实现技术和产品创新，增强企业综合竞争力和核心竞争力，去争取有限的市场进而战胜竞争对手。

广佛肇经济圈民营企业的多元化战略是建立于特色资源基础上的，但规范的市场要求名牌产品的高新技术含量。因此，企业根据自身规模和实力，确定相对多元化的战略为宜。

二、资本扩张越快，企业发展越快

有不少民营企业的衰落、倒闭和老总的下马，往往不是因为产品没有销路或在竞争中的失利，而是因为企业的主要领导人素质不高、好大喜功、急功近利，由此而产生的决策失误、盲目扩张，甚至盲动和蛮干造成的，最典型的例子莫过于郑州亚细亚的败北。

商界明星王遂舟虽然抱负非凡、热情很高，但缺乏对主客观条件冷静的分析和思考。他雄心勃勃地想在几年内跨出河南，再打入全国各大城市，进而出击世界市场。为此，他以惊人的速度在国内发展连锁店。连锁店的大发展很快就碰到了两个难以克服的大问题：一个是资金问题；另一个是管理人员素质问题。需要的大量资金从哪里来呢？当时主要靠银行贷款。银行贷款是有条件的，即使你能借到钱，也必须按期还本付息。当王遂舟尚未从喜悦和热情中冷静下来时，各连锁店因还不起巨额贷款而纷纷告急，接着就一个个垮下来了。与此同时，急剧扩张需要配置大量的管理人员，只好从总公司普通职工中提拔，可是，那些被提拔的大批职工根基很差，又因缺乏训练，仓促上阵，水平低劣，根本无能力担当各连锁店领导的重任。由此引发经营混乱、效益低下、财产流失严重，随之企业出现大面积亏损。

如此种种，民营企业中盲目实行资本扩张的不乏其人，如珠海的史玉柱及其巨人集团、山东的三株集团等，其实力在当时堪为人首，但由于管理方法不当，终被市场大潮湮没。

三、广告宣传力度越大，企业发展越快

有些民企领导人不是致力提高产品的质量和服务水平，而是热衷于广告宣传，大吹大擂，弄虚作假，欺骗消费者。这种做法虽然有可能很快地把企业和自己抬高起来，可是好景不长，当消费者从受骗中觉醒过来之后，企业及经理人的名誉扫地，很自然又会使之从巅峰跌落下来。像这样的企业和广告商实属不少。

在市场经济高度发达的时代，广告宣传还是不可缺少的，否则，再好的商品也难以推销出去。但是，任何广告宣传既要量力而行，又要实事求是。量力而行说的是广告费在企业经营支出中要适当，不宜过大。广告费是要进入成本的，广告费过多，成本加高，有的广告费占产品成本的50%以上，盈利减少或亏损，这就断了企业发展的生路。更何况在有限的资金中，广告费多了，技改投入就少了，必然影响技术和产品的创新，技术和产品不创新，企业就无生机和活力，更无竞争力。

联想到一些广告商，包括电视台，特别是广播电台等重要媒体，还有各色各样的“明星”等，不能光为捞钱，不讲原则，不计后果，不对消费者负责，甘当一些投机商的“帮凶”，只要给钱就给宣传，给大钱就大宣传。要知道有意帮助企业欺骗消费者不仅会自毁形象，而且要负道德、良心和法律责任的。广告宣传应当立法，用法律来约束和制裁这些搞假宣传的企业、媒体和传媒，不能让他们为了捞钱而随心所欲地胡作非为。

四、市场经济就是要唯利是图，讲诚信难以达到利益最大化

现代市场经济就是信誉经济。而企业作为市场经济的微观主体，也成为信誉经济的载体和细胞。因此，企业的信誉程度往往反映了现代市场经济整体的健康状况。

在中国民企的发展史上，靠勤劳、智慧、诚信起家和发家的确实不少；但不容否认，也有相当多的民企，从一开始就采取融资欺诈、广告欺骗、商标侵权、合同虚订、产品伪造等方式来欺世盗名，有的甚至借用特殊关系或特定权力等非法手段，以牟取暴利，从而发财致富。

对企业家采说，信誉是一种宝贵的财富，信誉可以取信银行和客户，也可以团结自己周围的人。尤其在企业合作中，信誉至关重要。其他企业很难深入地了解你的战略、管理和队伍，他们只能通过这个企业有没有信誉来决定是否和你合作。在民营企业的优秀企业家中，有的直言不讳地说，办企业和做人一样，是一个永无止境的信誉延续过程。值得肯定的是，我们的一些优秀企业和企业家也是这样做的。

随着我国经济改革的逐步深入和经济态势的逐步好转，市场经济制度和市场体制逐步建立和完善，市场法则和游戏规则也逐步地普及和推广，往日经济领域中的无序状态逐步被有序状态所代替，一个现代化的、规范化的市场经济正在形成。在这种新的形势下，民企中的某些江湖习气和不良作风必须尽快地予以收敛和克服，否则必将导致自己在这个社会中无法生存下去。

五、只有跨国经营，才能谋求大发展

1999 年在上海浦东召开的“财富”论坛会上，有人提出了一个令人十分关注的口号，即“欲称霸世界，先逐鹿中国”。中国像磁石一般地吸引着全球跨国公司的老板们，他们毫无例外地都十分关注闪烁在全球经济皇冠上的这颗明珠——中国。为什么呢？因为在他们看来，中国是当今世界上最大也是最后一个尚待开发的大市场。随着高科技的发展，世界经济趋于一体化，中国市场已经融入世界市场之中。

现在看来，在这种国际形势下，与世界竞争，不一定非要走出国门到国外

去，如果真能在中国本土生产出一种或几种足以替代进口的产品，即在质量、功能、品种上超出进口产品的产品，把中国市场紧紧地或大部分掌握在自己手里，照样是世界市场竞争对手的赢家。

诚然，不反对有些民企如果条件成熟，到国外闯荡并发财致富，那将是对民营企业的一种铸炼。事实上，早在几年前，有些实力雄厚的民营企业已经打入国际市场，包括发达国家的市场，如海尔、远大、美克家私等。这恐怕在目前阶段只能是少数，是一些强有力的大企业。就大多数民企而言，还只能眼睛向内，着力于如何巩固和提高自己在国内市场的地位和端正今后发展的方向，迎战外来的竞争对手，而不是跨国远征。

六、做大等于做强的错误发展理念

在几个国企进入世界 500 强的鼓舞下，有些民企及其企业家要在某年某月进入世界 500 强。虽然这种意愿是好的，但也应有自知之明、实事求是。在美国《幸福》杂志 1996 年公布的 1995 年全球最有竞争力的 500 强企业中，最后一个（第 500 位）是巴西的电信公司。这个公司在 1995 年的销售总额为 88. 6 亿美元，按当时汇率折算，相当于 710 亿元人民币，巴西的这家电信公司 1995 年的资产总额为 366. 9 亿美元，实现利润为 8. 32 亿美元。

1996 年世界 500 强企业的最后一强是意大利的锡耶那银行，这个银行也兼营房地产业和商业，当年的销售总额为 91. 69 亿美元，总资产为 931. 78 亿美元。这又比 1995 年的世界 500 强企业的最后一名巴西电信公司大得多。高攀 500 强，要根据自己的实际情况做一些扎扎实实的工作，在创新上狠下功夫，争取创造出一两个在世界上叫得响的名牌产品，提高自己的核心竞争力，扩大市场占有份额，增强自我的抗风险能力。

广东的企业家们，特别是民营企业家们到目前为止，就大多数而言，还没有分清“大”与“强”的关系，还没有搞清楚“大”其实不等于“强”！一味地扩大规模固然能使企业“变大”，但也可能使企业在“变强”的道路上越走越远。

所以，进入世界 500 强，不应是绝大多数企业特别是民企目前要实现的目标，而是今后发展的结果。只有自己在奋力拼搏中真正强大起来之后，“水到”自然“渠成”。如其不然，看不到自己与它们的差距，一个劲地用赶超的

方法，去追求“大”，如产值大、个头大等，很可能犯盲目扩张的错误。

七、策略比战略更重要

战略问题是一个非同小可的问题。什么是企业的战略？简单地说，就是对关系到企业前途命运的思考和设计，并在思考和设计的基础上，对企业在一定的较长时期内（5 年或 10 年）的发展目标和实现这个目标的手段、方式、方法，以及组织和管理措施，做出适当的安排。

民营企业当前的主要问题不在于有没有策略，而在于缺乏战略思维或战略谋划。不容否认，在我国很多民营企业家的创业精神和开拓能力是相当强的。诸如巨人、三株、爱多、小霸王、秦池等企业的领导人，在创业之初都能利用极其有限的原始资本、资源、场地，仅以聪敏的智慧和操作的技巧，抓住机遇，在短暂的时间内创造了常人难以想象的惊人业绩。但他们都没有笑到最后，只是痛快一时，很快就像泡沫一样破灭和消失了！这种较为普遍存在的现象，怎能不令人深思？

俗话说“失败是成功之母”，现在看来，这话只讲对了一半，另一半应当说“成功也是失败之母”。这样的例子太多了，好多民营企业家在取得短暂的成功之后，就头脑发热，忘乎所以，似乎无所不能，于是，妄动和蛮干就开始了，接踵而来的就是把一些曾经通过自己双手创造出来的好端端的企业无情地葬送了。

由此看来，中国有很多民营企业家热衷于短期策划，只要求今天能赚钱或赚大钱就较为满足了，这是十分危险的。

八、广佛肇经济圈民营企业由于人才培育和受聘条件差，特别是企业家及高层经理人的量才使用难以实现，认识不到人力资本是企业生存的关键要素，忽视对人才的培养和重用

爱因斯坦有一个著名的质能转换公式：$E = MC^2$。这个公式揭示了原子弹巨大威力的奥秘所在。该公式说明，一个很微小的物质 M，可以在光速中成倍地放大，产生巨大的能量 E。这个公式被科利华老总转换成企业的成功方程

式。式中 E 代表企业的业绩；M 代表任何一个企业的物质基础，其中包括资本、资产、资金等；C 代表在这些企业中从事经济和管理工作的能人及其创新观念和创新精神。任何事业都是人干出来的，没有人将会一事无成。这就是说企业的业绩大小，主要不是取决于企业物质基础的厚薄，而取决于人们的能力及其创新观念和创新精神，只要有了这种人及其创新观念和创新精神，就能爆发出惊人的能量，产生惊人的业绩。这种人越多，观念越新，精神越足，业绩也越大。

有了人才，就会有技术，因为技术是人创造出来的。有了人才和技术，也就有了资本。因为目前在这个世界上有大量的过剩资本正在寻找有利的投资环境，它们会自行地向有人才、技术方向集中。这三者都有了，并实行有机的结合，这些企业才会在它所在的地方神奇般地发展起来。当然，其中人才起决定作用，这就是今天美国之所以能在经济发展水平上达到领先水平的重要原因。

21 世纪是中国经济快速发展的时期，在市场经济条件下，这种发展过程要依靠一大批长袖善舞的企业家来实现。企业家是现代企业制度的人格化身。因此，在现实生活中，为了发挥企业家在现代经济中的中坚作用，经理市场、经理激励和约束机制、经理培训体制等的建立，就显得格外引人关注。但同样不能忽视的是，企业家也是一种市场稀缺的人才资源，而资源的禀赋状况与发展能力是与其生存的环境密切相关的。要关心企业家，需要完善企业家的生存环境，包括文化环境、社会环境、法律环境等。

令人担忧的是，当前我国企业家的生存环境并不好，甚至较为恶劣，如企业家的地位没有被正确确认，“枪打出头鸟”的危害企业家的现象大量存在，社会上法律意识普遍淡薄等，都需要我们正确认识和解决。

企业家是人力资源中经过“高能”培育的对象，但未必是“崇拜”的对象，不要在其成功时就大奏赞歌，在其失败以后又一棍打“死”。一个优秀的企业家并不能在企业发展的每个细节上都做出正确决策，但是需要其带领企业建立一套能够自我发展和自我超越的组织制度、管理制度和创新制度。

九、家族制可靠，用外人有风险

广佛民营企业普遍采用家族拥有的形式，并采用家族制的管理方式。尽管一些私营的企业家已经觉察到家族管理的很多弊端，但他们仍在把新开办的企

业家族化。从资产上看，51.8%的企业为业主一人独资企业。在全部被调查的企业中，业主本人投资占投资总额的82.7%，而在所有其他投资者中，又有16.8%是业主的亲属。这种产权结构是构成家族制企业的前提。同时，从决策权和管理权来看，92.7%的业主同时又是企业的主要管理者，经营决策、一般管理决定主要是由业主单独或由业主与相关的人共同做出的，决策权与管理权的高度集中，使这些企业的财产权与经营权与其相关性更加紧密。

对于非家族成员，用"家庭化"方法把他们变为"准家庭"，然后实行家族性管理。对于邻居、乡党、亲近的同学、同事、朋友，民营企业主对他们逐步植入家庭内部长幼、兄弟之间的"孝、悌"观念，把他们视为家人，以便他们也能信守互助、互惠和互信的家庭价值观，通过把公有关系变为私人关系，利用传统文化来提高企业的效益和利益。

家族管理体制在民企中的盛行有着深刻的社会环境背景。从一般原因上分析，中国民企在创业之初，往往面临着资金、技术、管理、信息等资源的极度匮乏，一旦这些经营资源的某一环节出了问题，企业就会面临破产和倒闭的危险。在这种情况下，家庭内部资源正好可弥补这一不足。这是因为，家族成员所参与的常常是创业之初最需要的低成本组织资源；家族成员更易建立共同利益和目标，从而更易进行合作；家族企业的性质更能保证企业领导人的权威；与其他企业相比，家族企业的凝聚力更强。而且企业在创业时期发生财务困难的概率是很大的，这时雇员的工资成本就会形成巨大压力，只有企业家的亲属有可能在不发工资和降低工资的情况下坚持义务工作。从经济学和管理学的角度分析，在创业阶段，家族企业的优势在于企业内部资源成本的最小化，尤其在于企业内部资源之间整合的成本最小化。这是我国民企家族管理盛行的一般原因。

从特殊原因的层次看，广东的民企有着特有的经营环境，在很多政策领域，它们面临着不公平的待遇，许多事公事公办根本不可能。因此，不少企业家托熟人、找关系，甚至行贿做假账，并把这些认为是他们在创业初期生存所必需的经营途径。违法的事交给自己人办，风险的确会小得多。从更深层次的角度分析，家族企业的盛行还与中国文化甚至东方文化的传统有关。在世界范围内，东方企业（日、韩、东南亚等国的企业）的家族管理比例高于欧美的企业；海外华人控制的企业实行家族化管理的比例要高于非华人控制的企业。

如果说家族化管理尚且适合民企创立时期的经营环境，那么，在企业发展到一定层次、一定阶段之后，家族管理的严重弊端往往就暴露出来。首先，在家族管理的企业中，企业内部的激励和约束机制受到了强劲的挑战。作为企业家的亲属，他们的贡献与收入是不成比例的，尽管他们的贡献未必比其他员工大，但是他们有可能凭借自己的特殊关系得到超额利益，甚至会争权夺利。又由于他们的天然特殊性，企业的规章制度往往对于他们来说也形同虚设，他们往往在工作中我行我素，即使出现了重大失误，也大多能凭借裙带关系逃避责任。企业的内部制度事实上也因而成为了“双轨形式”“双重标准”。其次，家族的管理体制使企业的用人科学性得不到保证，严重地制约了企业的进一步发展。最后，当企业发展壮大后，必然需要从社会上招聘一批水平高的专业化人员进行管理，这些人很难与原企业的领导集团平等相处，在企业的实际运作中，他们之间的磨合也要花费大量的成本。

在对待家族企业方面，还很有必要把家族企业和家族管理体制区分开来。家族企业是一个产权的概念，家族管理体制是一个管理制度的概念。一个有家族产权背景的企业完全可以吸收现代的企业管理模式。家族管理是不利于一个大企业生存和发展的。但是对于家族企业本身来说，只要吸收现代化的管理模式，仍然可以取得一定的成功。

目前，也存在另一种情况，即有些人没有区分家族企业和家族管理体制，并根据上述大企业的案例大谈家族管理体制的合理性，这也是不可取的。中国香港巨商李嘉诚资本的核心仍然是家族控股，李氏家族也取得了巨大的成功。然而他们的成功绝不是因为家族制的管理，恰恰相反，正是他们跳出家族管理的框框，实行了现代公司制，并组建适应的治理结构，才使李氏家族能够不断提高产业层次，扩大产业规模，并实现跳跃式的发展。如李氏家族的长江实业，从开始筹股，进而上市，成为社会公众性公司，已有数十年之久。如果我们放眼世界，不难看到正是由于企业管理体制的现代化，才使很多国际性的巨型家族企业长盛不衰。

但应该指出，家族企业由于受限于家族成员的能力和素质，难以适应当前公司管理制度日新月异的创新要求。对当代的家族企业来说，为了更好地跟上不断发展的形势，引入现代化的管理体制，必须做好三件事：一是要由传统的资产所有权和经营权统一的家族管理，向较为彻底和透明的两权分离的公司制管理转变。二是要高薪聘请高级管理人才，不仅包括部门经理，还要包括上市

公司的总经理、非投资人担任的独立董事、专家担任的独立董事，以提高公司的经营决策水平和管理效益。在知识经济时代，很多传统的产业正逐步转变为以高科技为主的新型产业，这使企业更加离不开有专长的科技精英。三是要积极谋求向社会资本开放，与社会资本结合。这也是最重要的一点。李嘉诚在这方面堪称国内家族企业的典范。他在不放弃有利于自己实行有效控股的基础上，不仅广泛地同社会资本融合，而且灵活运用现代资本的运作方式，扩大其资本的控制范围。他通过借壳上市并购香港电讯，正是以小博大的成功案例，这种资本运作和企业管理的思路值得我们很多家族企业学习。

第五节　广佛肇政府职能的发挥与民营企业的发展

把加快广佛肇经济圈经济发展的希望寄托于民营企业，可以说，未来民营企业的发展潜力很大。但是在如何进一步推动民营经济再登新台阶，实现21世纪初的大发展问题上也有一些不同的观点，有的把“放手发展”等同于“放手不管”，认为民营经济已经进入快车道，政府不需要再去研究如何推动的问题，市场经济规律自然会驱动民营经济向前发展。我们认为这种观点有失偏颇，广佛肇经济圈民营经济的发展和市场经济的要求相比还有许多不适应的地方，政府如不加以引导和推动，民营经济就可能回到自生自灭的自然经济状态，难以实现超常规发展。为此，当前各级政府必须对推动民营经济大发展的措施和着力点进行探索，以便起到引导服务的作用。

一、在生产力发展的诸要素中，人是最重要的因素

广佛肇要推动民营经济迅速扩张，就必须对传统意义上的“小作坊主”进行脱胎换骨的改造，着手培育一支高素质的民营企业家队伍，以提升企业综合竞争实力。经过30多年改革大潮的洗礼，一批民营企业和企业经营者成长起来，正是他们创造了民营经济发展的一个个新亮点。然而，不可否认，这些民营企业主多数出身农民和个体工商户，对市场经济的感性认识多于理性认识，与市场经济条件下企业家的素质要求相去甚远。更何况对“面广量大”

的小企业来说，其经营者只能说是传统意义上的“小作坊主”，他们的思维方式和经营理念往往与农业社会一脉相承，渊源很深，而与现代化的大生产格格不入。有的市场意识淡薄，对市场信息缺乏敏感性，搞什么产品全凭感觉、凭运气，缺资金不是运用市场的办法去解决，总想靠政府；有的小富即安，缺乏创大业的志向和气魄，盲目追求高消费，把宝贵的资金转移到非生产领域；有的家长意识很浓，唯我独尊，听不进别人意见；有的违背市场法规恶性竞争，制售伪劣产品，骗取贷款，偷税、漏税等。因此，在当前民营经济发展已经具备一定基础的情况下，要谋求更高发展的水平和层次，关键在于打造一支素质过硬的民营企业家队伍。

一是帮助民营企业主提高对宏观形势的判断能力。要通过培训和外出参观学习，提高民营企业经营者的政治敏锐性，使他们关心时政，尤其是国际时事，了解天下大事，从中分析市场趋势，把握市场机遇。与之相配套的，作为党的各级组织应研究民营企业的党建工作。可以打破常规，发展一批民营企业主入党，通过组织的培养和教育努力提高他们的政治素质和对宏观形势的把握能力。

二是帮助民营企业主确立市场经济意识，一方面，引导民营企业主研究市场规律，把握市场趋势，拓展获取市场信息的渠道；另一方面，引导民营企业主用市场经济的办法解决生产经营中出现的资金短缺、市场狭小、投入不足等各种问题，从而在市场经济大潮中练就自求生存、自我发展的本领。

三是帮助民营企业、百强个体工商户，一方面，组织民营大户相互观摩，将发展民营经济作为体现人生价值的舞台和终身追求的事业；另一方面，教育民营企业经营者珍惜来之不易的资本积累，始终保持和发扬创业之初的勤俭本色与拼搏精神。

四是帮助民营企业主确立守法经营的意识。政府应进行经常性的普法宣传，并组织针对民营经济的法律、法规培训和知识竞赛，使广大民营企业主熟知市场经济法规，遵循新时期市场经济运营的“游戏规则”、强化诚实守法经营的意识，同时，在遇到经济纠纷时善于运用法律手段来维护企业的经济利益。

二、在国有转民营的过程中政府要积极发挥协调和服务的职能

明晰产权关系并不是民营企业制度创新的终点。广佛肇经济圈要推动民营经济的迅速扩张，就必须在竞争领域实施国有转民营的改制转型，对民营企业

的经营管理机制进行再创新，以规范民营业的方式和行为对原公有制企业进行国有转民营改制，并非一改就灵，更不能认为产权关系已经明晰，就可以对改制后的企业撒手不管。因为，这些企业虽已改制为民营，但仍有较强的国有企业运营的惯性。如不彻底扭转这种惯性，民营企业的前景依然堪忧。因此，广佛肇经济圈在进行以产权转移为主要标志的民营化改制后，还需进一步推动企业的内部机制转换，使改制与转机同步。政府推动转机应着重解决三个问题：一是决策上的“拍脑袋”；二是管理上的“家族制”；三是劳资关系上的“对抗性”。

三、政府要积极推动广佛肇经济圈民营企业实现增长方式的转变

地区政府要推动民营经济的迅速扩张，就必须改变民营企业主要依靠量的积累实现增长的现状。引导企业走科技创新之路，进一步实现民营经济增长方式的根本转变。

广佛肇经济圈经济总量相较于其他区域一体化经济来说还是较小，政府过去着重研究解决的是民营经济“有没有”的问题，相对应的民营企业也是以量的扩张为主，因而大多数企业技术装备水平低，设备老化，产品多年一贯制，成本、科技含量和附加值低，缺乏市场竞争力。当民营经济发展具备竞争基础，企业形成一定规模后，在“十三五”期间，政府应将推动民营经济发展的着力点适当转移到解决“好不好”的问题上，引导民营经济走科技兴企之路，通过技术创新防范、抵御和化解市场风险，从而增强市场竞争力，逐步实现民营经济增长方式的转变。

一是增强技术创新意识。利用宣传发动、培训学习、组织参观先进企业等多种途径，使民营企业经营者充分认识到技术创新决定企业的生死存亡。

二是加快科技产业化步伐。引导企业建立和完善技术中心，瞄准同行业先进水平，超前研究开发有市场前景的共性技术、关键技术及新产品、新材料。近年来，广佛肇经济圈政府引导民营企业建立研究机构，走科技兴企之路，发展了一批科技型民营企业。“十三五”期间，政府将通过举办科技恳谈会等形式，促进企业与科研院所的深度合作。鼓励企业与科研单位联合攻关，解决生产中出现的技术问题；支持双方共建工程技术中心，为科技成果产业化提供“通道”；推进企业和科研院所以厂房、设备、技术、资本等资产为纽带，共

建合资、合股、合作型的科技公司，形成利益共同体，保证技术创新工作的连续性和稳定性。

三是加大技术创新投入。今后将加快形成以政府投入为引导、企业投入为主体、直接和间接融资相结合的技术创新多元化投融资体系。抓紧建立技术创新基金和高新技术风险投资基金，资金来源包括：企业科技开发费适当集中一块，向上争取一块，向金融部门借贷一块。重点向技术含量高、附加值高和市场前景好的项目倾斜，尤其是注重扶持成长型的民营科技企业。

四是建立技术创新队伍。牢固确立人才是第一资源的观念，鼓励大学生到民营企业从事技术创新工作；建立选拔优秀人才享受政府特殊津贴制度和科技人员基本保障金制度，吸引外地优秀人才来广佛肇经济圈工作。

四、广佛肇经济圈政府必须加强服务意识，提高服务效率

聚民资，办民企，大力发展民营经济，代表广佛肇经济圈生产力的发展方向，这已成为一个不争的事实。有什么样的生产力就有什么样的生产关系，有什么样的经济基础就有什么样的上层建筑，民营经济的大发展，呼唤广佛肇经济圈民营经济的大发展，呼唤广佛肇经济圈的生产关系和上层建筑与之相适应。从当前来看，就是要求广佛肇经济圈政府部门进一步转变职能，强化服务，创造一个良好的外部环境。近年来，广佛肇经济圈民营经济发展的外部环境有所改善，但仍有不少亟待解决的问题。“三乱”问题仍很严重，企业不堪重负，必须彻底加以改革。

一是转变职能，强化宏观服务。把企业方便不方便、满意不满意作为衡量政府工作好坏的标准，切实转变作风，改善服务。政府部门转换职能，为企业服务，关键是依法行政、透明行政，简化办事程序和环节，方便企业。当前，应当结合党政机构改革，对一些经济管理部门，尤其是产业局，进行大范围调整，大幅度撤并。应当适时将其行使的微观管理职能转变为宏观管理职能。对一些靠收费生存的事业单位要加大力度推进企业化改革，实现减事、减人、减费的目标，从根本上减轻企业负担。

二是完善政策，体现公平竞争原则。市场经济要求所有经济主体必须在公平、公开的原则下参与竞争。作为政府，要推动民营经济发展，必须充分体现这种原则。对于过去出台的对民营经济带有歧视性质的政策要加以清理，保证

民营经济与其他所有制经济的平等竞争。要消除有关部门不与民营企业打交道的心理障碍，确立扶持民营企业发展就是促进生产力发展的观念，大胆为民营经济发展提供资金、人力等生产要素支持。

三是治理“三乱”，为企业松绑减负。对民营企业反映较大的收费等问题，组织力量进行彻底清理，并经常跟踪督察，防止反弹。在此基础上，建立对民营企业的收费申报登记制，需要向企业收费的部门和单位将所收费用标准、用途、依据等向政府申报，经核准后才能向民营企业收取。对不经申报审批的收费行为，企业有权拒付并向有关部门举报。举报经查属实的，将取消该部门下年度收费资格。

四是保驾护航，创造有利于民营经济发展的法制环境。运用上层建筑中的国家机器保护民营经济的发展，明确执法部门保护和支持民营经济发展的责任，对向民营企业敲诈勒索、强买强卖，破坏民营企业生产经营秩序的人和事，要快速反应、及时处置，使民营经济在宽松的法律环境中不断发展壮大。政府作用和职能的转变将为广佛肇经济圈民营企业群体实力的增强，提供制度效应的基础，使其在中国整体经济发展中发挥更大的作用。

随着广东新一轮改革实施，将有利于加速广佛肇经济圈大开发战略的实施进程，广佛肇经济圈民营化企业具有多种优势，在省政府政策的支持和倾斜下，在未来经济全球化市场中，广佛肇经济圈民营化跨行业多元化发展将成为中国整体经济发展的重要组成部分。经济新常态下广佛肇经济圈的建立，将给广佛肇经济圈民营企业提供大发展的契机。

参考文献

[1] 冯艳芬，曹学宝等．广东省欠发达地区的界定及其特征分析 [J]. 广州大学学报（自然科学版），2004（2）：47-50.

[2] 陈少存．广东省欠发达地区发展动力比较研究 [D]. 广州：广州大学硕士学位论文，2012.

[3] 陈雷刚．十六大以来广东民营经济发展的现状与思考 [J]. 广州市公安管理干部学院学报，2009（4）：56-60.

[4] 朱珊．关于我国区域发展政策战略的调整对中西地区的影响的探析 [J]. 云南教育学院学报，1999（3）：8-12.

[5] 毛三元．中国当代私营经济 [M]. 武汉：武汉出版社，1998.

[6] 王林昌．非公有制经济管理 [M]. 武汉：武汉大学出版社，1998.

[7] 宣海林．以创新求生存——世纪之交谈我国中小企业的个性化发展与创新意识［J］．中国第三产业，2001（1）：20-22.

[8] 陈东琪，李茂生．社会主义市场经济学［M］．长沙：湖南人民出版社，1999.

[9] 胡家勇．中国私营经济：贡献与前景［J］．管理世界，2000（9）：41-48.

[10] 刘茂平．广东民营企业发展的现状、问题和对策［J］．深圳职业技术学院学报，2003（4）：37-39.

[11] 文超．我国利用外商直接投资的现状、特点及对策［J］．商场现代化，2012（8）：14.

[12] 贝燕威．广东地区发展差异的实证分析［EB/OL］．http：//www.gdstats.gov.cn/tjfx/t20091105_75121.html，2009-11-05.

[13] 徐谦，洪秀霞．2012年广东外商直接投资情况分析［EB/OL］．http：//www.gdstats.gov.cn/tjzl/tjfx/201306/t20130618_122605.html，2013-06-15.

[14] 陈劲．协同创新［M］．杭州：浙江大学出版社，2012.

第二章　广佛肇经济圈民营企业的技术创新

第一节　技术创新理论的回顾

一、约瑟夫·熊彼特的创新理论

美国经济学家约瑟夫·熊彼特在《经济发展理论》一书中首次提出了系统的创新理论。熊彼特认为“创新”就是“企业家对生产要素重新结合”，即建立一种新的生产函数，形成一种新的生产要素和生产条件的组合形式，并使其引入社会生产体系中产生出更高的效率，从而推动经济与社会向更高阶段发展。创新是推动社会经济进步的动因，同时也是社会经济发展中的一个过程。

熊彼特根据社会生产的各种要素的特点将创新分为五类：①产品创新，即引入一种新的产品或供给新的产品质量。②技术创新，即引进一种新的生产技术或新的工艺方法。③市场创新，即开发新的产品市场。④渠道创新，即开发获得一种新的原材料或半成品的新的供给渠道。⑤组织和制度创新，即建立一种新的企业组织形式来推动企业发展。

第一，在熊彼特的创新理论中，“创新”是一个经济概念，指在经济上引入某种“新”东西，不同于一种新技术的发展。只有当一种新技术被采用到企业经济活动时，这时“创新”才出现。发明家不一定是创新者。只有那些敢冒风险，敢于把新的科技发明成果运用到企业经济活动中的企业家，才是真正的创新者。

第二，企业家引入“创新”的动因是由于“创新”的预期收益。当企业家认为引入某种新的要素能为其带来未来的盈利机会时，就会积极引入某种新的技术或工艺，或对企业组织形式进行改革。

第三，“创新”及其他企业对“创新”的模仿会形成一股“创新浪潮”，“创新浪潮”一方面导致银行信用和生产资料需求的扩大，另一方面又使企业盈利机会逐渐消失，导致企业对银行信用和生产资料需求的缩减，由此形成经济扩张与收缩的更替。这就是熊彼特所谓的资本主义经济运动的纯模式。

第四，“创新”与“两次浪潮”。熊彼特依据“创新理论”推导出资本主义经济周期存在四个阶段，即繁荣、衰退、萧条、复苏。对此问题的解释，熊彼特认为这与“第二次浪潮”有关，即在创新引起银行信用和生产资料需求扩大的投资浪潮之后，社会经济活动中相继出现许多投机性投资机会，这与创新部门的创新无关，信用的扩张也同“创新”无关，由此就导致经济的萧条与复苏，创新阶段的产生。熊彼特的创新理论后来演化为技术创新和制度创新两大学派。

二、技术创新学派的主要论点

技术创新学派的主要论点表现在四个方面，其代表人物分别是曼斯菲尔德、特列比尔科克、卡曼、施瓦茨、维尔金斯等。

（一）爱德温·曼斯菲尔德的主要观点

曼斯菲尔德是美国耶鲁大学和卡内基理工学院教授，其主要著作是《技术变革的采纳：企业的高速度》《工业研究和技术创新》《垄断力量和经济行为：工业集中问题》等，爱德温·曼斯菲尔德对创新理论的发展就是对模仿和守成的研究。曼斯菲尔德认为，模仿是指某个企业首先采用某种新技术后，其他企业随之相继采用这种新技术。守成则是指某个企业采用新技术后，其他企业并不随后模仿，仍然坚持使用原来的技术。曼斯菲尔德研究的是新技术在一个部门内的推广，提出了“模仿率”和“模仿比率”两个指标，在此研究基础上提出了创新技术的推广模式。

曼斯菲尔德认为影响模仿率的基本因素有三个：

第一，模仿比例。一项新技术开始被引入生产中的时候，由于风险原因，守成比例会很高，很多企业处于观望状态。随着时间的推移，模仿者日益增多，有关新技术使用的信息更加丰富，使用风险降低，守成比例开始下降，模仿率比例逐步升高。

第二，引入创新技术的企业的相对盈利率。相对盈利率指相对于其他可供选择的投资机会的盈利率，而不是指绝对盈利率的变动小于相对盈利率的变动，随着引入新技术的企业增加，模仿比例就会上升。

第三，引入新技术对投资额的要求。如果相对盈利率相同，引入新技术所要求的投资额越大，模仿的难度也较大，模仿比例也就会下降。除此之外，曼斯菲尔德还提出了四个补充因素，即旧设备被置换之前已被使用的年数；一定时间内该工业部门销售量的年增长率；该工业部门某项新技术初次被采用的部分；该项新技术初次被采用的时间在经济周期中所处的阶段。

第四，曼斯菲尔德得出了以下结论：①“模仿比例”与“模仿率”成正比；②“模仿”与“守成”相比的相对盈利率与“模仿率”成正比；③采用新技术所要求的投资额越大，“模仿率”和“模仿比例”就越低，二者成反比。总之，曼斯菲尔德通过对“模仿”和“守成”企业的研究，提出了“技术推广模式”，旨在说明一种新技术被首先引入到企业后，要多长时间才能在同一个部门内被其他多数企业引入。这是曼斯菲尔德的“技术推广模式”对创新理论的一大贡献。

（二）特列比尔科克关于创新技术在部门内扩散的观点

克莱夫·特列比尔科克是英国经济学家，把创新技术的扩散作为自己的研究内容。主要著作有《美国经济史上的技术扩散》《技术扩散与军火工业》。特列比尔科克关于“技术扩散”的主要论点有：

第一，一个时代的先进技术首先反映在军事技术上，民用工业的先进技术总是落后于军事工业，因此研究技术扩散应首先研究军事工业先进技术如何传播到民用工业各部门的过程。

第二，军事工业部门先进技术对民用工业部门技术变革的影响主要有两方面：首先，如果一国军事工业部门建立了标准化、精密和严格的生产技术标准，则民用工业部门也能相继采用类似的新技术。其次，军事工业中使用过先进技术的熟练工人有可能转入民用工业部门工作。

第三，建立先进的军事工业不仅具有国防上、政治上及维持就业和稳定的重大意义，而且有利于部门间技术的推广，在带动国内民用工业技术变革方面具有重要意义。

（三）卡曼和施瓦茨关于“技术创新与市场结构关系”的论点

莫尔顿·卡曼和南赛·施瓦茨对技术创新与市场结构的关系进行深入研究，对熊彼特的创新理论进行进一步发展。他们的主要著作有：《竞争条件下创新的时间性》《最大创新活动的竞争程度》《市场结构和创新》等。卡曼和施瓦茨提出了以下三个新的观点：

第一，决定技术创新的重要变量有三个：竞争程度、企业规模和垄断力量。竞争程度引致技术创新，企业规模影响一种技术创新所开辟市场的大小，垄断力量又影响技术创新的持久性。

第二，最有利于技术创新的市场结构是介于垄断和完全竞争之间的市场结构，亦即中等竞争程度的市场结构。

第三，技术创新可分为垄断前景推动的技术创新和竞争前景推动的技术创新。熊彼特的创新理论是以完全竞争的存在为出发点，所以卡曼和施瓦茨的理论被认为填补了资产阶级垄断理论和熊彼特创新理论之间的空白。

（四）曼斯菲尔德、维尔金斯关于国际技术转移的研究

曼斯菲尔德、米拉·维尔金斯等关于创新技术在国际转移的研究，是西方经济有关技术创新研究中比较有实际意义的部分。

曼斯菲尔德认为技术的国际转移可分为垂直转移和水平转移两类，垂直转移指甲国的基础科学研究成果转用于乙国的应用科学，或甲国的应用科学转用于乙国的生产领域。水平转移指甲国某些已被应用于生产的新技术转用于乙国的生产领域。垂直转移涉及科学技术情报的转移，而水平转移含有物质转移、设计转移、能力转移等。

米拉·维尔金斯认为，国际技术转移可分为简单技术转移和技术吸收两类。简单技术转移指某种先进技术转移到国外，而不考核该技术在国外能否适用。技术吸收指某项先进技术转移到国外，并能被国外采用这种先进技术的单位复制出来。技术的国际转移过程中存在着两种时延，即简单技术转移时延和

技术吸收时廷，缩小技术吸收时延比缩短简单技术时延更有实际意义。

米拉·维尔金斯认为国际技术转移的障碍来自技术输出国和技术输入国，前者包括技术保密、专利权、政治考虑等，后者包括需求障碍、资本障碍、自然资源障碍、劳动成本障碍、技术障碍、规模障碍、基础结构障碍、文化障碍等，要吸收国外新技术需要解决这些障碍。

另外，米拉·维尔金斯还认为，一个私营企业或一国政府能通过四个途径进行技术的输出、输入。四个输入途径包括：①进口外国新产品、新设备，并仿制它们；②向国外购买专利和设计，在国内组织生产；③接受外国政府或企业的技术援助，或派人去国外学习技术；④从国内的外资企业中获取新的知识。

第二节　广佛肇经济圈民营企业技术创新的意义及途径

广佛肇经济圈民营企业产生于广佛肇经济圈这一特殊的区域空间，广佛肇经济圈这一特殊的经济空间很大程度上影响了广佛肇经济圈民营企业的发展。广佛肇经济圈包含了广州、佛山、肇庆，广佛区域民营企业发展相对较早，但肇庆这些地方相对偏僻，交通条件差，人力资源密集，且观念落后，由此导致了广佛肇经济圈民营企业总体起步低、规模小，企业结构与产品结构不合理，尤其是广佛肇经济圈民营企业受传统文化的深刻影响，创新意识和创新观念不足，很大程度上制约了广佛肇经济圈民营企业的发展，因此，积极推动广佛肇经济圈民营企业全面创新，培育其强烈的创新意识，有着极为重要的现实意义。

一、技术创新对广佛肇经济圈民营企业的重要意义

技术创新可谓经济增长的轮子，使欧洲、北美、日本的生产获得巨大提高的正是不断的技术发明和技术创新。技术创新可以突破外部环境的制约，突破资源稀缺性的制约。美国每年颁发 10 万多个专利许可证，正是技术创新使美

国经济得以生气勃勃地发展。

反观广佛肇经济圈民营企业，不少企业不求进取、观念陈腐、体制僵化、技术落后、管理不善，难以形成整体的竞争优势。之所以如此，归根结底是创新不足，是创新意识与创新观念的不足制约了广佛肇经济圈民营企业的发展。借鉴创新理论，培育广佛肇经济圈民营企业的创新观念与创新能力，注意形成一种新的生产要素和生产条件的有效组合，是推动广佛肇经济圈民营企业发展的关键所在，技术创新有着重要的现实意义。

第一，技术创新是企业成长的保证。任何一个企业要生存发展，都离不开技术的推动，再简单的商品生产都得依靠一定的生产技术与工艺，技术是企业的核心，尤其是在当今市场竞争日趋激烈的情况下，技术创新更成了企业发展的活力之源，是增强企业活力的重要条件。

第二，技术创新是不断满足消费者需要的重要手段。只有通过不断的技术创新开发新产品，才能使企业不断适应社会的需求。1985 年，美国有新产品投放市场的企业占 40%，有技术储备的企业占 58%。据估计，在美国全部销售额增长值中，新产品销售额占 75%。

第三，有助于提高企业竞争力。任何一个企业要想在激烈的竞争中立足，最有效的手段就是不断降低产品成本，取得价格竞争的优势。综观世界各大公司，如美国的 IBM 公司、福特汽车公司，日本的丰田汽车公司等，都是通过不断的技术创新来提高竞争力以维持自己的市场地位。从计算机信息领域的激烈竞争中，我们更能看到技术创新对企业生存与发展的重要意义。

第四，合理利用资源，提高经济效益。生产活动对各种资源的利用并不充分，无论是国外还是国内企业均是如此。尤其是我国的企业大多属于资源性产业，由于生产技术水平低，对资源的开采利用程度极低，造成资源的大量浪费，产品的附加价值也得不到提高，直接影响了企业的经济效益。

二、广佛肇经济圈民营企业技术创新的原则

广佛肇经济圈民营企业应当以借鉴创新为主，鼓励自主创新，既借鉴国外和东南沿海先进企业的技术经验，也可在某些技术方面进行自主创新。广佛肇经济圈民营企业在创新过程中要把握以下五大原则：

第一，技术创新的市场性原则。市场经济讲求效率与效益，技术创新首先

要考虑市场问题，如果一种创新技术没有市场，这种技术创新的巨大投入就不可能转化为未来的经济收益，实际上是一种有经济效益的技术创新。这种创新只考虑了技术创新的技术性，没有考虑技术创新的市场性。

第二，技术创新的优势性原则。由于广佛肇经济圈民营企业的整体技术平落后，因此在技术创新过程中就得注意结合自己的产业状况和竞争状况，坚持优势原则，把可贵的资金与人才用于自己拥有相对优势的技术开发，培养本企业技术的竞争优势。

第三，充分考虑企业自身实力的原则。广佛肇经济圈的经济水平历来落后于珠三角和长三角地区，新中国成立后，国家对广佛肇经济圈经济的发展也重视不够，导致了广佛肇经济圈民营企业在资金、技术、人才等方面的先天不足，而新技术、新工艺的开发与创新行为是一个需要投入大量资金与人力且结果难料的活动，具有较大的风险，因此广佛肇经济圈民营企业的技术创新一定要根据自身的资金、技术、人才情况，在综合考虑自身对技术创新风险的承受能力的前提下进行。

第四，符合国家技术经济政策和法制约束的原则。广佛肇经济圈民营企业在进行技术开发创新活动时，一定要考虑国家对技术开发的有关规定，开发创新行为要符合国家的有关产业技术政策与法令，尤其是在有关新技术的研究开发费用的会计账务处理方面，一定要遵循《中华人民共和国会计法》和《中华人民共和国税法》的规定。

第五，采用国际标准的原则。随着我国对外开放的扩大，与国际经济的联系日趋紧密，国际市场对我国企业的影响不断加强，甚至有的国家还采用技术壁垒的方式来限制别国产品进入本国市场，这就要求广佛肇经济圈民营企业在技术创新时尽量采用国际标准。欧洲经济联盟就规定了统一的有关市场准入的产品质量标准，符合此标准的产品可以在统一的欧洲市场自由流通。另外，IS09000 质量认证体系和 IS014000 环境质量认证标准等都可供广佛肇经济圈民营企业在进行技术创新时借鉴。

三、广佛肇经济圈民营企业技术创新的途径选择

广佛肇经济圈与珠三角和长三角地区相比，由于缺乏地理优势，与外界接触相对较少，信息相对封闭，一定程度上影响了技术创新能力的发挥。根据广

佛肇经济圈民营企业资金、技术、人才等方面的情况，其技术创新活动可以采取以下途径。

第一，自主原发型创新。即指一个企业在没有任何经验和启示，单纯在市场竞争和需求及外部环境许可的条件下进行的技术创新活动。这是一种从无到有的创新，其创新价值高且处于市场领先地位。自主原发型创新要求企业拥有高素质的技术人才和较充足的资金实力，因为这种创新往往要求投入较多的人力、财力和物力。广佛肇经济圈企业中少部分具备此条件的大型企业可以采取这种创新途径。

第二，借鉴型创新。即指一个企业通过借鉴总结其他发达企业已有的经验和先进技术，结合本企业的实际情况进行的技术创新。这种创新价值相对较低，实际是其他先进企业技术的一种扩散。由于广佛肇经济圈民营企业大多属中小型规模，产业技术层次低，资金、人才实力不足，这种创新途径对广佛肇经济圈民营企业而言，有一定的实用价值和可选择性。

第三，继承型创新。即指总结本企业技术或本行业同类技术的历史经验与教训并在此基础上对原有的技术进行改造提高，从而形成一种新技术的创新行为。广佛肇经济圈民营企业中的一些有特色优势的传统产业，如农副土特产品加工业、野生资源开采加工业、传统食品加工业等由于具有一定的稀缺性和独特性，且这种创新所要求投入的资金和人力相对较少，这些行业的规模实力也较小，因此这些企业（行业）较适合选择这种继承性创新途径。

四、广佛肇经济圈民营企业的技术创新能力的培育

在经济新常态下，广佛肇经济圈纷纷建立了许多高新技术产业（开发）区，吸引外资、民资建立了不少高新技术企业，但这些高新技术企业仍然存在着技术水平不高、技术储备不足、技术开发能力薄弱等问题。广佛肇经济圈属于劳动密集型地区，传统产业解决了广佛肇经济圈大量的劳动就业，因此研究广佛肇经济圈企业技术创新能力的培育问题，在强调高新技术企业（产业）的同时决不能忽视传统企业（产业）。技术创新不仅是指高新技术的创新，传统企业的技术改造本身也是技术创新（继承性创新）的重要内容。

第一，传统企业的技术创新能力的培育要强调两点：①强调产品整体水平的升级换代，不要只考虑产品的某一工艺过程或技术环节的局部创新。广佛肇

经济圈传统企业的整体技术水平本身就落后于珠三角和长三角企业，更大大落后于国际先进企业，因此在培育传统企业的技术创新能力时，一定要有全局观念和长远观念。要突出对企业的整体生产技术和工艺过程及产品各个方面的全面创新，这样才能从整体上提高企业技术创新能力和技术竞争水平。②强调产品功能转换式的深加工。目前许多企业所谓的深加工只是简单地改变产品的形状或包装方式，而未来的深加工是指改变产品功能的加工，如美国目前已有三个州将过剩的粮食用来深加工处理，生产出汽油醇用做汽车燃料，既保护了环境，又解决了粮食过多的问题。

第二，高新技术企业技术创新能力的培育。随着科技的进步，在未来经济发展中起主要作用的将是高新技术企业及产业。我国的高新技术企业主要分布在东南部沿海发达地区，广佛肇经济圈高新技术企业及产业发展相对滞后，积极培育广佛肇经济圈民营企业高新技术创新能力，对发展广佛肇经济圈高新技术产业，带动广佛肇经济圈经济的发展有着重要的现实意义。由于高新技术产业属于高风险、高投入、技术替代快的产业，因此高新技术企业的技术创新能力就直接影响了企业未来的前景。培养广佛肇经济圈高新技术企业（产业）的技术创新能力应注意以下三个问题。

首先，建立良好的“人才孵化器”。“人才孵化器”是一种可以让人才充分施展才华，将其头脑中的科学知识转化为技术并将技术转化为产业的外部环境，其中建立一套良好的用人制度和完整的人才激励机制极其重要。有一个良好的孵化器才能吸引高科技人才，并使其为本企业不断开发出新的创新技术，使企业的技术创新能力不断提高。

其次，发展资本市场，为技术创新提供资金支持。由于高新技术产业是风险性、战略性的产业，其资金来源既不能靠银行，也不能靠财政，因此解决高新技术企业资金来源就只能靠资本市场，资本市场的风险性和长期性正好符合高新技术企业发展的风险性和战略性两大特征。广佛肇经济圈高新技术企业（产业）在技术创新发展中必须做好与资本市场的对接。

最后，发展人才市场，做好高新技术产业与人才市场的对接。人才这种技术要素作为一种劳动力商品，必须进入市场流动才能增强其活力，实现其创新价值。广佛肇经济圈各类技术人才都有，尤其是大型军工企业中拥有大量的高技术人才，但由于户籍、档案、工资等人事管理制度改革滞后，广佛肇经济圈人才市场的建立也大大落后。广佛肇经济圈高新技术企业（产业）要发展，需要大量的高技术人才，广佛肇经济圈只有加快户籍及劳动用工等人事制度的改革，并建立起一个较为完善的、具有一定专业性的人才市场与广佛肇经济圈高新技术企业（产业）的发展对接，才能进一步推动广佛肇经济圈高新技术企业（产业）的技术创新能力，从而提高广佛肇经济圈传统企业（产业）的技术创新能力，最终提升广佛肇经济圈的整个企业（产业）水平。

第三，由于技术是一种“非相克”的公共物品，因此需要政府出面制定有关的技术保护政策对创新技术施行保护。“增长理论”的代表之一保罗·鲁曼（Paul Romer）就主张政府对私人研究提供税收减免，给从事研究的合资企业以反垄断豁免权，加强对知识产权的保护。借鉴西方国家的一些做法，政府应当制定出一系列促进和保护广佛肇经济圈民营企业技术创新的政策、法规和相关制度，在投资、税收、融资及会计处理等方面给以优惠。另外，还应当大力培育企业家精神，从美国硅谷的调查表明，正是崇尚自由、追求发展、敢于冒险的企业家精神使美国的高新技术不断地应用到企业生产中，使企业的技术得到不断的创新发展。

第三节　广佛肇经济圈民营企业技术创新的优劣势与战略选择

一、民营企业技术创新的优势与劣势

（一）广佛肇经济圈民营企业创新的优势

熊彼特提出，创新是企业家引入一种新的生产函数，企业家是创新者。对创新而言，企业家精神十分重要。广佛肇经济圈民营企业的创业者及其管理者大多具有良好的企业家精神，尤其在多年的市场拼搏竞争中，磨炼出了他们积极进取、不断开拓、吃苦耐劳、精于谋略和敢于冒险的企业家特质。民营企业产权比较清晰，决策权较为集中，管理环节较少，信息传达和沟通较为直接，对于市场供求趋势变化反应较为敏捷。另外，广佛肇经济圈民营企业经过改革

开放的洗礼，不少企业管理者的观念有了很大转变，市场竞争适应能力有所增强，对外来的新事物吸收能力正在不断提高，这些都有利于广佛肇经济圈民营企业进行技术创新。企业技术研发、吸收能力也日益提高，技术人才不断增多。

近年来，民营经济的地位与贡献不断提高，国家也不断地从多个方面支持民营企业发展，中共十八大后，民营企业的地位与作用得到了法律上的充分认可，为民营企业提供了一个良好的政治环境。同时，国家正大力倡导企业技术创新，并在税收、财政、投资、融资等方面出台了一系列鼓励创新的政策措施，为民营企业创造了一个良好的政策环境。另外，全球经济一体化充分发展，更多的外国高技术产业将进入欠发达地区，这些都为广佛肇经济圈民营企业的技术创新提供了一个良好的外部环境。

（二）广佛肇经济圈民营企业创新的劣势

1. 从广佛肇经济圈民营企业自身看

首先，广佛肇经济圈民营企业大部分规模小，大多从事一些技术低级的产品经营，技术积累少，人才储备不足，现有技术人员的专业技术水平不高。专业职称技术人员较少，其中分布于民营企业的技术专业人员更少，尤其是在广佛肇经济圈的民族地区，企业的技术人才更是十分稀缺，这就导致了广佛肇经济圈民营企业科研开发能力不足。其次，广佛肇经济圈经济本身就很落后，很多广佛肇经济圈民营企业尚未完成资本的原始积累，大部分广佛肇经济圈民营企业资金实力不强，难以进行较大规模或先进技术的研究开发或引入。尤其是最近几年消费需求下降，许多民营企业库存增加，市场萎缩，更加影响了广佛肇经济圈民营企业的财务状况，研究开发经费严重不足。再次，由于广佛肇经济圈相对封闭落后，信息资源尤其是有关新技术发展的信息很不充分，加之民营企业技术落后，资源不足，中小规模的民营企业难以寻找到新的技术创新资源，对新技术项目的确认和判别能力不足，而且很多民营企业对自身产品的技术极限也难以准确地判断，不懂得如何去发现新的技术资源及如何突破技术间断点的制约，这在一定程度上制约了广佛肇经济圈民营企业的技术创新。最后，由于广佛肇经济圈民营企业大多规模小，即使是较大规模的民营企业，也没有建立一支专门化的研究开发队伍，也没有相应的研究开发组织部门。在研究开发方面，缺乏有效的人力、组织和制度支持，也在很大程度上制约了广佛肇经济圈民营企业的技术创新。

2. 从外部环境看

首先，目前整个广佛肇经济圈经济受外部冲击不如沿海地区，广佛肇经济圈企业的发展观、创新观很大程度上落后于东部沿海地区企业。广佛肇经济圈民营企业不少安于现状，小富即安，绝大部分民营企业的创业者出身农村，受传统观念的影响，做大做强的意识薄弱，往往抢到一小块市场或某一种产品技术便踌躇不前，对技术创新在企业竞争中的核心作用缺乏深刻认识，因此，尚未在整体上形成追求创新、崇尚创新的意识。其次，广佛肇经济圈政府在企业创新方面宣传引导不够。虽然中共十八大进一步以法律的形式明确了民营经济的合法地位，但实际上，许多地方政府对民营企业仍然存有偏见，对民营企业在地方区域经济发展中的重要作用缺乏认识。广佛肇经济圈许多地方政府尚未把如何引导推动广佛肇民营企业的技术创新作为自己的一项工作内容。广佛肇经济圈民营企业在技术创新方面缺乏应有的政策导向。最后，广佛肇经济圈民营企业在技术创新过程中缺少应有的金融支持。如前文所言，不少广佛肇经济圈民营企业尚未完成资本的原始积累，自身资本实力弱，而进行一项技术研究与开发耗资大、周期长，单靠自身积累难以解决研究开发的技术问题。而广佛肇经济圈民营资本规模也小，研究开发经费主要来自当地银行。由于银行信贷管理体制的改革及企业信用风险的存在，很多地方银行基本上不把民营企业作为自己的信用放款对象。由于资金来源不畅，广佛肇民营企业难以有效地进行技术创新。

二、广佛肇经济圈民营企业技术创新的战略选择

技术创新战略是企业在技术创新过程中实行的具有长远性、局部性和方向性的规划。制定和选择怎样一种技术创新战略，直接关系到一个企业引入新技术的成功与否，关系到一个企业产品的生命力及企业未来的市场竞争力，尤其对广佛肇民营企业来说，一个恰当的技术创新战略更是有助于其以较低的成本把一种新技术引入到企业之中，避免落入“技术追赶陷阱”之中难以自拔，这是落后地区企业容易在引入技术中常发生的问题。结合广佛肇民营企业的个性特点，可将其技术创新战略分为三种，即技术领先创新战略、技术跟随创新战略和技术模仿创新战略。

（一）技术领先创新战略

这种战略就是指企业通过率先进行先进技术或工艺的研究开发，保证其在行业或市场中的领先地位，从而通过先进技术上的垄断来提高其竞争力，巩固和扩大市场份额。采用领先创新战略需要企业投入较多的资金、人力、物力，且研发时间长，同时对专业技术人员的要求很高，相应地，企业承担的风险也很大。

（二）技术跟随创新战略

这是指当技术领先创新者在市场上推出一种新技术或产品后，其他企业加强对该技术或产品的关注，收集相关技术和市场信息，不断追踪该技术或产品的市场反应，如果该技术或产品有着良好的市场前景，则关注企业相继投入资金、人力等要素进行研究开发，如果该技术或产品失败，则关注企业放弃跟随。这种战略要求企业既要有较强的科研技术实力和投资实力，同时还要有较强的信息分析能力和高效快速的决策机制。

（三）技术模仿创新战略

这种战略是一种成本和风险都很低的战略，旨在一种新技术获得成功以后，其他企业对其进行模仿，在领先创新产品尚未扩散到市场时，进行该种技术或产品的模仿创新。实行这种战略，在领先创新产品进入市场和进行模仿之间有一个较长的时间间隔，这样就影响了模仿者产品进入市场的最好时机。这种创新成本低、风险小，模仿创新者所获取的收益也最小。

由于广佛肇经济圈民营企业中成规模的不多，绝大部分是小规模甚至作坊式生产的企业，因此，广佛肇经济圈民营企业在制定和选择技术创新战略时一定要结合自身实力，对创新技术项目及其前景认真分析论证，选择制定适合自身发展特点的技术创新战略。本章认为，广佛肇经济圈民营企业在选择技术创新战略问题上至少要坚持三个基本原则——优势性原则、市场性原则和量力而行原则。

其中大规模性质的民营企业可以选择技术领先创新战略，中型规模的民营企业可选择技术跟随创新战略，小型企业可选择技术模仿创新战略。广佛肇经济圈民营企业在进行技术模仿时，一定要善于把握时机，正确处理好“技术模仿”与“守成”的关系。对自己原有的优势产品或技术不能轻易放弃，对没有把握的新技术或产品宁可在原有优势的市场基础上进行“守成”，也不能轻易转向，把自己原有的优势技术、产品和市场做好，一样可以壮大。

广佛肇民营企业在进行研究开发的具体方式上，可选择多种策略，如自主开放、引进技术、委托研发、合作研发等。广佛肇民营企业在进行技术创新战略选择时最好能采取一种组合性战略，可以以一种重要的战略为主要形式，同时兼顾其他创新战略的配合，这样更能减少企业的创新风险，增加更多的市场机会。

三、广佛肇经济圈民营科技企业的技术创新

民营企业最初大多从事于技术含量低的产品经营，呈粗放型的经营态势。近年来，随着经济体制改革的深化和经营理念的转变，广佛肇经济圈也涌现出不少高科技型民营企业。近两年，不少民营企业在进行二次创业的浪潮中，更是将技术创新，尤其是将高科技创新作为自己未来发展的动力与源泉。

民营科技企业发展至今，呈现迅猛发展的态势，特别是进入“十二五”期间，在部分国有企业困难较多，乡镇企业发展明显较慢的形势下，民营科技企业继续保持高速发展，规模与效益同步增长。

（一）民营科技企业技术创新的特点

1. 创新投入高

据统计，民营科技企业研究开发投入占有企业技工贸总收入比例多年来保持在5%以上。人才是企业技术创新的核心要素，在民营科技企业的从业人员中，选择人员投入的比例一般在25%以上（不含生产工人）。这成为民营科技企业开展技术创新的重要保证。

2. 以市场为导向，开发新产品

民营科技企业不同于传统的靠国家拨开发经费的科研机构，它们只有赢得了市场才能生存，民营科技企业必须以市场为导向，不断开发新产品，这是民营科技企业技术创新活动的一大特点，即不仅局限于以提高产品质量或附加值为目的的技术改造，并且更侧重于企业最终产品的创新——开发新产品。调查表明，民营科技企业的主营产品中，属于自主创新的产品占69%，而且创新

效率很高，其中研究开发项目从立项到以商品形式进入市场，开发、生产、销售等各环节总体上高于国有科研单位的速度和效率。

3. 多从事高新科技领域

民营科技企业集中了大批来自科研单位和高等院校的专业人才，其中不乏博士、教授和研究员，他们带来的往往是最高新的科技成果，所以民营科技企业不但敢于问鼎电子信息、生物工程新材料这些一般企业无法涉足的尖端产业，而且成功地开创出了联想、北大方正、深圳华为等一批驰名全国的大企业，推出了一个又一个畅销不衰的拳头产品。我国现有 52 个国家级高级技术产品开发区和 58 个省级高新技术产品开发区，大多是在民营科技企业发展的基础上建立起来的。1998 年，52 个国家级高新技术开发区实现技工贸总收入 4839.6 亿元，工业总产值 4333.6 亿元，出口创汇 85.3 亿元，分别比 1991 年同类指标增长 43%、39%和 32%。

（二）民营科技企业技术创新的过程

1. 技术创新过程理论

技术创新过程可以看作是创新要素（信息、思想、物质、人员）在创新目标下的流动、实现过程。早期的创新过程始于研究开发，经过工程化生产，终于形成市场销售的线性模型。它仅是创新过程的一部分，且过于机械。

企业和技术创新的关系是一个富有意义的研究领域，由于涉及创新因素的复杂性、创新行为的变化性，不存在一个一般化的企业创新模式，因此针对民营科技企业这一经济实体生存、发展的特殊性，其技术创新过程就有其特色与不同之处。

2. 民营科技企业技术创新过程的特点

（1）首先，有强烈的市场导向，用户的作用主要体现在构想阶段，即用户需求可以激发创新构想的产生。其次，在市场试销的过程中，创新成果需要得到用户的认可和确认，民营科技企业技术创新的一大特点就是面向市场需求，针对用户需求进行创新，从而适应和满足潜在的市场需求。

（2）注重技术积累，形成技术进步的不断循环，技术创新产生的不仅是新产品、新工艺等有形的产出，还有技术、知识和经验等无形的产出，这成为民营科技企业技术创新能力积累的一大源泉。

（3）技术创新项目之间存在的自我增强效应，民营科技企业随着技术创新项目的进行，其组织的知识存量、技术范式、学习模式和组织条件都发生了动态的演化，最终表现为技术创新能力的积累与提高，即创新项目给予后续创新的新陈代谢及创新天地强大的支持等。

（4）持续创新是民营科技企业利润的源泉，民营科技企业创新的目标是为了获得利润，而企业获得利润主要依靠持续创新，形成由技术创新到获取利润，再创新、再获得利润的良性循环。

3. 民营科技企业技术创新过程的运行机理

（1）创新项目选择与决策的过程及机理研究。企业追求高额利润必须要有拳头产品，要使自己在市场竞争中长期保持不败，就必须不断开发新产品。这时市场的取向决定着企业的技术取向，市场上需要什么样的产品，企业就必须拥有什么样的技术或者说企业要不断更新技术去适应和引导市场。同时，民营科技企业通过技术创新获得潜在的社会经济效益，为此必须投入一定的创新资源。创新资源体现了社会物质条件对企业技术创新运行的制约，企业技术创新决策过程主要取决于资源的多少，足够而充分的资源是进行成功技术创新的起点和物质基础，这决定了企业技术创新的规模、速度、能力和强度。

因此，民营科技企业根据市场提供的信息，并综合考虑企业自身的实力做出决策，决定对技术创新投入什么、投入多少资源，以适应市场的需求。

（2）创新实施与现实过程机理研究。民营科技企业本身通常会自主从事高科技的研究或技术创新。民营科技企业根据市场需求变动的方向和速度，选择好准备开发的高科技成果，然后迅速从市场中寻求高素质的经营管理人员和科技人员及其他劳动者，迅速通过资本运作筹集到所需的资金。民营科技企业利用一切可利用的创新资源，尽可能地把最先进的科技成果应用于新产品或新劳务的开发。

企业只有把通过技术创新生产出来的新产品推向市场，到市场上出售才能转化为经济效益，实现技术创新的最终目的。民营科技企业也正是迅速地通过高效率的市场营销系统，把产品送到消费者手中，收回投资，获取高额利润，从而保证创新决策的顺利进行和创新目标的实现。

（3）创新要素配置的运行机理研究。技术创新运行过程实际就是要把决策结果变为企业直接生产力的过程，因此必须对企业生产力诸要素更新。一方面按创新目标要求，充分考虑企业现有基础和现实条件，对企业的物质技术基础做一番改造；另一方面通过组织创新的政策导向，调动劳动者的积极性，并使其整体素质上升到一个新的水平。民营科技企业在这一过程中，其人才、资金与市场三者之间是相互联系、相互作用的。

首先，高素质的人力资源程序系统与高水平的资本运作系统相结合，产生一个双向作用过程：一方面以高科技为手段并通过对资本的运用，产生科技含量很高的使用价值，实现资本的价值增值；另一方面，资本运作以高科技成果为媒介支持人的发展，从而使人的素质得到进一步提高。其次，高素质的人力资源系统与双向作用功能：一方面，高水平的资本运作体系使民营企业在市场营销方面得心应手；另一方面，良好的市场营销使高科技产品开拓新的市场，从而实现资本的价值增值。

四、广佛肇经济圈民营科技企业二次创业中技术创新的方向

在民营科技企业完成一次创业进入二次创业阶段后，随着企业规模的扩大和市场竞争的日益激烈，单纯依靠非突破性创新已经不足以支撑企业的进一步发展，这就意味着民营科技企业要采取新的技术创新战略，创新类型、创新方式和创新范围将发生变革。

（一）产品、工艺创新的均衡化

完成一次创业的民营科技企业普遍拥有自己的产品和一定的市场占有率。对某一特定产品来说，企业创新类型与企业主要产品的生命周期间存在一个紧密的联系，根据这一理论，企业产品创新达到相当程度即产品基本定型之后，企业对工艺创新的要求日益迫切，因为这时模仿者及其他竞争对手也已进入了市场，技术垄断带来的利润日渐减少，竞争的焦点转为追求经济规模、降低成本、提高生产率。

新技术产品规模化生产制造的工艺技术是民营科技企业实现新技术产业化突破的一个关键，如果不能解决好工艺技术问题，科技产品则始终只能停留在样机试制和零星生产的基础上，由于工艺技术的开发所需要很大的资金投入和设备投入，大多数民营科技企业很难靠自身的条件进行，因此可以通过政府有关部门加强产业化的引导与支持来实现。

在重视工艺创新的同时，产品创新不应因工艺创新地位的提升而受到削弱。首先，工艺创新一般需要极大的投入；其次，工艺创新有个时机的选择问

题，只有在产品的基础设计完成之后，即产品创新已基本稳定，没太大变动的情况下，才能实施工艺创新，过早地实施工艺创新会窒息产品创新，妨碍产品的完善，较大型的企业虽可致力于工艺创新，但从长远利益考虑，对新产品的开发是寻找新的盈利点，由于新产品前期的技术垄断带来的超额利润是相当诱人的，因而产品创新的投入不会减少，况且工艺创新针对的是较为成熟的产品的生产制造，在产品生命周期日益缩短的情况下，一种产品随时有可能被另一种全新的产品逐出市场，所以企业将赌注全压在一个工艺上是相当有风险的，国外较为成功的高技术企业大多进行较多创新项目的组合，以分散风险，并且有数量不少的成功企业专门从事新产品的开发，在获取产品前期新产品开发的高额垄断利润之后就尽快退出，再从事另一产品的开发，因此对目前大量存在的产品较为单一的民营企业来说，企业的目光不能仅停留在目前正在生产的产品上，要未雨绸缪，通过开发更新换代产品使企业获得发展机会。

总之，二次创业时期，在工艺创新地位提升的情况下，民营科技企业创新类型的分布要力求在产品创新和工艺创新之间达到一种匹配，对不同规模企业的不同发展阶段，这一平衡点的位置将是不同的，二次创业企业的一个重要目标是产业规模化，这就需要高水平的工艺创新，但绝不可以就此走向极端，不考虑产业发展的规律，盲目地进行工艺创新。

（二）研究开发活动的内部化

企业进行技术创新的策略有多种选择，可选择自主研究、合作研究、委托研究及引进等策略。由于技术创新存在不确定性、风险性较大，企业依赖其他的专业研究机构不失为一种较为稳妥的办法，然而从发达国家的实际情况来看，却是独立的研究机构越来越少，而在其内部进行研究开发的企业越来越多。企业之所以愿意将研究机构纳入自身体系之中，是因为研究机构与企业一体化之后，企业对成果有更强的控制力，不致过快地让竞争对手获得最新研究成果，同时短暂的合作无法保证企业从创新中取得更多的利益，只有长期合作乃至合并才能连续地从创新链上充分利用，尤其当民营科技企业产权关系理顺以后，企业所有者从长远的利益出发，会更倾向于将研究开发机构植入企业内部。

从民营企业发展的实际情况来看，一次创业时期，大批企业虽有进行内部研发活动的兴趣，但受制于企业弱小的实力和当时科技体制方面的障碍。随着

企业二次创业时期的到来，企业规模扩大，实力增强，以及科技体制的逐步改革，使企业在二次创业时期普遍建立起研发部门，或者合并、兼并科研机构，实现研发活动的内部倾斜。北大方正与北大计算机所的关系、联想与中科计算机所的关系等都是企业研发活动内部趋势的反映。

企业对于难以从市场上购买到的领先技术尤其需要内部的研发活动。二次创业的市场竞争国际化，使许多技术引进开始时往往无利可图，因为国外企业已经与国内企业展开了面对面的竞争，在一定程度上影响到技术转让的进行，谁也不愿意将自己的领先技术卖给直接竞争对手，因而技术转让价格会高得让对手退却。这样，建立和加强企业内部的研发活动，既是企业本身发展的自然趋势，也是激烈的竞争环境下争取生存和发展的必由之路。目前，民营科技企业对自主研究开发表现出极大的积极性，在佛山、肇庆等高新技术开发区，有50%以上的民营科技企业开始建立自己的研究开发机构。

当然，自主开发并不妨碍民营科技企业通过市场购买的方式获取技术，因为一些比较规范、成熟的技术创新，从外部购买的成本要远远低于自行研制，而且可以大大缩短开发周期，尤其是一些民营科技企业原来就从属于科研机构，他们从这些机构获得技术较为便利，当然可以采用购买的方式。

（三）创新策略多元化

一般来说，企业规模越大，其生产制造水平、市场开拓能力及技术开发能力就越强，越趋向于选择自主研究开发、兼并等创新政策，民营科技企业在二次创业过程中由于内外条件的变化，可以从内部自主开发、兼并、合并、合作以致技术购买、技术搜索等策略中选择合适的方式。

企业内部自主开发中，企业与科研机构的一体化是有效的方式，如方正集团与北大计算机所“两块牌子，一套人马”的水乳交融形式，以及联想集团托管中科院计算机所的形式，都显示出民营科技企业对这一方式的青睐。

与国内外企业的联合乃至兼并，也是可能性极大而且对社会非常有益的创新方式，联合及兼并可迅速扩大企业的经济规模和技术规模，这对以技术为基础的民营科技企业来说尤为重要，同创集团的大规模兼并就是很好的例证。合作创新是近年来国际上特别是在高新技术产业领域盛行的一种方式，正成为具备一定规模的民营科技企业的重要选择。

五、促进民营科技企业技术创新的措施

（一）增强技术创新的动力

企业技术创新的动力来源于企业内、外两个方面，市场的压力是技术创新的外部动力源；企业经营机制的转换、企业家精神、企业文化和技术创新的激励机制是技术创新的内部动力源，内外动力源的共同作用推动着企业技术创新的活力。

1. 要通过转换经营机制，建立现代企业制度，推动企业进行技术创新

很明显，只有在产权明晰、权责明确、政企分开的条件下，企业才可能自主地适应市场需求，去组织生产经营和建立有效的技术创新机构。

2. 要强化企业家的创新精神

企业家是指由企业主要领导人为核心的领导集体在经济活动中所体现出的一种创新精神。企业家是技术创新活动的主要倡导者、决策者和组织者，负有创新的重任，联想、四通等企业技术创新的成功是和柳传志、段永基等企业家的创新精神分不开的。

3. 要塑造有利于创新的企业文化

企业文化既是企业进行技术创新的一种动力，又是实现创新目标的一个重要保证条件。作为企业共同基础的价值观念和这种价值观念下所形成的行为规范，是企业文化的核心，其中特别重要的一条就是要使全体员工有充沛的创新精神，这是增强企业活力的重要源泉。在联想集团，三分论即“科技成果+规模生产+规模营销”得到了员工的广泛认同，正是基于这样一种对技术创新重要性的共识，才带动了企业的不断创新。

4. 要加强对技术创新的激励

在民营科技企业内部，要针对不同类型、不同层次的创新建立一些奖励制度，对于创新人员应加强激励，如晋升职务、提高工资、增发奖金和采取其他精神鼓励办法，以真正起到激励的效果，调动广大员工创新的积极性和创造性。

（二）完善管理机构和规范运行程序

技术创新是一个涉及企业多方面活动的系统工程，为了适应这一特点，在

企业组织机构中，需要建立起能够调动技术创新的所有资源，又能协调管理和实施有关技术创新的各个方面和各个环节工作的组织系统。我国有些民营科技企业已建立技术中心、技术设计部或研发中心等组织机构，以此作为产品和工艺创新的重要管理机构。

（三）建立健全技术创新的管理制度

1. 建立信息管理制度

信息的获取、整理分析和及时传递出正确的信息是决策的基本依据，也是内部组织协调的重要手段，外部信息包括市场信息、技术信息、经营环境、外部支撑系统和政府的政策法规等；内部信息包括准备投入的各种资源的情况、创新项目的进展情况等。

2. 建立决策管理制度

全面、准确和及时地提供信息是正确决策的重要基础，而对创新机会的把握，对创新各种因素（如投资能力、盈利水平、资源条件、技术开发能力、生产技术基础、销售服务能力等）进行综合分析和判断的能力，则是正确决策的核心，企业需要根据技术创新项目的性质和重要程度建立不同层次的决策顺序。

3. 建立计划管理制度

一个技术创新项目经调查研究和决策之后，需要及时编制一个可供实施的技术创新项目计划，对于一个涉及多部门协调配合的创新项目，有关部门都应制定与之相适应的具体行动计划，并保证对质量、进度等方面实行有效的控制。

4. 建立费用和资金投入的管理制度

技术创新费用范围比一般研究开发费用广泛得多，它除研究开发费用外，还包括技术（专利许可证）的获取、产品设计、产品试制与创新有关的工作准备和工程化的投入，与创新有关的培训，与创新有关的生产设施改造的投入和市场调查与分析的投入等。

加强研究开发，并制定切实可行的技术创新政策和激励措施，技术引进和自主创新结合起来，才能推动技术—产业的前沿扩展，也才有可能摆脱“引进—落后—再引进”的技术追赶陷阱。

（四）突破技术间断点的制约，实现技术的顺利转换

对企业家来说，了解本企业产品技术的极限非常重要，对技术极限的正确判断有利于把握企业技术创新的方向及实现技术转换的恰当时机，使企业保持技术的创新优势。广佛肇经济圈民营企业尤其是科技民营企业，在跟随国外先进创新技术的过程中，一定要充分了解自身技术的发展趋势，正确制定本企业的发展计划，在本企业技术开始趋于技术极限之前就应当开始新的技术研发，以便顺利渡过技术转换期，突破技术间断点的制约，顺利实现技术的跳跃发展。

在实现技术转换和跨越的过程中，广佛肇民营企业一定要加强技术管理，高度重视技术间断点的重要作用，避免陷入技术转换陷阱之中。尤其是广佛肇经济圈科技型民营企业，首先要避免“技术近视”现象。要正确认识技术极限，加强对技术状况的测度，一般而言，对一个 10~20 年的技术期限，人们的认识要滞后 5~7 年。其次要避免对市场信号的不正确理解。老企业一般忽视新竞争对手的市场渗透信号，随着全球经济一体化进程加快，广东又是传统贸易大省，外国企业及其产品会不断进入广东市场，面对激烈的市场竞争，广佛肇经济圈民营企业需要更加注意市场信息的反馈，及时进行技术调整。

参考文献

[1] 李晟．民营经济未来融资体系建设初探［J］. 金融研究，1998（6）：32-35.

[2] 董昕，孟进．关于高新技术产业融资问题的调查报告［J］. 山东金融，1998（7）：17-19.

[3] 闫新华．二板市场［J］. 投资研究，1999（3）：27-28.

[4] 霍学武，姚建明．关于中小企业间接融资环境问题［J］. 城市金融论坛，1999（3）：45-46.

第三章　广佛肇经济圈民营企业的制度创新

第一节　制度创新理论的回顾与启示

一、制度创新理论的回顾

制度创新理论的主要代表人物是美国经济学家兰斯·戴维斯和道格拉斯·诺斯。1971 年两人共同出版了《制度变革和美国经济增长》，较为系统地论述了制度创新理论。

诺斯的制度创新理论认为现存制度下潜在的获利机会引发了制度创新，制度创新是为了获取这种潜在收益而对现存制度安排的一种突破。当人们认为这种潜在收益大于制度创新成本时，新的制度安排就会出现。诺斯将制度创新分为三个层次五个阶段，即个人、团体或政府担任“第一行动集团”引起的创新活动。个人制度创新不需支付组织成本和强制成本，团体创新活动要支付组织成本，不需支付强制成本，政府创新活动则两种成本都要承担。

制度创新理论的主要内容有五个方面：

第一，制度创新和技术创新具有相似性，制度创新是指能使创新者获得追加利益的现存制度的变革，制度创新同样是一种发明，具有可选择性和扩散性。

第二，影响制度创新的因素有三个，即市场规模、生产技术和社会集团对自己的收入预期。同时提出制度创新存在“时延”，并将“时延”的全过程分为四个部分：①理解和组织的“时延”；②等待新发明的“时延”；③方案选择的“时延”；④开始实行创新的“时延”。产生制度创新时延的主要原因：现行法律限定的活动范围；制度方面新的安排代替旧的安排所需的时间；制度上的新发明是一个需要时间等待的过程。

第三，制度创新的过程可分为五个步骤：①形成第一行动集团；②第一行动集团提出制度创新方案；③在若干可供选择的制度方案中，第一行动集团按最大利益原则进行比较和选择；④形成第二行动集团，帮助第一行动集团实施创新方案的实现；⑤第一行动集团和第二行动集团共同努力，实现制度创新。

第四，三级制度创新的比较。他们认为制度创新可以在三级水平上进行比较，即可由个人来创新，个人组成合作团体来创新，或由政府来创新。政府创新在以下情况时有优势：①私人市场未得到充分发展；②外界潜在利润的获得受到私人财产的阻碍；③制度创新带来的收益归于全体成员，而不归于个别成员；④涉及居民收入再分配时需要政府来进行。

第五，制度创新趋势，在美国各行各业中政府进行的制度创新越来越重要。

二、启示：制度创新动因来自预期收益、市场规模变化、生产技术进步等要素

制度创新就是打破旧的制度均衡而形成新的制度均衡，制度创新主体中个人、团体、政府有着不同的创新优势。广佛肇经济圈民营企业主要根据市场规模、生产技术及对未来收益的预期的变化及时开展制度创新，引入新的组织管理形式，进行新的要素组合，建立生产函数，同时争取政府支持。制度创新一般要支付成本，广佛肇经济圈民营企业必须权衡制度创新的成本与收益，把握创新时机，有效控制制度创新风险。

虽然广佛肇经济圈的民营企业近年有了较快的发展，也出现了一些较为有名的民营企业集团，但广佛肇经济圈民营企业在总量上与东部地区相比，无论在市场规模、产品结构、融资渠道、管理制度等方面都有一定的差距。尤其表现在企业创新方面，广佛肇经济圈民营企业更是动力不足。广佛肇经济圈民营企业的产生最初绝大部分是自筹资金发展起来的，由于规模不大，在发展积累

的过程中，也没有进行产权的及时清理划分，导致了许多民营企业产权不清，出现扯皮现象，甚至中途分家，严重制约了广佛肇经济圈民营企业的发展。

要进一步推动广佛肇经济圈民营企业的发展，打破制约其发展的桎梏，在技术创新的同时，必须加大制度创新力度，引入和建立现代企业制度，打破家族式的经营管理模式。广佛肇经济圈民营企业只有引入现代企业制度这种新要素，建立规范的公司制度，从家族式管理的困境中走出来，才能形成科学、合理、有效的经营决策机制。

第二节　广佛肇经济圈民营企业存在的问题及其制度创新的意义

随着经济全球化程度越来越高，外资企业在我国的进一步扩张，以及国有企业脱困之后，广佛肇经济圈民营企业更是受到两面夹击。广佛肇经济圈民营企业在市场规模、产品技术、人力资本的引入、融资渠道等多方面受到严峻的考验。

一、民营企业存在的问题

家族管理是制约民营企业发展的主要障碍。海外华人在国外奋斗了几百年，积聚起十分可观的财富，虽然鲜有世界级大企业，其根本原因在于华人一向有家族经营的传统，但大多数是家族制企业。韩国是世界上实行家族经营企业很普遍的国家。据说韩国经济就是由 10 个左右的大家族企业撑起的。在过去几十年里，家族大企业推动韩国经济高速发展，使韩国发展成亚洲四小龙之一。随着 1997 年韩国爆发金融危机，暴露出其根本的经济体制问题——家族大企业经济。时任总统金大中指出："大企业的改革是韩国经济复苏的关键。"1999 年韩国第二大家族企业大宇公司被迫重建；2000 年 5 月 31 日，韩国最大家族企业现代集团掌门人郑周永及其家族成员宣布彻底退出现代集团的日常管理，允许国际投资参与公司管理，允许现代"股份"打包上市，现代集团即将走向解体。韩国大家族企业的解体再次证明家族制的失败。

广东民营企业大多数是独资企业，实行的管理正是家族制。这种企业在创业阶段由于产权清晰、市场化程度高、历史包袱轻，家族成员由于亲情关系结成牢固的集体，企业极具竞争力。但是，随着企业进一步发展，规模扩大，管理日益复杂，企业财富分配使家族制的弊端逐渐显露出来。

第一，家族成员随着企业发展必将发生变更，导致企业内部产权关系不明晰。当企业发展到一定规模时，企业创业初期那种不计报酬、任劳任怨的精神将不复存在，追求对企业财产的更多占有，就成为很多企业家族成员的主要目标，有时甚至通过暴力解决，民营企业的生命周期大大缩短。

第二，家族企业在创业初期依靠国家政策及企业敢闯敢拼的精神，使企业形成一定规模。当企业达到一定规模时，企业主由于本身文化素质较低，难以领导企业继续发展，只能聘请职业管理专家管理企业。但大多数家族经营的民营企业对外来人员缺乏信任，难以委以重任，致使管理专家难以发挥作用。同时，由于外来管理人员只是企业雇用者，不可能拥有企业股权，因此，缺乏对企业长期利益的关注，易产生短期行为。所以家族经营的民营企业不能很好地利用外力发展企业，难以形成良好的激励和约束机制，而企业由于缺乏需要的人才也会停滞不前，甚至衰败。

第三，家族经营企业由于产权主体单一，资本难以扩张。据调查统计，在民营企业资金的主要来源中，继承家业、劳动积累及合伙集资即所谓内源融资的比重占65. 20%，而银行与信用社贷款等外源融资占10. 7%，这种状况无疑制约了民营企业的发展，而企业只有高起点、大投入才能占领市场，单靠内源融资显然难以做大企业。民营企业主要由于受中国传统思想制约，通常排斥外来资本进入，担心失去对企业的控制权，因此，发展速度较慢，这是制约民营企业发展的重要因素。

第四，我国民营企业大多实行家族领导，企业关键岗位都由家族成员担任，难以建立一套科学的管理制度和合理民主的决策机制。当企业发展到一定规模，单靠经验管理和个人决策，难以避免决策失误，而依靠家族成员控制企业关键部门的做法使企业更难建立科学的管理制度。这是导致许多民营企业管理混乱、决策失误频繁的主要原因。

总之，民营企业要想逐渐摆脱与国有大中型企业、国外跨国大企业的竞争，并想取胜的话，就必须实现由家族管理向现代管理转变，由个人决策向民主科学决策转变，由冒险投机转向重企业长期发展战略研究。

二、广佛肇经济圈民营企业制度创新具有重要意义

中共十八大进一步对民营企业的经济地位予以充分肯定，认为它是社会主义市场经济的重要组成部分。我国民营企业有了同国有企业、外资企业公平竞争的地位，有利于他们树立长期的发展观念。同时，有利于民营企业树立良好的社会形象，帮助投资者树立长期的预期和雄心，看好民营企业的发展前景，有利于民营企业的发展。虽然我国民营企业发展的大环境已有明显的改善，但是制约民营企业发展的企业制度尚需解决，如若不然，我国民营企业的发展始终是一句空话。因此，民营企业发展必须进行制度创新，建立现代企业制度。

第一，民营企业只有实行规范公司制才能彻底摆脱家族制的管理，使民营企业建立起科学的管理制度和合理的决策机制。民营企业采取股份有限公司和有限责任公司能够形成科学的法人治理机构。股东大会是公司的最高权力机构，重大决策由股东大会通过；董事会由股东大会委托负责公司日常决策；监事会是监督机构，保障公司有序经营；总经理由董事会聘任并负责公司日常经营和管理。民营企业实行公司制有利于高层管理人员尽职尽责，保证真正有才能的企业家占据经营决策岗位。同时，也有利于改变民营企业家庭作坊式的管理，彻底摆脱家族管理的怪圈，进行规范管理。

第二，实行规范的公司制，有利于民营企业产权多样化和提高民营企业的筹资能力。我国民营企业60%~70%是独资、合伙企业。企业资本依赖自我积累，严重制约了企业发展。在经济全球化、世界经济一体化加快的今天，规模较小的民营企业如果不能吸引外来资本迅速发展自己，实现规模经营，就一定会被市场淘汰。

第三，民营企业只有实行公司制的制度创新，才能吸引更多人才加盟企业，增强企业的人力资本。21世纪是知识经济时代，企业之间竞争归根结底是人才的竞争，而要引进和留住人才必须有良好的制度环境。例如，深圳市华为技术有限公司专注于通信网络设备的研究、开发、生产与销售，员工15000余人，其中85%具有本科及以上学历，60%具有硕士及以上学历。人才的优势使华为公司的产值由初期的几百万元发展到现在的几亿元。人才为公司发展提供了源源不断的生命核能。规范的公司制，不但使企业的管理人员、技术人员有一定的工资报酬，而且通过期权、期股的形式对人才进行奖励，把员工的报酬与公司的经营业绩紧密挂钩，股价因员工的劳动而上涨，员工和股东都从中受益，股价的上涨又进一步转为企业内部积极性，促进企业生产力的提高。

国内外的经验证明规范的公司制是民营企业发展的方向，有利于民营企业的发展。国外资本主义发展过程证明了公司制是现代企业发展的趋势，是我国民营企业的发展方向；另外，根据调查，我国民营企业组织形式特别是有限责任公司，对私营企业的发展具有重要作用。相对于其他类型的企业（独资、合伙企业），有限责任公司获得过流动资金贷款的比例更多。在决策形式上有董事会的企业更有可能获得成功。

民营企业建立现代企业制度是进一步发展的需要，也是发展社会主义市场经济，建立市场经济体制的需要。不过，民营企业建立现代企业制度，并不是一时就能解决的问题，它需要政策的积极引导和广大民营企业的参与。

首先，政府应加强教育，促进广大民营企业主转变旧观念放弃家族经营。中国一向有崇尚父子兵的传统，家族管理在我国民营企业中占主导地位。许多民营企业主担心改制会使其失去对企业的控制权，不愿看到外人接管自己的企业。因此，很多民营企业主虽然自身素质较低，已经不能适应企业进一步发展的需要，但仍不愿走公司制的道路，排斥外来资金的注入，期望依靠自我积累发展企业。政府应通过广播、电视、报刊揭示家族经营的诸多弊端，宣传现代公司制是企业发展的必然趋势，大力表彰那些积极改进、主动让贤的民营企业主；转变广大民营企业主的思想观念，接受现代企业制度，放弃过时的家族经营管理。

其次，政府应积极创造条件，引导民营企业建立现代企业制度。民营企业实行公司制改造，有可能为企业内的权力分配、科学决策、资金筹集、有效经营管理等提供基础，减少投资者的风险。广佛肇经济圈民营企业采取公司制比独资企业、合伙企业更有利于企业发展。政府应在资金供给方面给予公司制企业更多的优惠，满足企业对资金的需求。在国内早日建立二板市场，降低企业上市门槛，允许更多的企业通过股市融资扩大规模，使企业得到发展。同时，政府应对公司制企业在引进大中专人才方面给予方便，对公司制企业在税收减免、科技研究等方面给予照顾，吸引更多符合条件的民营企业改制，促进我国民营企业发展，提高我国经济的整体实力。

最后，民营企业根据自身发展的需要，采取灵活多样的形式重建现代企业制度。民营企业的性质决定了企业财产采取何种组织形式由企业所有者决定，政府予以引导。对那些规模较大、符合上市条件的民营企业，可以改制为股份有限公司，到国内外证券交易市场上市；更多的民营企业则可以选择改制为有限责任公司；一些规模较小的民营企业还可以改制为股份合作制等。因此，民营企业可以根据本企业的实际情况，采取灵活多样的方式建立现代企业制度。当然，只要有利于企业发展，一些较小的民营企业仍然可以继续实行家族经营。

第三节　广佛肇经济圈民营企业产权制度创新

现代企业制度是与社会化大生产和现代市场经济发展相适应的企业组织形式和产权制度，它有五个基本特征：一是产权清晰，产权结构多元化，资本所有者与管理者分离；二是企业有独立地位，拥有独立的法人财产；三是企业的组织是多单位、多元企业、集权与分权相结合的多层次的综合结构；四是企业是市场主体，以利润最大化为目标，同时造福社会；五是科学的组织结构和管理制度。因此，现代企业制度具有产权清晰、权责明确、管理科学等优点，现代企业制度的主要形式是公司制。我国民营企业可改制为股份有限公司、有限责任公司、股份合作制等形式。民营企业建立现代企业制度，就能解决民营企业管理的弊端，促进民营企业进行第二次创业。

广佛肇经济圈民营企业进行制度创新就是要建立现代企业制度。现代企业制度的基础和核心就是企业的产权结构和治理模式。

一、产权理论回顾与启示

产权关系问题是围绕企业发展的一个基本问题，对产权问题的研究可追溯到卡尔·马克思等经济学家。英国经济学家霍奇逊就曾说过，正如产权经济学家史蒂文·乔雅克朗指出的，卡尔·马克思是较早强调产权关系作用的理论家之一。1960 年，美国经济学家科斯在《社会成本》一文中研究企业外部性时明确提出了“产权”范畴，后来经过德姆塞茨、艾尔奇安及张五常等的发展，形成产权经济学系统理论。

产权是经济所有制关系的法律表现形式。它包括财产的所有权、占有权、支配权、使用权、收益权和处置权。在市场经济条件下，产权的属性主要表现在三个方面：产权具有经济实体性、产权具有可分离性、产权流动具有独立性。产权的功能包括：激励功能、约束功能、资源配置功能、协调功能。以法权形式体现所有制关系的科学合理的产权制度，是用来巩固和规范商品经济中的财产关系，约束人的经济行为，维护商品经济秩序，保证商品经济顺利运行的法权工具。德姆塞茨在《产权理论》中指出："产权是一种社会工具，其重要性就在于事实上它们能帮助一个人形成他与其他人进行交易时的合理时期。"产权包括一组权利，依据人们对财产权利的完整性或残缺性，可以把产权分为私有产权、共有产权和国有产权。

艾尔奇安认为企业的实质是一个生产过程，要联合使用不同的投入而获得的产出品又具有不可分性。在生产过程中，一方面要计量边际投入和产出并使其与变动相适应，另一方面还要克服合作生产过程中成员的偷懒动机，因此，企业的产权结构就是为了克服一般企业内部各要素所有者之间在协作生产过程中的偷懒和"搭便车"现象而形成的制度安排，不同的产权表现为不同的企业制度。

现代产权理论认为，产权是由所有权、占有权、使用权、收益权、处置权等一组权利组成的，其中所有权是最本质意义上的产权关系。

现代产权理论认为，现代产权结构有三个基本特征：①现代企业产权主体化，现代产权主体的典型形式是股份有限公司。②现代产权体系分为两个层次：一层是原始产权与法人产权的分解，这是一种规范性的产权界定和结构安排；另一层是法人产权与经营权的分解，即所有权与经营权的分离，突出了经营者的决策地位。③产权运作市场化，产权可以作为一种商品来进行交易。产权必须具有可交易性。

二、广佛肇经济圈民营企业产权结构中存在的问题

广佛肇经济圈民营企业产权结构的特征：一是不清晰，二是太集中。在民营企业中大多没有进行产权的清理和界定，尤其是部分"红帽子"企业的产权结构更是纠缠不清。

第一，许多"红帽子"民营企业的产权一直未能明晰。追溯到当代中国

民营企业的发展历史，对民营企业家而言，20 世纪 80 年代后半期仍属于创业高风险时期，他们不得不挂国有单位或戴上“集体”的“红帽子”，否则前途不妙。以武汉东湖公司为例，因为没有任何挂靠单位，1984 年时曾以“投机倒把”罪遭查办，现被证明不实；同样以四通为例，曾有工作组入驻该公司，幸亏有上级单位得以脱身。在特定的历史时期，挂靠单位的确在客观上保护了民营企业的生长，但是，大部分 20 世纪 80 年代中后期产生的民营企业是靠创业者自己做大的。综合起来，中国民营企业的产权表现形式便复杂多样，有国有民营（如联想）、集体所有制民营（如四通）、乡镇所有民营和民有民营等，按万科董事长王石的说法：“国有企业产权是清楚的，那就是产权 100%属于国家，倒是民营企业产权非常非常模糊，特别是很多有名的企业说不清楚，这和民营企业，特别是国有民营企业、集体所有制民营企业承包时不敢界定产权有关，例如我就实在看不懂四通是怎么回事？”在广佛肇经济圈，类似的民营企业也为数不少。

第二，产权过于集中。民营企业的发展大都经历了“能人经济”阶段，在创业初期，老板常常是凭借自己的精明能干使企业得以发展。但是，当企业发展到一定规模和阶段后，民营企业普遍存在的高度集中的产权所有形式，必然会带来管理的家族化、决策随意性和员工缺乏认同感、责任感等问题，所以才出现始终走不出“富不过五代”的怪现象。民营企业要从“侏儒”长成“巨人”，必须完成所有制改造，建立现代企业制度，进行产权创新，员工要成为企业的主人，首先要成为财产的主人，也就是要推行员工持股，只有员工与企业真正结成命运共同体，才能从根本上防止企业和个人的短期行为，企业才会表现出强劲的生命力和源源不断的发展动力。

三、广佛肇经济圈民营企业进行产权制度创新的有利条件

我国在 20 世纪 80 年代就已开始重点研究产权问题，并取得一系列的理论成果，产权体制改革的观念早已深入人心，在产权体制改革的实践过程中也取得了丰富的实际经验与教训，并形成了许多可供广佛肇民营企业借鉴的模式，而且中共十八大进一步正式确立了非公有制经济的合法地位。具体而言，广佛肇经济圈民营企业在产权体制改革创新方面有以下优势。

第一，有法律、法规做保证。政府已经充分肯定了非公有经济的合法地

位，承认“非公有经济是社会主义市场经济的重要组成部分”，承认了民营企业存在与发展的合理性和合法性，给了民营企业一颗“定心丸”。民营企业的财产与合法权益受法律保护，广大民营企业可以放手进行企业制度改革与创新。

第二，有现成的产权制度改革和创新的理论和实践成果以资借鉴。改革开放以来，产权理论研究取得的丰硕成果，为广佛肇经济圈民营企业产权改革提供了有益的理论指导。同时，国有企业和东部沿海地区民营企业的产权制度改革和创新也为广佛肇经济圈民营企业的产权制度改革与创新提供了丰富的案例和经验教训，有利于广佛肇经济圈民营业在产权制度创新中少走弯路，降低其产权制度创新的成本。

第三，广佛肇经济圈民营企业产权制度改革与创新一大优势是其产权比较纯粹，产权的背后没有沉重的依附问题。西方产权理论认为企业组织的产权应该具有纯粹性的经济产权，其背后不应该附着任何负担。广佛肇民营企业与国有企业的产权制度创新相比，难度要小得多。因为国有企业产权的背后还依附着一个巨大的人的负担问题，如富余人员的安置，退休金、养老金的解决，就业与再就业的社会保障等一系列头疼的问题，而对广佛肇民营企业而言，这些问题几乎不存在。

第四，广佛肇经济圈民营企业头上没有“婆婆”，与国有企业相比，在产权制度改革创新方面有较大的自主权，可以自主决定总股份的设置及如何分割，可自主选择新的合作伙伴，不会出现“拉郎配”的现象。

第五，广佛肇经济圈大开发将会有更多的外地企业和外地资本进入广佛肇经济圈，广佛肇经济圈的资本资产市场也较以前有所进步，会计审计、评估机构的数量及其服务质量也有增加和提高，这些都为广佛肇经济圈民营企业产权制度创新提供了有利条件。

四、广佛肇经济圈民营企业的产权制度创新

根据熊彼特的创新理论观点，创新就是在企业中引入一种新的要素，形成一种新的组合。广佛肇经济圈民营企业产权制度创新，也就是要在广佛肇经济圈民营企业中引入新的产权要素，打破现有的“一股”独大的单一产权结构，使广佛肇经济圈民营企业的产权结构实现多元化、分散化和社会化，从而有利

于在企业内部形成一种有效的监督与激励机制，提高民营企业经营决策机制的有效性与合理性。

广佛肇经济圈民营企业制度的创新与东部民营企业相比，更显得“先天不足”，其主要表现就是企业的创业资本金不雄厚，产品与市场结构不合理，经营决策权高度集中，企业技术素质低，人才拥有量不足，内部管理混乱，非个人独资的民营企业大多内部产权关系不清晰。随着经济全球化加速和国有企业的振兴，广佛肇经济圈民营企业将会面临多方面的竞争冲击。民营企业要想在“夹缝”中生存发展，必须加快产权制度创新，在企业中引入新的产权要素。

广佛肇经济圈民营企业主首先要转变观念，不要固守“一权独揽、一股独大”的传统思想意识，要充分意识到产权的分散化和多元改革对自身发展的积极性和重要性。许多私营企业主创业伊始，抱着“此山是我开，此树是我栽”的顽固信念，认为企业是自己一手创立，是完全属于自己的私有物，拒绝、抵制外来资本的合作，归根结底，实际上是一种传统的“权本位”的思想在作怪，吸纳外来资本进行产权改造害怕大权旁落，自己的权威受到影响和削弱。

广佛肇经济圈民营企业主要加强对产权理论和相关法律、法规的学习。产权制度改革是一个十分复杂的过程，建立一种新的产权制度要涉及经济、法律、社会等诸多方面。广佛肇经济圈民营企业主必须加强学习，提高自己的相关专业知识水平，懂得建立一种新的产权制度的系列方法、程序、步骤及基本的产权制度结构模式，使企业产权制度的改造转入规范化、合理化。

广佛肇经济圈民营企业产权制度创新，要善于借鉴国外和我国东部沿海地区企业尤其是民营企业产权制度改革创新的模式与经验教训。我国企业产权制度改革已进行了多年，发达地区的民营企业的产权制度改革创新进行得比广佛肇民营企业早，更为广佛肇民营企业产权制度的创新提供了可资借鉴的模式。

广佛肇经济圈民营企业产权制度创新过程中，独资性民营企业要注意与不同性质的资产所有者相结合，非单一性产权结构的民营企业要进一步加强对初始投入资本及现有资产存量的清理、评估和审计，明确界定出资人的产权归属。

对独资创立的自然人性质的广佛肇经济圈民营企业而言，其产权制度创新尤为重要。这种企业创立发起时由于是一人出资，所有者只有一个，是典型的单一产权结构。这种产权结构的民营企业经营决策权高度集中于所有者，而且经营资金也颇为有限，在市场竞争中不激烈、投资环境较好、宏观经济稳定增长的情况下，其经营过程中的问题或矛盾不会表现出来。但当经济环境发生变化或企业发展到一定规模时，这种个人集权的经营决策机制便显得低效，这时就需引入新的投资者，改善其产权结构，同时多元化的产权主体也有利于对经营决策者形成有效的约束与监督，有利于经营决策的民主化和科学化，减少企业决策风险。

对于非自然人性质的广佛肇经济圈民营企业，由于其发起设立人不止一个，其产权主体已经在一定程度上实现了多元化，但企业内部具有的产权界定却不一定是清晰的。民营企业的产生本身就带有家族宗亲的色彩，许多广佛肇经济圈民营企业在成立时其注册资本都是由父母兄弟、夫妻姊妹、亲戚朋友合伙筹资设立的，而且设立之初也未经过资产的规范化的审计与评估，合伙人之间的产权份额并没得到真正的明晰，这就为企业进一步的产权制度创新造成阻碍，也容易导致家族式的经营管理。

无论是自然人性质还是公司制的民营企业，在产权结构调整中，都要注意和家族外的资本相结合。除和其他私人资本相结合外，还可引入国有资本，这也符合国家“抓大放小”方针，地方中小国有企业放开以后，广佛肇经济圈民营企业可与当地国有中小企业加强合作，实现各自不同资源优势的互补，如国有企业可将闲置的设备、技术及人才等资源与广佛肇经济圈民营企业结合，有利于推动广佛肇经济圈民营企业的发展。广佛肇经济圈民营企业在产权结构改革中，既可引入其他多种形式的私人资本，也可引入国有资本和外国资本；既可引入货币资本，也可引入机器设备、专有技术、无形资产等多种形式的资本，做到多种性质、多种形式的外部资本的引入（如温州著名的正泰集团，20 世纪 90 年代初就开始将股权向家族外扩散）。

广佛肇经济圈民营企业在产权制度创新中要注重产权的可交易性和流动性，广佛肇经济圈资本市场不发达，资产证券化程度更是极为低下，而实物产权又难以分割，这在很大程度上影响了广佛肇经济圈民营企业产权的流动性和可交易性。在资产进行定价时要选择恰当的定价形式。

广佛肇经济圈民营企业在产权结构多元化、分散化的制度创新过程中，要注意民营企业内部人力资本产权的明晰与界定。随着知识经济的到来，知识和技术对企业的发展日益重要，尤其对广佛肇经济圈落后地区的民营企业而言，具有丰富专业知识和技术的人力资本更显得重要，而广佛肇经济圈民营企业发

展的制约因素之一就是专业人才的缺乏，鉴于此，广佛肇经济圈民营企业在优化改造产权结构时，应给予人力资本以一定的产权。作为专业技术人员，除获得工资收入外，作为人力资本，还可获得相应的资本利得，有利于广佛肇经济圈民营企业吸收和稳定专业技术人才和管理人才，人力资本拥有产权获取收益，既能激励又能约束其行为。近年我国已开始经营者持股试点，上海已形成四大模式，美国也早已形成了“五种报酬制度”，这些都可供广佛肇民营企业借鉴。

广佛肇经济圈民营企业在产权制度创新过程中，还要注意产权在法律上的清晰和运作上的清晰，法律上的清晰有助于明确产权主体的经营权责，运作上的清晰有助于提高企业资产的营运效益，还要同政府有关部门和会计审计、评估等机构积极合作。

第四节　广佛肇民营企业治理结构分析

现代企业制度有两大问题，一是产权结构，二是治理结构。产权结构是现代企业制度的基础和核心，治理结构是现代企业管理体制的方式。广佛肇经济圈绝大部分民营企业尚未建立合理的内部治理结构，甚至许多私营企业主尚不知“治理结构”为何物。

一、公司治理结构的内涵及基本功能

（一）公司治理结构的内涵

著名经济学者张维迎认为，狭义地讲，公司治理结构指有关公司董事会的功能、结构、股东的权力等方面的制度安排，广义地讲是指有关公司控制权和剩余索取权分配的一整套法律、文化的制度性安排，这些安排决定公司的目标，确定谁在什么状态下实施控制、如何控制，风险和收益如何在不同企业成员之间分配等问题。公司治理结构的目的是解决内在的两个基本问题：第一是激励问题，即在给定产出是集体努力的结果和个人贡献难以度量的情况下，如

何促使企业的所有参与人努力提高企业的产出？第二是经营者选择问题，即在给定企业家能力不可观察的情况下，什么样的机制能保证最有企业家能力的人来当经理。他指出了公司治理模式的两项基本功能，一是要解决委托—代理人的关系问题，也就是说在信息不对称的条件下，公司提供什么样的制度才能使代理人不隐瞒自己的潜能；二是公司治理结构强调了企业内部的权力制约性。一般认为，公司治理是由所有者、董事会和公司高级经理人员组成的一种组织结构，在这种组织中，上述三者之间形成一定的制衡关系，所有者将自己的资产赠予留给公司董事会托管。

公司董事会是公司的最高决策机构，拥有对高级经理人员的聘任、奖惩及解雇权；高级经理人员受雇于董事会，在董事会的授权范围内管理企业。熟悉西方民主制度的人肯定对这种制度安排不陌生，它实质上就是总统、国会和立法机构三权分立，形成在公司机制中运用的翻版。所以澳大利亚谭安杰教授等主张将“公司治理结构”译为“企业督导制衡机制”，简称为“企业督导机制”。

（二）总裁生命周期理论与公司治理结构

按照中国人的管理传统，民营企业当属自己的“家事”，“家事”又岂容“他人”插手？所以我们就公司治理结构和决策机构建立的重要意义，以及对民营企业的深远影响，从总裁生命理论方面做一些说明。

众所周知，亨利·福特从使用流水线大批量生产轿车起家，却不愿顺应形势向市场推广多色彩、多款式的汽车，即使是他的儿子埃德赛尔（Edsel）试图改进T型车也不行，最终市场被竞争对手通用汽车公司一点一点蚕食掉，失去了汽车市场的龙头地位。企业家的这种“固执”不能用利益机制解释，因为亨利·福特是福特汽车公司的建立者，公司战略的转变与他的直接经济利益是完全一致的，所以根本不存在代理成本和经营者短期行为的问题，这与公司的激励机制毫无关系。当时的福特汽车公司没有今天被称为现代企业制度主要成分之一的董事会制度，亨利·福特个人拥有绝对的控制权。虽然这种制度在创业期间有助于保证指挥系统的指令有效，但是内部没有一个能够制约平衡亨利·福特的治理机制，决策的随意性很大，第一把手的决策错误导致企业破产无法纠正。

20多年前，两位美国管理学学者爱特申和叶特曼（Eitzen and Yehl）在研

究总裁的领导能力时，发现了领导经验的长短与企业业绩高低之间的一种抛物线形的相关关系，这一研究成果在管理学界引起了广泛的注意。之后，有人进一步对总裁和企业高级主管“经验拐点”出现的原因提出了合理的解释。比较完整的理论有1991年美国哥伦比亚大学的汉布瑞克（Hambrick）和福克托马（Fukutomi）在爱特申和叶特曼的基础上提出了一个总裁生命周期的五阶段模型，并针对总裁任职期间领导能力的变化规律及其原因，提出了一个比较完整的总裁生命周期五阶段假说。这一模型认为，总裁的管理生命大约有如下五个阶段：①受命上任；②探索改革；③形成风格；④全面强化；⑤僵化阻碍。这个五阶段模型中，导致总裁绩效始于上升、继而持平、终于下降的抛物线现象的原因，大概有认知模式、职务知识、信息源质量、任职兴趣和权力这五项因素。其中，最主要的可以说是“认知模式刚性”和“信息源宽度和质量”。

（三）公司治理结构的基本功能

第一，权力配置功能。公司治理结构的权力配置功能是对剩余控制权的配置，谁拥有资产的所有权，谁就拥有剩余控制权，包括两个方面的内容：一是所有权同公司治理结构的权力配置。公司治理结构是在既定所有权前提下安排的，所有权形式不同，公司治理结构的权力配置也不相同。二是公司内部剩余控制权的配置。股东拥有最终控制权，董事和经理人员分享剩余控制权。

第二，权力制衡功能。公司治理结构就是为了制衡公司中各种权力关系而设立的。公司治理结构的核心是明确划分股东会、董事会、监事会及经理人员各自的权力（股东的所有权、董事会的经营决策权、经理人员执行管理权和监事会的监督权）、责任和利益，形成四者之间的权力制衡关系，确保公司制度的有效运行。

第三，激励和约束功能。激励机制应该具有激励相容的功效，好的公司治理结构应该使股东和经理人之间形成激励相容的功效，或者是接近激励相容的功效。激励机制主要包括两个方面，即物质激励与非物质激励。约束功能是通过公司治理结构中提供的监督与惩罚机制及合约关系对代理人行为产生的一种约束力。它主要是防止代理人的偷懒行为和道德风险问题，同时对代理人的渎职行为进行惩罚和制裁。对代理人的约束主要包括三个方面：一是所有权约束；二是监督机制的约束；三是对渎职行为的惩罚。

二、我国民营企业治理结构现状分析

按照现代企业理论，现代企业制度的基本特点是以产权清晰为经，以公司治理结构为纬，也就是说，现代公司是一个以股东为成员组合起来的法人组织，公司的法人财产归根结底是股东的财产，产权边界明晰是现代公司的最基本特点；由公司治理结构来统治与管理是现代公司的另一个基本特点，在现代公司，经营者掌握着很大的日常决策权力，所有者保持着所有权，由于所有者和经营具有不同的目标，前者着重于资本回报，而后者则有扩大企业规模、提高个人地位和报酬等其他目标，为了使经营者在不违背所有者目标的前提下充分发挥主动性，经营好企业，就需要在二者之间建立一定的制衡关系。有效的公司治理结构是一个三层次的结构：股东大会、董事会和执行机构，股东大会将公司的法人财产托给董事会托管，董事会任用以 CEO（首席执政官）为首的执行员去执行。

“权力的基础是有效的企业制度，不论是在国有企业，还是在市场过程中自发产生的企业（即民营企业），都要打好这个基础”（吴敬琏语）。在现代经济中，现代企业制度已经成为大工业、大商业、大银行中占统治地位的企业制度。制度缺陷，即没有建立起现代企业制度是制约中国民营企业发展的一个“瓶颈”。近 20 年来，太多的中国企业走过了“从井喷式到雪崩式”的过程，从同属于 IT 产业的“巨人”到医药产业的“三株”，以及最近几年才冒出的标王“爱多”“小霸王”等一系列国内知名度很高的企业，都免不了“昙花一现”的命运。这些企业都有一个明显的共性，即都拥有一种在一定时期领先的技术，在极短的时间内抢占了大量的市场份额形成“井喷式”发展，但因在制度、管理、组织等方面先天不足、后天失调，很快就垮掉了。

民营企业多采用家族制，家族制的实质是现代公司制的早期发展形态——单个业主制（建立在一家一户的私人财产基础上的一种表现形式），是一种经营者与所有者合一的企业制度形式，这种制度形式容易出现民营企业将自己的生存与发展维系在某个人或某几个人身上的危险。

现代企业制度的一个基本特点就是要在经营者和所有者之间建立起一种制衡关系，目前发达国家公司的治理结构主要有两种类型，即德日类型和英美类型。德日类型靠作为大股东的银行实现对主要执行人员的监督和激励；英美类

型的公司治理结构不但运用股东及其代表（主要是董事会），还在很大程度上依靠证券市场实现对主要执行人员的监督和激励——在一个股份能够反映企业预期盈利能力的较为有效的证券市场中。就监督而论，企业经营好，股东“用脚投票”，售出所持股票，招致“袭击者”的“恶意收”，改组董事会和解雇高层执行人员，乃是悬在高层经理头上的一把宝剑，迫使他们不能不为股东的利益努力工作，谨慎决策；就激励而论，在英、美两国，广泛运用签订聘用合约时给予高层执行员大量股票期权的做法，股票期权的激励作用极强，美国大公司的CEO从股票期权得到的报酬，范围从零到几百万、几千万美元之间，因此，从本质上说，公司治理结构要解决三个基本问题：管理人员的选择问题、激励问题和监督问题。

广佛肇民营企业在设立激励机制时必须考虑激励的兼容性问题，这就是说，既要调动下级组织或个人的积极性，又要保证调动起来的积极性符合上级组织的目标，否则就会挖自己的墙脚。

三、广佛肇经济圈民营企业治理结构分析

广佛肇经济圈民营企业制度创新就是在进行产权制度创新的基础上，企业进行公司制改造，打破原有的家族式的集权治理结构，建立合理的法人治理结构。广佛肇经济圈民营企业在发起创立时几乎是依靠家族宗亲关系进行资本的积累，这就天然地形成了广佛肇经济圈民营企家族式的集权管理。而广佛肇经济圈民营企业成立之初，就是所有者与经营者、所有权与经营权融为一体的。在民营企业发展的早期阶段，这种产权结构与治理模式能有效地降低内部管理成本（交易费），提高经营决策的效率和灵活性。但当企业发展壮大到一定程度时，这种家族式的集权治理模式的弊端便暴露无遗，成为制约广佛肇经济圈民营企业发展的一大桎梏。

（一）家族式集权治理的原因分析

广佛肇经济圈民营企业之所以难以摆脱家族式集权管理，究其深层次的原因，还是几千年传统的宗族观念或宗亲观念在作怪，由此导致了广佛肇经济圈民营企业无论大小，均难以走出传统家族主义的约束。家族主义与现代企业制度观念难以融合，面对新经济，广佛肇经济圈民营企业要东山再起，实现可持

续发展，必须走出宗亲家族主义意识圈，引入现代企业制度。

（二）广佛肇经济圈民营企业家族式集权治理的弊端

在传统家族观念背景下的广佛肇经济圈民营企业，在内部治理过程中形成了一张由各种宗亲关系结成的裙带网，这种权力高度集中又任人唯亲的内部治理结构系统在其创业发展阶段有力地推动了民营企业的发展，但随着规模的扩大、市场的拓展和竞争的加剧，这种治理结构日益不适合现代经济竞争。

第一，家族式治理结构导致了广佛肇经济圈民营企业主集所有权与经营权于一身，形成权力至上的“人治”管理，而且还会增强企业主的权力欲。创业者的个人魅力在企业的创业或发展阶段能起到独特的作用。

第二，家族式治理结构导致了用人上的任人唯亲而非任人唯贤。大部分民营企业往往以人际关系的亲疏远近作为管理人员的任用标准，在一些主要部门或岗位上安置具有宗亲血缘关系的人或具有密切关系的朋友或熟人，这在很大程度限制了人才能力的发挥，还导致了企业自身的社会信用度的降低，又进一步导致了企业融资渠道的封闭狭窄，阻碍了资本的社会化和企业的规模发展。

第三，广佛肇经济圈民营企业的家族式治理模式还导致企业的地域依赖性。广佛肇经济圈由于其独特的地域资源禀赋，许多私营企业都是利用当地资源优势而发展起来的，其产业（产品）依托广佛肇经济圈资源，其生产管理人员自然也是在本地招聘雇用，这就潜移默化地形成了广佛肇经济圈民营企业对当地自然资源和人力资源的依赖。同时，广佛肇经济圈民营企业在发展过程中又与地方政府形成了千丝万缕的各种关系，并享受地方政府的各种政策支持，又导致了广佛肇经济圈民营企业对地区政策的依赖性。由于这种地缘关系，很大程度上使民营企业养成了难以向外扩张的惰性，尤其是广佛肇经济圈民营企业的这种依赖性更强，其地域依赖性不仅表现在对当地资源、政策的依靠，而且还表现在对当地本民族的宗教、文化、风俗习惯等的依赖。种种依赖形成了广佛肇经济圈民营企业的乡土情结，即使企业打算向外扩张，管理人员和员工很大程度上也不愿意“背井离乡”去外地发展，也是广佛肇经济圈民营企业难以实现跨区域发展的重要原因之一。

第四，广佛肇经济圈民营企业家族式集权治理的弊端还表现在企业的经营决策上。由于集权管理，一切都是企业主说了算，“我即企业，企业即我”，许多民营企业主如是认为。在企业内部就无法形成一种有效决策约束机制，一

些重大的投资决策往往是企业主个人决断，缺乏体制论证，对投资的可行性、风险度缺乏深刻认识，往往导致民营企业陷入困境。史玉柱修建巨人大厦便是可供广佛肇经济圈民营企业借鉴的典型案例。

总之，广佛肇经济圈民营企业家族式集权治理模式的弊端极大地阻碍了广佛肇经济圈民营企业的发展。某公司总裁在《检讨书》中的一段话值得回味："民营企业大多在创业之初便涂上了浓厚的人情色彩，并且这种人情色彩必然融入到企业以后的经营管理中，并对企业未来的发展产生深远的影响。也就是说，在创业初期建立的就是一个情感构筑的企业框架，相对于西方那些由制度规则构筑的框架要脆弱得多，分裂的能量也伴随其中。"最为显著的特征便是企业的权力之争，因为企业发展到一定阶段，原来身无分文时建立起来的创业联盟便变得脆弱起来，人情成了最不堪一击的东西，自恃功高的元老们会为企业的领导地位而明争暗斗。无论是朋友之交，还是手足之情，有时都会令人瞠目结舌地迅速沦为利益之争的牺牲品。

（三）广佛肇经济圈民营企业治理结构现状与问题

如前文所述，广佛肇经济圈民营企业中绝大部分尚未引入现代企业制度。真正的现代企业制度的建立，不仅要引入现代公司制的形式，更重要的是要引入建立一整套完善的内部治理结构，其内容包括建立健全公司的股东会、董事会、监事会等组织机构，实现所有权、经营权、监督权的三权分离，有相互制衡的约束机制，同时还要形成一整套有效的激励机制。

广佛肇经济圈民营企业由于受传统的民族宗教家族观念的影响，无论是否引入了公司制，仍然有典型的家族式集权治理结构，表现为现代企业制度极不规范，家族成员在企业中占据了绝大部分重要职位或岗位。由于绝大部分广佛肇经济圈民营企业是所有者和经营者，所有权和经营权融为一体，即便是实行了公司制的民营企业，其股东会、董事会、监事会也形同虚设，严重弱化了监督与激励机制的作用。

由于民营企业内涵比较复杂，对民营企业概念的界定也颇不统一，一般认为民营企业包括国有民营、集体企业、混合所有制集公司、私营企业、个人企业、中外合资企业、独资企业等。鉴于民营企业的特殊内涵，本章在此仅以广佛肇经济圈的私营企业和集体企业的治理结构作为主要分析对象。

四、广佛肇经济圈民营企业治理结构中存在的若干问题

广佛肇经济圈民营企业治理结构具有两个主要特点：一是现代企业制度尚不规范，二是家族成员在企业中占统治地位。根据莫兰德有关公司体制比较的分析框架，我国民营企业的治理结构更接近于网络导向型体制。与西方国家网络导向型体制的公司相比，我国民营企业在公司股权集中这一点上是相同的，但是银行在发达国家的网络型公司的融资和监督公司部门方面起着重要作用，而在我国却并非如此。本书拟剖析我国民营企业——私营企业与集体企业治理结构的现状与未来的走势。

（一）广佛肇经济圈私营企业治理结构的现状分析

在私营企业发展的初期阶段，家族式管理具有一定的合理性。世界各国，尤其是东南亚国家的许多企业都是由家族企业发展而来，而且都很成功。在我国目前私营企业发展的初期阶段，家族式管理在很大程度上是私营企业主理性的选择。

信息的主要特征是信息的规范度和分散度。美国人类文化学家爱德华·霍尔在他的《超越文化》一书中将文化分成“高文本文化”（High Contoex Culture）和“低文本文化”（Low Context Culture）。“高文本文化”是类似美国社会那种信息是清晰和非人格化的文化，人们通过各种契约来规范各自的行为；在“低文本文化”中（典型的是中国、日本），人们更喜欢进行含糊和间接的交流，而且信息交流较多依靠事前人们在共同的文化背景下形成的共识，经营者三言两语就能使对方明白，但是同样的这些信息交流对一位局外者来说是非常含糊的、不充分的，在“低文本文化”中，人们通过各种人际关系规范行为，可见信息的规范度是比分散度更为重要的特征。这种低规范度的信息特征显然与诺斯所强调的正式制度约束有关。

经济组织的本质是促使交易主体产生理性的合作，但合作的基本问题在于人们只有部分一致的目标，他们只是追求各自心中的目标，因而他们的努力也是不协调的。在一个运行良好的市场，交易双方依靠价格机制来进行交换，竞争性市场的存在保证交易双方获得的利益是公正的。市场关系是普遍意义、非人格的和竞争性的，人与人关系的协调是依据市场规则的。每位市场主体都是

追逐自身的利益最大化，并不需要有自上而下的共同目标，因此市场中的参与者不需要有共同的价值和信仰。

在各层组织中，每一成员为企业贡献力量并获得相应报酬。如果上级处事公正，按照工作表现提升或奖励下级时，各层组织也能做到公正。各层组织优于市场之处在于，如果牵涉的交易需要频繁的团队合作，或者具有较强的资产专用性时，市场往往会由于过高的各种交易成本而无法胜任。而各层组织能继续担当有效的治理结构，官僚体系内部则由官僚上层进行纵向的协调。各个职位之间的关系不是由职位所有者的个人关系，而是出于官僚等级体系事先明确界定，下级向上级负责并服务于上级的目标，在运行良好的官僚体系内部也不需要共同的信仰和价值观，需要的是服从、效率和一种敬业精神，这正符合马克斯·韦伯对理想状态的官僚体系的描述。

无论是市场还是各层组织，都是在信息比较规范的情况下可拟备选的最佳交易方式。而在信息不规范的情况下，信息的交流将受到极大限制，信息的扩散只能借助于面对面的人际交流，这时相对应的交易方式是家族型和网络型交易。

在家族型交易方式中，信息集中于家族首领（企业家），家族首领建立一种人际关系基础上的等级结构，这样的等级结构往往是属于魄力型的。在这种家族结构内部需要有共同的信仰和价值观，以形成一种极强的凝聚力。家族式交易往往只能维持在较小的范围以内，在这狭小的范围内家族首领有可能保持内部成员的一致信仰和价值观，减少甚至消除成员之间的不信任和可能的机会主义倾向。家族式组织企业由于组织形式的限制不能达到现代科技所允许的经济规模，在无法抵御激烈市场竞争带来的高风险的同时，便会利用久已形成的人际关系模式，建立企业长期合作关系或形成战略网络组织。当今东南亚许多华人财阀集团的成功就证明了这一点。这些企业虽然都是典型的家族式组织，所有权关系的具体形式也是多种多样的，但它们不同于发达国家的大企业和企业集团的主要特征是财阀家族稳固地拥有并经营着企业集团。

尽管家族式管理在特定的企业发展阶段是有效的，但是当企业发展到一定规模，家族式管理已经难以适应企业的发展时，家族管理开始成为阻碍企业发展的因素，需要进行改变，这时家族式管理对于企业治理结构的危害表现在：

第一，经营者选择空间比较狭窄。所有者即经营者是我国民营企业的创业特征，这虽然解决了现代公司中所有权与控制权分离存在的委托代理问题，经营者有其内在的激励为本身所有者提供了经营权，但其选择管理人才的范围只能局限于家庭血缘关系中，不能在更大范围内选择优秀人才，这就必然会影响到公司的经营效率，无法实现企业收益最大化的目标。根据现代企业理论，尽管所有者有成为经营者（企业家）的优先选择权，资本所有者也不一定成为经营者（企业家），只有既有能力又有财产且低风险规避态度的人才能成为企业家，有财产无能力的人更适宜作为纯粹的资本所有者。对我国的民营企业来说，在创业阶段，在企业规模较小，市场竞争不激烈的环境中，所有者与经营者合二为一地存在；在竞争激烈、企业规模日益扩大时，符合企业需要的有经营能力、管理能力的创业者和家庭成员可以继续成为企业家或管理者，如果创业已不具备胜任经营者条件，不能再驾驭指挥整个企业持续发展，其最优选择就是为公司从经营者市场中选择最有能力的经营者，完成家族式管理向现代企业制度的转换。

第二，损害激励机制和约束机制。家族式管理的一个重大弊病是亲情代替规则，由于存在着血缘关系，以经济利益为纽带的管理规则常常失效或者根本不存在，管理需要服从血缘关系的限制。用亲人而不用能人，因人设岗而不因职设岗，只急功近利而不长期规划，致使企业内部丧失竞争机制，企业员工不可能有安全感和荣誉感，企业丧失向心力和凝聚力，最终失去前进的动力。

第三，增加了融资的难度。在家庭式管理中，内部管理人员全是以血缘关系为纽带的亲戚，外界投资者（如银行）很难了解企业本身的资产、负债、财务状况，无法了解企业的真实经营情况。由于企业没有健全、规范的公司治理结构，外界很难对企业家的行为予以约束。家族式企业的一个优点是对外的保密性。但在面临外部资本时，这种保密性也限制了其对外的信息传递，另外，虽然民营企业的所有者即经营者，不存在经营者的委托代理问题，所有者拥有剩余索取权、控制权，同时是风险的承担者，但无充分的动力去追求企业价值最大化。而当有了外部资金（如银行贷款）时，其经营行为、经营策略便可能改变。贷款投资于风险大、收益高的项目，盈利了便可以归还银行本息，自己有较大的利润，亏损了大部分风险由银行承担。目前，尤其在中国，银行是不愿意企业破产的，因为一旦企业破产，银行就必须接受巨大的损失。另外，又由于法律的执行效率较低，经常是银行胜诉，而法院难以执行。企业总是千方百计做假报表，隐瞒资产。在这种情况下，银行是很难有勇气向民营企业发放贷款的，于是出现了好企业家和好项目无法从银行获贷款的现象。

第四，企业内部成员之间的产权界定问题。私营企业的总体产权很不明晰，在产权家族式企业中也存在产权问题。这些企业是由血缘关系的几个兄弟或父子共同组成团队创业。产权不清往往导致分配问题的出现，并最终影响了企业的稳定和长期发展。

除了家族式企业中存在的产权问题外，我国私营企业的产权问题还表现在部分私营企业的“假集体”上。私营经济“假集体”的存在，在一定程度上避开了人们观念上的偏见，提高了私营经济的整体水平，使私营经济在“假集体”的外壳下获得了发展和壮大，但总体来说“私营企业假集体”弊大于利。因为私营企业假借集体企业之名模糊了企业性质和产权关系。通过挂靠方式获得“集体”名义的私营经济，不仅掩盖了私营经济的本质属性和真实面貌，而且导致了企业财产关系的扭曲。对公有制企业、事业单位来讲，接受私营经济的挂靠，就成为挂靠单位的担保人或责任连带人，如果私营经济经营状况良好，或许可以获取一些挂靠费，而一旦企业经济经营不善，公有制单位不仅名誉上受到损失，可能还会造成经济上的巨大损失，对私营经济来讲，挂靠在公有制单位名下，或许可以得到一定的发展空间，但如果按公有制经济管理，私营业主不得占有经营成果，否则属于侵犯公有财产，这是私营业主绝对不愿接受的。由于产权关系的扭曲，必然产生大量的产权纠纷案，影响了私营企业的长远发展。

（二）集体企业治理结构的现状分析

第一，产权模糊，所有者缺位。以民营科技企业中的集体企业为例，我国民营科技企业最初的资本来源包括借款、私人储蓄、上级单位拨款（有些是国有机构、集体企业的预算外资金），20 世纪 80 年代初期的外部环境对于民营企业还不像目前这样宽松，如果企业注册研究所、技术开发部或公司，而且有上级主管单位，那么就可以誉为全民所有制或集体所有制性质的科技企业，可以享受企业营业所得税减免的优惠政策，而私营企业则不能获得这种待遇。因为绝大多数民营科技企业不论资金来源如何复杂，初始投资者是全部被注册为全民所有制或集体所有制企业，从而使企业产权模糊不清，给企业的股份制改造带来了一定的困难。应该说，企业建立初期，明晰产权的问题并不重要，特别是在领办人有一定的权威时，问题也不大。但是当企业发展到一定程度的时候，不可避免地会涉及利益分配问题，这就使一些矛盾暴露出来，影响了企业人员的稳定和企业的健康成长。

其他类型的集体企业（如乡镇企业）也存在类似的问题。虽然名义上企业由乡或村社区成员共同所有，但乡政府掌握着企业的控制权。内部人控制的局面使理论上所有者的权益根本得不到保障。乡镇集体企业作为我国特有的一种企业组织，产生于传统的计划经济时代。自产生的那一天起，其产权制度已深深打上了传统体制的烙印。因此，考察其产权制度的缺陷必须回归到传统体制这一大背景下，我们认为乡镇集体企业产权制度的缺陷主要体现在以下几个方面：①产权主体错位。乡镇集体企业的财产名义为社区农民所有，但实际上却由社区政府牢牢控制，社区政府是实际意义上唯一的所有者，集经营权、财产所有权、企业经营权于一身，控制着乡镇集体企业的投资决策、收益分配、人事安排和资产分配等重要权力，企业的经营者由其任命，仅是其代理人，而社区农民是以集体名义拥有财产所有权的，在这其中，个人的权利被取消，实际上社区农民这一真正的所有者被置于乡镇集体企业主经营过程特别是决策空间之外。同时，社区政府凭借其绝对的所有者身份，常常插手企业的经营管理，干涉经营者的决策。这种产权主体的错位必然导致责、权、利的错位。②产权结构单一。由于只有抽象统一的所有权，而没有建立起适应市场经济需求的多元化权能结构，即所有权、法人财产权和经营权三权相统一的结构，企业也就无法自负盈亏，也不可能自我约束。③产权基础畸形。在传统体制下，乡镇集体企业实际上是社区政府的附属物，无法摆脱对社区政府的依附关系，社区政府由于向企业提供了既低于我国资源结构所决定的价格，又低于非组织化市场价格的资源（土地、劳动力、资本）而取得企业决策空间的一部分，这既是不完整市场的结果，又加剧了市场的不完整性。

第二，家族化对乡镇企业发展的影响和制约。乡镇企业家族化实际上是把家庭和企业这两个不同性质的事物混同起来，用传统家庭作为管理企业的指导思想，这就必然对乡镇企业的发展造成不利的影响和制约作用。家族式管理抑制了职工的积极性。在乡镇企业中，由于部分厂长以“家长”的身份出现，处处维护自己的尊严，不尊重职工的个性，而职工作为被雇用者，没有发表意见的权利，当然就失去了积极性，对企业经营状况和发展前途漠不关心。

第三，严重的内部人控制。在传统的乡镇集体企业中，社区政府虽被国家指定为社区农民集体利益的代表，但其内部成员同样也是具有自利动机的经济人。由于社区全体农民无法行使企业所有者的职能，加之监督乏力，在自利动

机的驱使下社区政府常常把集体企业当作自己的财政收入的“小金库”，经常不顾企业发展和实际承受能力，对集体企业的资产任意支配和侵占。同时，由于社区政府只是控制集体企业的剩余分配，并不是完全占有，所以它没有也不可能尽职尽责挑选经营者。再加上没有可供社区政府选择经营人才的市场，结果就有可能把真正具有管理经营才能的人排斥在外，往往选择的是一些与社区政府内部成员有着一定联系的亲朋好友，使乡镇集体企业成了家族式企业，乡镇集体企业这种责权的不到位或错位，极易造成责、权软约束，形成严重的内部人控制的局面。

第五节　广佛肇经济圈民营企业治理结构创新的思路与借鉴

所谓治理结构，是指这样一种契约制度，它通过一定的治理手段，合理配置剩余索取权和治理权，以形成科学的自我约束机制和相互制衡机制，目的是协调利益相关者之间的利益和权利关系，促使他们长期合作，以保证企业的决策效率。民营企业治理结构创新的目标是建立员工、股东、债权人共同治理的公司法人治理结构。对业主制企业、合伙制企业及股份合作企业而言，建立股份公司法人治理结构是一项全新的制度构建，对于已实行股份制企业，股东、员工、债权人共同参与规范化公司治理结构（就现有的民营企业治理结构而言，公司治理结构已成为大多数民营企业的形式）。公司制治理结构是社会化大生产与现代市场经济共同结合的产物，它可以存在于不同所有制成分企业，其主要特点是：通过等级结构和职能层层分解，逐步摆脱了单个自然人经营能力的局限性和任意性，克服了单个自然人管理的弱点，管理职能层层分解及权力相互制衡形成了一种层级式的合作治理结构。例如，公司在重大决策时，由股东大会、董事会、总经理协同作业，总经理以下分成若干部门经理，各个部门有其相对独立的权力和利益，并注重吸纳员工参与治理，层层分解的结构形成了相互制衡的机制，对董事长、总经理职权的行使构成一种有效的内部约束，避免了“专制化”与“家族式”管理的出现。现实中一些公司制民营企业出现的一人说了算的“专制化”与“家族式”管理弊端，不是由于公司治理结构本身的问题，而是由于公司治理结构不规范引起的。

一、广佛肇经济圈民营企业治理结构创新的现实操作

广佛肇经济圈民营企业进行治理结构创新，要在坚持现代公司法人治理结构的前提下，结合民营企业实际发展情况进行必要的适应性调整，进而形成适合国情，具有中国特色的现代规范化的公司法人治理结构。主要包括：治理主体的创新与治理机制的创新（含治理体制创新）两个方面。

（一）谁参与治理

是出资者还是利益相关者？传统的主流经济学观点认为，企业治理权应按股东主权的逻辑认定，其理由是：出资者在企业中投入了大量的专用性资产，如果企业出现危机，最终承担经营风险的人一定是出资者。相反，雇员没有资产约束，发现危机时一走了之。雇主是风险的承担者，他们拥有全部的治理权。可见，按照股东主权的逻辑可以认定公司的治理结构只是资本雇佣劳动条件下的单边治理结构，在这一结构中，治理权与剩余索取权全归雇主或股东与出资者所有。上述单边治理结构常见于业主制企业、合伙企业及一些股东主导型公司的民营企业，这也正是这些民营企业在微观经济领域的地位日渐衰落的原因之一。因此，笔者认为：公司制民营企业的治理主体就是利益相关者，即与企业共亡的个人或团体，包括股东、债权人、经营者、一般雇员。理由如下：

第一，企业生存和发展的前提是企业的法人财产，而不仅是股东投入的资产。企业法人财产包括实物资产、金融资产及无形资产。这些资产由股东直接投资和债权人的债权形成。如果股东凭借其专用性资产获取治理权（剩余索取权），那么债权人也可以凭借其债权参与治理。

第二，在现实经济活动中，绝大多数企业资产所有者只关心市场上资产价格所蕴涵的获利机会，万一所投资的企业业绩不佳甚至破产，他们首先想到的是如何最大限度地保全自身的利益而较少考虑他人的利益，如抽逃资产等。真正在企业中倾注心血的一般是员工向企业投入了大量的专用性人力资产，一旦企业面临亏损或倒闭，不仅面临投资损失（青春年华与自信心等），甚至会危及自己及家人的生存。同时债权人的债权若无抵押，一旦企业亏损或破产，其

损失将无法弥补，因此也应享有治理权。

第三，当代民营企业的发展越来越依赖于员工的人力资产。随竞争的日趋激烈，企业要巩固自己的竞争优势，必须有充足的创新能力，而创新能力只能来自企业员工，即使企业维持现状，若没有一批可靠的职工支持也是不现实的。企业资产的所有者要想获得更多的投资收益，必须更多地依赖人力资本的所有者——企业员工。

由此可见，公司法人治理权（剩余索取权）应归股东、债权人、员工共同拥有，他们通过治理权的分配来相互制约，通过治理权学习（剩余索取权）的分享来留住人才、引进资金。这种共同治理结构体现在：①吸收一般员工、债权人的代表进入董事会、监事会。②允许企业经理阶层及员工持有本公司股份。

（二）如何合理分配治理权

即治理机制如何设定？在业主制、个人合伙制企业不存在权利相互制衡的机制下，一切凭雇主个人主观决定，在股份合作企业及股份公司，民营企业家占据了大股东主导地位，虽有董事会、监事会、股东大会等权力制衡机构，但形同虚设。笔者认为，当前只有做好以下工作才能真正建立高效能的公司治理机制。

第一，允许经理阶层及员工持有本公司股份，避免公司股权过分集中。有了股份才有反对权。经理及员工的切身利益与公司更趋紧密是通过持股实现的，有了股份其参与公司决策的积极性与责任感都会增大，有利于减少董事长、总经理经营决策失误的发生率。董事会成员或董事长的股份不能过于集中。

第二，董事长、总经理不宜兼任。委托代理理论认为：董事会受股东大会委托成为公司所有者的代表，构成第一级委托代理关系；董事会又聘用经理班子负责管理公司日常生产经营活动，经理人有义务和责任依法经营好公司的事务，董事会有权对经理人员的经营业绩进行监督，并据此对经理人员进行奖励或予以解聘，构成第二级委托代理关系。在这种结构下，董事长是委托人代表，总经理是雇员，若两个职务由一人兼任，则会失去这种委托代理关系的意义，从而使公司的制衡关系失效。特别是民营企业处在缺乏外部制约机制的情况下，更易形成新的“专制化”或“家族式”管理。

第三，科学地划分董事会、经理班子、监事会的权责。董事会应享有出资者权益，负责决定企业发展战略、方针、长期经营计划及人事安排等重大事项，企业经营班子则负责经营管理工作，企业监事会要通过有关制度建设等措施对企业董事会与经营班子进行监督，对企业财务与投资等有关决策行为进行监督。总之，要通过对企业董事会、经营班子、监事会责权的科学划分建立起公司制民营决策、执行体系，构筑起企业内部相互制衡机制。

我们有理由相信，伴随着民营企业治理主体与治理机制变化治理结构创新，民营企业的“专制化”管理与“家族式”管理必定可以消失殆尽，以共同治理为特征的民营企业治理结构创新方案应该是可行的。

二、著名民营企业治理结构创新的案例借鉴

（一）红桃 K 集团的员工持股与股权多元化

对民营企业来说，产权是个很敏感的字眼，从淘“第一桶金”到后来的资产千百万元，都凝结着创业者的心血，把自己的股份分给大家对所有的民营企业老板来说都是一个不易做出的，甚至是痛苦的抉择。

红桃 K 集团老板谢圣明选择了“痛苦”，因为他有一个很明确的指导思想：老板的股份越来越少，员工的股份越来越多，企业才能越做越大。

2000 年 3 月底，红桃 K 集团对其分布在全国各地的数百家子司进行了股份制改造，集团公司占有这些子公司 55 %的股份，另外 45 %的股份被无偿送给在子公司工作的骨干员工，员工们在 10 年内享有这些股份的分红权，10 年后可获得股份。

（二）联想集团的股权多元化

国有民营的联想集团也不断地在员工持股的道路上进行尝试，1993 年下半年，联想向中科院提出 35%的分红权，1994 年中科院批准，获批的 35%分红权分作 3 份——其中的 35%分给“参与创业的重要老同志”，20%分给“一般老同志”，另外 45%留给 1988 年以后进入的新员工，这 35%的分红权对于联想的发展起到了很大的作用，因为 1992 年以后，联想有了很大的发展，虽然当时公司创业元老们德高望重，但对促进公司的进一步发展确实感到力不从

心，这就遇到了三个问题，一是敢不敢提拔年轻人进入高层；二是财务控制；三是老同志能不能顺利退下来，35%的分红权为解决这些问题奠定了物质基础。

35 %的职工股只是分红权，并不是真正意义上的股权，联想的进一步发展需要对产权进行再次创新，2000 年 6 月联想提出将分红权明确为股权，中科院表示支持，这一操作将以认股权的方式进行，拥有分红权的员工只要追加一笔钱就能获得股权，但数额不会很大，不足部分将由过去的公积金、公益金支付。

2000 年 8 月初，联想成功向全球十大基金配售 1 亿股联想股票，著名投资家索罗斯一口气就“吃”下 800 万股，“一夜之间”10 亿港元流入联想口袋，更重要的是，联想实现了股东结构的优化。

（三）创维集团的股权多元化实践

创维成功吸引了三笔国外投资：欧洲最大的也是世界最大的投资集团之一的 ING 集团，投资 1100 万美元；瑞士专门投资高科技企业的东方汇理集团投资 1000 万美元；还有一家美国硅谷的风险投资基金 China Wooden 投资 500 万美元，三方面加起来，国际资本已占有创维 15%的股份，对创维产权进行国际化，其老板黄宏生做了这样的解释：在现代经济中，产权是一种权益，更是一种资源，通过对产权的经营，利用产权的纽带，能达到最大限度地配置资源的效果。德国罗兰·贝格国际管理咨询有限公司中国公司总经理宋新宇在分析创维这一举动的好处时说，一是在财务管理上规范企业，二是能够对企业的国际化（包括进入国际市场和取得先进技术）有所帮助，事实上，黄宏生原来占有创维 51%的股份，还有两家国有企业占 49%，后来黄宏生从 51%中拿出 15 %给陆续加入创维的技术人员，让技术人员持有公司股份，黄宏生在解释把股份分给技术人员时说，技术是生产力，像创维这样的高技术企业必须这样做，创维能由小变大，很重要的一条是通过产权的社会化吸纳了必要的人才。

北京连邦软件有限公司董事长苏启强认为多股东结构有三个好处：一是使企业跳出资金自我积累的过程，资本能够快速增长，这是企业发展的重要途径；二是每个股东有不同方面的能力，这使董事会成员的能力可以互补，决策会更谨慎，减少决策失误；三是多股东结构能促进各方面工作的正规化。

参考文献

[1] 王兆麟. 民营经济面临三大新课题 [J]. 经济世界, 1998 (3): 26-27.

[2] 张维迎. 企业的企业家——契约理论 [M]. 上海: 上海三联书店出版社, 1995.

[3] 王珏. 再论现代企业制度 [N]. 中国改革报, 1998-01-21.

[4] 于纪渭. 股份制经济学概论 [M]. 上海: 复旦大学出版社, 1996.

[5] 李路路. 转型社会中的私营企业主 [M]. 北京: 中国人民大学出版社, 1998.

第四章　广佛肇经济圈民营企业的管理创新

随着广佛肇经济圈民营企业组织的迅速发展与壮大，其生产经营过程，特别是在管理方面存在的问题也日益暴露出来。民营企业经营管理过程中的一个通病就是以传统的宗亲血缘关系为纽带形成的“家族式”管理，具体特点又集中表现为集权性、独裁性、封闭性和排外性等，广佛肇经济圈由于特殊的地理位置，信息相对闭塞，受外部观念影响的冲击较小，竞争进取意识相对落后。在企业管理方面，几乎还停留在传统的“人治”阶段，企业内缺乏系统完善、规范稳定的管理制度，管理组织不健全，更不用说借鉴其他地区或国外的先进管理经验，引入和建立新的管理组织与制度了。

随着中国经济迅速发展和国有企业活力的振兴、外国企业的大举进入，广佛肇经济圈民营企业将受到极大的冲击，广佛肇经济圈民营企业正面临着一场严峻的考验。广佛肇经济圈民营企业除了加强技术创新，推行和完善内部治理结构以外，还必须加强企业组织的管理创新，培育创新观念，引入新的管理方式与管理技术，提高企业管理效率。唯有如此，广佛肇经济圈民营企业才有可能全面提高企业素质，迎接未来经济迅速发展的冲击与挑战。

第一节 广佛肇民营企业“家族管理”的特征与危害

一、家族式管理模式的含义

家族式管理模式是指在企业的管理过程中，重大的经营决策全部由企业主本人或者家族成员决定，三亲六戚皆在企业任要职，重要岗位无一不是自家人。这种现象与其说是企业，不如称为家庭作坊。但是这种现象在民营企业，尤其是发展初期的民营企业却较为普遍。形成家族式管理的状况，主要是企业未曾建立一套行之有效的约束制度，担心企业的权益会被外人侵占或损害，试图把企业的经营管理特别是资金使用权集中在家族范围内，并片面地认为只有这样才能最大限度地保证企业万无一失。由于这种管理模式不利于吸引和使用人才，更由于这种管理模式使企业的经营发展受到企业主素质的限制和影响，不但不能保证企业发展的万无一失，相反往往是造成企业经营失败的主要原因。民营企业要保持好的发展活力，必须摆脱家族式管理模式，逐步建立科学合理的经营管理机制。

二、家族式管理模式的特征

民营企业大多数经营权、管理权、决策权高度集中在投资者尤其是企业主手中，不少企业存在着家长式的管理方式。其具体特征表现如下：

（一）经营权方面

民营企业创立之初的资本绝大部分来自投资者的原始积累和家族成员的积蓄，另外少部分来自民间的闲散资金。因此，企业的经营权大多由资金投入多的某个家庭成员或几个家庭成员来行使。出资者与经营者集一身，经营目标就是取得最大利润，市场需要就是其投资、生产经营的方向。

(二) 管理权方面

民营企业因财产所有权属于出资者，因此，企业管理权大多也集中于出资者，经营管理人员基本来自家庭成员和亲友及其推荐人员，即以“家庭势力”为核心的管理方式，特别是在家庭企业发展初期阶段，许多家庭所有者担心雇用非家庭成员的管理者，无法像其家庭成员之间具有以感情为纽带的“向心力”，生怕辛辛苦苦支撑、建立起来的企业毁于一旦。因此，他们为避免不属于家庭成员的管理者们对其事业的发展产生不利影响，往往把企业管理权集中在家庭成员或亲朋好友之间。

(三) 决策权方面

每一位企业主都深知企业决策正确与否同企业的兴亡关系极大。民营企业家也不例外，他们因财产归属上的特点，企业经营决策权几乎集中于出资者。普遍认为，企业的一切均属于自己或家庭成员，资金该往哪儿投，投多少？只有家庭成员最有发言权，最能代表企业的利益，最替企业的生产或经营着想。企业的经营策略，家庭成员最能保密。同时，风险也能共担。而非家庭成员决策者，因企业所有权、财产权等不属于他们，他们与企业的关系是雇主与雇工的关系，企业经营好坏对他们影响不大。因此，决定企业兴衰的决策权不能落入外人手中。然而，民营企业的属性特点使得其投资决策容易受到利润诱导，产生短期行为和决策失误，加上某些企业主自身文化程度较低，以经验决策为主，这给企业的投资经营决策带来较大的风险。以家族式管理在企业发展初期有一定的合理性，但它也将成为企业进一步发展的桎梏。

三、家族管理的危害

(一) 造成人才危机

随着企业规模的发展和扩大，家族式管理所暴露出来的弊端越来越明显，家族式管理中的任人唯亲的用人方式所造成的人才危机已严重阻碍了企业的进一步发展。

第一，任人唯亲的用人方式使企业获取的信息范围小，目光短浅，思路狭窄，与信息社会的要求背道而驰，使企业的发展受到限制。

第二，任人唯亲容易在企业内部形成一股压制外来人员的意见，甚至产生欺负外来人员的歪风，使一些有真才实学的人才不愿留下，员工不会与企业同心同德、同舟共济，更不用讲为企业家出谋献策。

第三，现代企业发展受到技术专业化和管理专业化的挑战，仅依靠原有的家庭成员来管理企业，难以保证企业的持续发展，在家庭成员中无法具备各项专业技术的人才，而专业人才的不足会影响企业的发展。

第四，随着企业的发展，相应的重要岗位也越来越多，不管从量上还是质上，都难以有合格的亲戚朋友来担任和负责这些岗位的工作，滥竽充数必然使管理工作受到影响。

第五，家族式任人唯亲的用人制度使企业的管理水平受到限制，而且举目皆亲难以有效地管理，处理不当极易产生窝里斗，反而使企业主感到可用的人越来越少，加剧了人才危机感。

总之，家族式管理使企业缺乏一个稳定有力的人才群体，使优秀的人才不愿来或留不住，这种人才危机严重地影响企业的发展。

（二）融资限制

民营企业实行家族式管理，在其发展初期是一种普遍现象。家族成员在企业任要职，特别是重要岗位，这种封闭型的管理模式极不利于企业的发展，同样构成影响企业融资的主要障碍之一。

封闭的家族式管理不利于吸纳优秀人才。除了生产经营各个岗位外，在财务管理这个敏感的岗位，由于家族式管理呈现的基本是一些粗放型的管理方式，姑且不谈及如何降低成本，优化资产组合，相当部分民营企业不能真实体现经营效益，财务报表不实几乎是一种通病，更谈不上有效地融资。

家族式管理容不得外人插手。在资本运作方面，更不可能实现股份制改造，利用扩股来充实自有资本以求更快地发展，同样，用兼并、资产重组、发行债券等直接融资的形式皆受到不同程度的影响。

伴随家族式管理模式的同时，形成的是产权不清，由于封闭式管理，企业的所有财产都属于家族所有，清晰不清晰似乎关系不大。但是，不管是作为投资者还是作为发放贷款的商业银行，谁都不愿意把资金投放在一个产权不清的

企业中，因为投资者无法预计其投资的回报情况。

由此可见，民营企业要规范发展，必须摆脱家族式管理，逐步建立产权清晰的企业管理制度，这样才有利于企业的融资和发展。

四、建立现代化企业管理的意义与作用

现代化企业管理的核心是其经营管理思想，它贯穿企业经营管理的全过程，企业的一切生产经营活动都受它支配，它的正确与否对企业的生存和发展起着决定性的作用。

第一，有利于更加重视对人的管理，提出了以人为本的新思想。过去民营企业片面追求资产的投入产出效益，忽视对人的管理。现代经营管理思想的意义在于不把人看做是生产经营中的一种要素，而是把他们看做是企业的主体之一，充分发挥其主动性和积极性，参与企业文化建设。

第二，有利于对生产经营系统和管理组织结构进行变革，提出企业再造的新思路。由于民营企业长期处于一种固定的经营模式，当它不再适应企业的发展时，现代企业经营管理的意义就在于调整和摆脱陈旧的框架，重新改变其组织流程，以便在成本、品质、服务与速度上获得新的改善。

第三，使民营企业对管理的整体性、系统性更加重视。改善心智模式，开展团队学习和锻炼系统思考能力，提高企业应变能力，超越自我，建立共同远大目标，提高向心力和创造力。

第四，提高民营企业对无形资产管理的重视程度，目前，保护知识产权成了企业管理的主要内容。体现知识产权的无形资产不仅成了企业管理的重要内容，甚至成了企业在激烈的市场竞争中进行经贸战的武器。

第五，有利于促进企业对信息的敏感性。随着信息社会的到来，信息化成了企业和社会普遍追求的目标。民营企业应该充分利用网络技术带来的革新，把信息管理融入企业管理中，争取在市场信息竞争中取得优势。

当然，民营企业要达到现代企业管理的要求，就目前状况而言，仍需要相当一段时间，但从长期发展看，这应是一个追求的目标。

第二节　广佛肇经济圈民营企业必须实行全面管理创新

一、广佛肇经济圈民营企业实现管理创新的先决条件是培养企业家现代意识

提高民营企业家的素质是解决目前民营企业面临的困难和问题，促使企业较快发展壮大的关键之一。然而，企业家的素质是多方面的，在现代经济中，现代意识和观念是构成优秀企业家良好素质的重要方面。现代意识主要包括以下六个方面：

第一，信息观念：信息量的增大和信息传播速度的加快是当代引人注目的事实。优秀的企业家应有目的地获取信息、使用信息，以便有效地开发信息资源，使企业不被时代所淘汰。

第二，效益观念：企业生产经营的目的是努力获取效益。只有树立良好的效益观念，才有可能对企业的生产经营发展进行良好的策划、管理和运作。

第三，信誉观念：信誉是人与人之间在精神、道德方面的默契，信誉只有得到越来越多的社会关注，才可能较易吸纳公众的注意，促使企业快速发展。企业家的信誉是一种无形资产，是一种长远投资。

第四，科学观念：运用科学进行管理，是企业保持持续发展的基础，科学要求人们认识事物时采取客观公正的态度，重视调研，善于总结完善，尊重科学而不是主观臆断，这是企业取得成功的必要条件。

第五，法律观念：市场经济必须遵循价值规律，市场竞争不是无序的竞争。企业家的权力必然要限定在法律许可范围之内，在生产经营乃至市场竞争中，既要遵循一般的法律、法规，还要利用相关的法律、法规，以维护自身的合法权益。

第六，资源观念：包括人才在内的资源是企业的财富，企业的经营管理实质上就是合理地配置和运用资源。增强和建立资源观，就是要使投入企业的每

一项资源要素发挥最大的、最佳的效益。

除此之外，时间观念、创新观念也是现代优秀企业家应具有的现代意识之一。只有具备上述现代意识，才能称得上具有良好素质的企业家。

二、广佛肇经济圈民营企业必须懂得运用现代管理方法

现代企业管理方法是指采用能适应当今世界的市场经济发展和社会化大生产需要的方法，对企业内部活动进行规范管理的一种先进的企业管理方法。随着管理学、经济学、数学、社会学、计算机等在企业管理中的广泛采用，新的管理方法层出不穷。其中主要有以下三种：

第一，运用运筹学、博弈论等先进理论提高企业的决策水平。

第二，在生产管理方面：①在生产和物资管理中采取“准时制”，降低零部件和其他物资的库存，降低产品成本；②采用“成组技术”法，以实现用大批量的生产技术进行多种、小批量生产；③采用“柔性制造系统”，以实现生产过程高度自动化，适用多品种、小批量生产市场需求，提高生产能力和产品质量；④采取“最优化生产技术”，以最大限度地减少“瓶颈”现象，取得最佳经济效益。

第三，在营销中，通过合理塑造企业形象，不仅使企业在消费者心中留下深刻长久的印象，而且使企业形成良好的经营观念。

从现状看，民营企业要达到现代企业管理的标准，仍需经过相当一段时间的磨砺，但作为管理方法，这无疑是一个努力的方向。

三、建立现代化管理模式

现代企业管理模式是指能适应当今世界经济发展和社会化大生产需要的经济管理样式。其主要模式如下：

第一，人本管理：主要内容是运用行为科学，重新塑造人际关系；增加人力资本，提高劳动力质量，改善劳动管理，充分利用劳动者资源，培育企业精神等。随着科学技术的发展、人类文明程度的提高、民主化的普及，人在生产经营活动中的地位和作用发生了深刻的变化，已成为企业的主体。

第二，企业再造：即对企业的生产工艺流程、管理组织系统进行重组、再

造。它一旦推行，就会给企业带来一些根本性的变化，如职工由被控制转变为有决策权，管理人员由监督者变为教练，工作单位从职能变成以流程为基础，工作内容从单一变成丰富，组织结构由层级式变为扁平式等。

第三，对管理的整体性、系统性更加重视，在企业的管理中，更重视锻炼系统思考能力；追求自我超越；改善心智模式，建立共同远景目标，树立团队精神等。

第四，对企业无形资产的管理更加重视，保护知识产权成了企业管理的主要内容之一。其主要内容包括加强对无形资产管理的基础工作；无形资产中的知识产权保护工作；对无形资产进行确认、评估；无形资产的投资、获取与发展和无形资产的使用及转让，利用其取得收益；无形资产的收益分配等。随着科学技术的发展，产品中的技术含量逐渐增加，企业管理的重点已由重视有形资产管理转变到有形、无形资产双重管理。

第五，实现信息化管理是未来企业经营管理的趋势。它给企业管理带来以下变化：信息化给生产、管理活动的方式带来根本性变革；信息技术将企业组织内外的各种经营管理职能、机制有机地结合起来；信息化将在许多方面改变产业竞争格局和态势，给企业带来新的、战略性机遇，促使企业对其使命和活动进行反思。此外，为了成功地运用信息技术，必须对企业进行组织结构和管理方法的变革。

四、建立现代化经营管理制度

民营企业从经济实力上讲，大部分较弱小，特别是在技术装备和资金实力上都不及国有企业，但它们却依靠自身的制度设计，在经济生活中扎下根，并在市场中占有一席之地。究其原因，就在于民营企业的制度设计符合市场经济的要求，强调效率原则，符合现代企业经营管理制度。

第一，建立自主决策制度。民营企业头上无“婆婆”，在很大程度上不受什么管制，决策权有较大的灵活性。因此，在企业生产经营中，应建立一套以经营者为核心的工作班子和决策机构来对企业的发展进行及时的、正确的筹划和指导，这已成为企业在市场竞争中得以生存的基本条件。

第二，建立灵活的用人制度和分配制度。21 世纪的竞争是人力资源的竞

争，不论是生产，还是贸易，都必须考虑成本与收益的关系。因此，在企业内部应建立一套以经济利益驱动力为基础的激励和监督机制。择优录用，竞争上岗，优者进，差者出，能者上，庸者下；有功者奖，有过者罚。根据他们的学历、工作经验及能给企业贡献的劳动数量，对他们实行多劳多得和参股分红、赠送干股等分配方式，拉开收入差距，给人以强大的动力。

第三，建立灵活多样的营销制度。面对国际、国内市场竞争加剧，搞好市场营销管理的迫切性正在与日俱增。只有对市场营销活动进行精心策划，认真实施，合理组织，动态控制，才能保证企业的市场营销工作顺利开展，使企业在市场竞争中占据有利地位，充满生机活力。

五、实现粗放型管理向集约化经营管理转化

从企业经营的角度看，粗放型管理就是增加资金和资源投入的一种管理模式。粗放型管理主要表现在：

第一，民营企业权利过度集中。大多数的民营企业经营权、管理权、决策权高度集中在投资者尤其是企业主手中，在企业主身上不少人都存在着家长制的作风，加上某些企业主自身文化程度低，以经验决策为主，使企业的投资经营表现为粗放型管理。这种管理模式在企业发展初期有一定理性，但也成为民营企业发展的障碍。

第二，民营企业生产经营缺乏长期规划。一些企业管理制度不全，产品质量低劣，生产经营带有较大的盲目性。由于忽视对科技的投入，停留在传统的经营模式，即劳动密集型和资金大量投入而产出的效益又很低的外延式投入再生产，使企业的资源无法合理配置，消耗和浪费现象较为严重，影响企业的经济效益。企业缺乏发展后劲，从而使企业很容易在竞争中败下阵来。

第三，民营企业粗放管理导致了资本积累慢，甚至由于经营者的挥霍而殆尽。企业因资金的短缺使经营者忙于寻找筹资渠道、筹集资金，过度的举债使民营企业背上沉重的负担，严重影响企业的常规经营和经济效益，恶性循环最终的结果是企业的倒闭和破产。

第四，不规范的经营行为和违法经营。一些民营企业为了追逐高额利润，不惜铤而走险，如非法集资、逃避银行债务、不正当竞争，甚至偷逃税收、逃

避监管。还有一些经营者生活挥霍等，都是民营企业粗放型管理的主要表现。

集约化经营主要是依靠生产要素质量的改善和劳动生产率的提高，合理配置各生产要素使其得到最优利用来获得最佳经济效益。民营企业应积极探索寻求加强集约经营管理之路，促进企业更好地发展。

第一，组建民营企业集团，加强企业间的强强合作，壮大实力。民营企业集团的建立有利于企业提高管理水平，壮大资金实力和生产规模，提高产品的竞争力，以实现资源的重组和优化配置。

第二，发展外向型经济。民营企业应该有长远的发展战略。开放国际市场，有利于产品的出口创汇，提高产品知名度。

第三，加大对科技的投入，提高企业的科技创新能力。有生命力的产品维系着市场占有率，高科技产品又拓展新的市场。民营企业除正常的生产经营活动外，更应注意产品的科技开发。因为，高新技术会给企业带来丰厚的回报。

第四，实施经营战略。现代市场竞争离不开战略的实施，经营战略从策划到实施是一项艰巨的工程。因此，在现代商战中，企业必须掌握符合客观的经营战略，才能使企业走向成功。

第五，提高经营者和职工的素质。成功的经营者必须具备心理、身体、知识和能力素质的培养和提高。而作为一线的生产职工也必须进行岗位培训，才能使企业建立现代化管理制度。

第六，树立名牌意识，加强企业文化建设。知名的品牌不仅给企业带来可观的经济效益，而且能提高企业的知名度。在创造企业经济效益的同时，带来良好的社会效益。民营企业在进行集约化的经营管理时，应该重视企业文化建设，为企业的长远发展壮大打下良好基础。

六、加强人力资源开发与管理

从心理上给员工松绑，增强员工对企业的凝聚力。

第一，破除家族式统治和家长式管理，尊重和信任员工，打破老板与员工之间特别是高层员工之间的管理屏蔽，与员工政治上和人格上平等相待，了解员工的心愿和要求，倾听其意见，提高员工在企业中的参与性，加强员工与企业的双向沟通和感情联系，从根本上消除员工的心理障碍，化消极为积极。生

产率的提高不在于什么奥秘，而在于人们的忠诚，人是最宝贵的资源，对员工尊重，热爱员工，他会加倍地爱你的企业。

第二，重视员工利益，让员工对企业和老板满意。著名管理学家罗森·布拉斯在《顾客是第二位的》一书中指出："要想真正使顾客满意，必须首先使员工满意，必须把公司员工摆在第一位。"很难想象，一家员工心中各怀"鬼胎"和"异志"而仅靠高压和铁腕维系的公司，能在 21 世纪知识经济和信息时代做出成绩。重视员工利益并不是要像计划经济体制下国有企业那样搞职工福利。而是应从感情上关心员工，生日、节日给员工送上祝福，婚、丧、孕、产期给员工带薪休假。长远利益上为员工做好医保和养老保险，解决员工后顾之忧，体现管理的人情味和人本主义精神。

第三，稳定员工的基础队伍，让员工有归属感。民营企业内部竞争机制，使员工有紧迫感，一个民营企业创办 5 年，其员工在企业工作时间最长的只有 3 年；一个企业创办 10 年，在企业就职最长的只有 7 年；一个企业创办 50 年，却没有一个在本企业退休的员工。这样的企业很难让员工有归属感。部分民营企业为点滴的局部小利，经常大进大出地"炒人"、换人，造成人员流失大于 20%，员工的基础队伍不稳，事业发展受到影响。有的民营企业甚至害怕员工在企业工作时间过长，企业将给予其较多的福利待遇，而有意借故解雇员工，伤害大批员工的感情。在解决员工"归属"问题上，日本企业建立的企业与员工"命运共同体"战略极为成功。松下电器在每批新员工加盟时的迎新会上，总会请几位在松下退休的元老在首排就座，这实际上是给新员工一种提示，一种精神鼓舞。

七、让"干部"有职、有责、有权

企业"干部"或称为企业中高层管理人员，是企业的中坚力量。用好这一批人，使其成为能同企业一起抗击风浪的不可动摇的力量，是企业人力资源管理和开发的重要内容。民营企业要做到这一点，首先是老板的人才观和人力资源管理思想要正确，要超越自我，要知人善任，放手放权。在加强审计稽核和严格各种绩效考核的前提下，让"干部"有职有权，能说话，能拍板。老板要注意在下级员工面前维护"干部"的权威，不能只突出自己，总是向员工暗示“我才是老板，我才能决定一切”，如果这样，员工就会看轻“干部”，层级管理流于形式，事无巨细都去找老板，去讨好老板。

八、建立企业与员工利益共同体

第一，让企业核心层和骨干员工拥有企业的股份。企业的核心层和骨干员工包括中高层管理人员、技术骨干、知识人才、营销高手等。这部分企业的中坚力量人数上虽只占全体员工人数的20%，但他们创造的企业价值和利润却占企业总利润的80%，理应向这20%倾斜，并和这些中坚力量结成利益共同体。建立分享报酬体系和“持续激励”机制。企业可以拿出15%~25%的股份或让购，或奖配，或采用职位股，或采用期权股等形式配售给这部分员工。其中职位股一般分配给高层管理人员，股随岗走，真正在岗有股，离岗收股。期权股主要配售给技术骨干，以激发其科技创新的热情。

第二，实施公平、合理和多种价值的分配奖励体制。依能力强弱，责任大小，贡献多少，工作好坏，按绩按劳分配，分配形式应多样化，工资（岗位工资、职能工资、绩效工资）、奖金（突出功效奖、科技创新奖、特别贡献奖）、股份（奖励股份、职责股份、配售股份）、福利津贴（特岗津贴、住房福利津贴）等物质奖励，也要有职位升迁、荣誉称号、安全退休、旅游休假、教育培训等非物质奖励。企业要针对不同员工、不同人才，实行不同的分配和奖励政策，对普通员工，采用多级别职能工资，每年按考核情况适时提升工资和给予绩效奖励；对知识型员工，应依据可持续贡献才能、品德和职责，采用职能工资为主，结合股份奖励等分享式分配形式；对中高层管理员工，宜采用以职务、责任和绩效价值为本位的职务工资、年薪效益工资加股份分享制报酬体系，年薪效益工资部分按所负责部门和工作的实际绩效确定。需特别强调的是，要重视非物质报酬和奖励、参与性报酬和非参与性报酬、公开报酬和保密奖励等形式的结合，使报酬与奖励做到公平、合理、科学，真正起到激励员工奋发向上、团结和凝聚员工的积极作用。

九、建立科学的人才管理制度和严格的业绩考核体系

第一，建立动态的人力资源管理机制。不以“身份”定职位，不以过去

“论英雄”。变“相马”为“赛马”，建立各种“赛马”规则，一切看实际工作效果。对员工实行“三工转换”，优秀员工、合格员工、不合格员工不是终身的。对中高层干部实行公开竞聘上岗、职务转换和定期述职。干部在横向、纵向实行全方位立体的职务转换，能上能下。对知识型员工，解决好人才流动与稳定骨干人才的矛盾，对能给企业创造持续价值或可以做出突出贡献的知识型员工，应采取领导与被领导角色置换的互动式情感化管理体制。

第二，把人才当作一种资源进行管理和开发。企业看重的是成本和效益，企业要由人来做，有人就有成本。但人不仅是成本，更是一种可创造价值的财富，是最具有活力的资源。民营企业往往实行“给你一口饭吃，你就该干活，干好了再给你奖励”这样一种控制式管理。这种管理忽视了人的高级需求，不利于人才积极性的调动，更不利于人力资源的开发。知识经济和信息时代，人才管理首先应从直接控制式转向间接遥控式，建立良好的劳资（员工—企业）之间的沟通与信任，要让员工认同企业的核心价值观，淡化过程控制，强化结果评价，创造一种宽松的又可有效评价工作实绩的工作环境和管理环境。其次，应增加人才对企业决策的参与性。最后，应切实按人才的知识、能力、贡献确定其在企业的地位和权威，让人才的知识、能力充分为企业创造价值。

第三，建立严格、公正、准确的考核制度。民营企业的考核应规范化、制度化。要体现考核的严肃性、公正性只能有一个规则。考核是奖罚的依据，奖得不公正、罚得不公正，都会挫伤员工积极性。考核应以关键业绩为主，对不同类型岗位制定不同的关键业绩指标体系（KPI），使考核尽可能量化。

十、加强信息一体化与计算机管理

随着人类文明的不断进步和科技的高度发达，企业除人、财、物三种经营资源外，另一种新的经营资源已被揭示，那就是信息。信息作为一种企业经营资源，越来越受到人们的青睐。

从信息与民营企业生产经营的联系来分析，经营者对信息的来源和质量不同所做出的决策有很大的差别。高质量的信息产生好的决策。即使是高明的企业家，如果决策的依据不足，信息的可信度低，那么，最终决策也不可能是正确的。作为经营资源，信息是同企业经营环境的变化和主导产业的需求动向变化密切相关的。因为，在信息泛滥的现代社会中，取得企业经营所需的信息和高价值的信息是十分困难的。因此，信息收集的能力和途径就显得非常重要。

十一、加强财务管理

和其他类型的企业并没有什么区别，民营企业财务管理的内容包括资金筹集管理、投资管理、利润及其分配管理、成本费用管理，其中财务决策是管理的核心。

民营企业的财务管理制度是处理企业经济关系的一项基本制度，是企业管理体制的一项重要组成部分。由于许多民营企业的资产归个人所有，个人意愿代替了企业行为，在其财务管理上普遍存在着随意的不规范行为。不规范的财务管理行为，虽然短期内会给企业带来某些好处，但也给企业带来不利的因素，甚至致命的打击。因此，作为一名成功的民营企业家，应尽量克服这些不规范行为，为企业的长期发展奠定良好的基础。

第一，要树立遵纪守法，依法经营，自负盈亏，照章纳税的意识。按照国家颁布的《中华人民共和国企业财务通则》的基本原则和法规进行财务管理活动和制定具体财务制度。

第二，完善企业内部财务制度。民营企业作为独立核算的经济实体，应根据行业财务制度，结合企业具体情况制定具体管理办法，并努力加以完善。包括资金管理、成本管理、折旧、投资、纳税贷款等办法，使企业内部的财务活动都有具体的法规作为依据。

第三，真实反映企业的自有资本金及负债。企业资本金是企业成立时，在工商管理部门登记的注册资金。资本金是所有者权益主要来源和表现形式，是投资者拥有的根本权益。而负债却是企业全部债务。因此，民营企业应真实反映各项指标的数据，重视资金管理，不能因为是国家的钱或别人的钱，就随意支配，甚至逃废债务，最终将会受到法律的追究。

第三节　广佛肇经济圈民营企业实现管理全面创新的关键问题

一、转变观念，超越误区

随着市场经济的发展和国家相关政策的出台，民营经济在国民经济中占据着越来越重要的地位。改革开放以来，我国非公经济在蓬勃发展、蒸蒸日上的同时，也经历了太多的巨星殒落。“飞龙折翅”“巨人跌倒”“爱多风波”等一系列民营企业亏损倒闭事件提醒我们的民营企业家们：如果不在21世纪走出诸多管理误区，创造规范有序的管理模式，难免会有更多的悲剧上演。

（一）正确理解科学管理的含义

对许多民营企业家来说，企业管理只能算是严格管理，并非真正意义上的科学管理，民营企业虽然机构设置齐全，但在企业家们家长式的管理制度下大多形同虚设，缺乏有效的监督机制，导致有时把民营企业法宝之一的灵活机制玩得过火。三株的成功归结于其营销网络，但随着其营销队伍的不断扩大，机构日益臃肿，层次逐渐增多，上下层信息传递日益被扭曲，最终出现了管理失控，极大影响了高层的正确决策。

（二）正确把握家族式管理

家族式管理是民营企业发展的必然阶段。企业起步时，由于多方面的原因无力吸引、招聘高级人才，只能靠亲戚朋友帮忙，这是他们成功的基础之一，但同时也是长远发展的隐患。随着企业的不断发展壮大，一些已身居高位的创业功臣逐渐成了企业发展的“绊脚石”。

飞龙集团总裁姜伟就曾痛定思痛地说过这样一番话：“创业时一帮同甘共苦的难兄难弟，如今都成了元老，身居高位。只可惜他们早已很难胜任日益膨胀的集团领导工作，占着位子，别人上不来不说，还不甘寂寞地乱发号施令，极大地影响和制约了企业的发展。”

（三）正确理解产业多元化

民营企业在“船大抗风浪”的思想推动下，盲目地掀起“产业多元化”的浪潮。面对激烈的市场竞争，许多民营企业家担心将全资产系于一个行业会一损俱损，便提出了产业多元化。这种“把鸡蛋放在不同篮子”以减少风险的做法固然不错，但由于决策及执行过程中的盲目性，一些民营企业到头来却是以己之短拼人之长，四面出击而首尾难顾。

（四）不要迷信“跟着感觉走”的经营规则

我国的民营企业大多是在特定历史机遇中，凭借企业家们的谋略和顽强获得成功的，其中不乏偶然因素。由于民营企业家的整体素质不是很高，在企业取得成功之后易于盲目乐观、头脑发热、急功近利，他们大多忽略了对企业规范和发展战略的规划，这些均造成了民营企业的“先天不足”和“后天营养不良”。民营企业家决策往往凭借感觉，缺乏理性分析。

（五）正确认识“资本运营”的作用

一些民营企业对“资本运营是高级形态，产品经营是低级形态，产品经营要转向资本运营”的提法片面理解，把资本运营当主业来抓，进入了资本运营的误区，如同“盲人骑瞎马”，风险极大。为了迅速扩大规模，一些企业盲目地进行兼并，结果企业表面上成“巨无霸”，但由于内部管理跟不上，导致经济效益下滑甚至亏损倒闭。

（六）正确认识广告效应

民营企业大多把“王婆卖瓜法”用过头，陷入广告效应的误区。企业从原来不懂得宣传、不重视宣传，到说与做并重、名与实并重，无疑是一大进步，甚至有时有点过分也可以理解。但凡事要有个度，如果把它用到了不适当的程度，就可能引火上身。更有甚者，实行所谓的“概念经济”，这类企业并不是致力于产品开发和提供服务，而是致力于创造和经营一种概念，寄希望于通过言行宣传一夜成名。殊不知这只是一种不正常的强卖强买式的“强化教育”，迟早会被消费者所识破和抛弃。爱多与秦池等“标王”的殒落就很值得

人们思考。

前事不忘后事之师，对于迈入21世纪的民营企业家们，只有先从经验型、技术型向管理技术复合型转变，不断完善企业自身的内部管理机制，才能在激烈的市场竞争中站稳脚跟，永远立足于不败之地。

二、动态管理，因时而变

(一) 从组织生命周期的角度来研究民营企业的管理

自20世纪50年代以来，许多学者对企业生命周期理论开始关注，并从不同视角对其进行了考察和研究，其发展历程大致可归纳为以下几个阶段：

1. 企业生命周期理论的萌芽阶段（20世纪50年代至60年代）

在1960年以前，关于企业生命周期的论述几乎是凤毛麟角，对企业生命周期的研究刚刚起步。在这一阶段，马森·海尔瑞（Mason Haire，1959）首先提出了可以用生物学中的"生命周期"观点来看待企业，认为企业的发展也符合生物学中的成长曲线。在此基础上，他进一步提出企业发展过程中会出现停滞、消亡等现象，并指出导致这些现象出现的原因是企业在管理上的不足，即一个企业在管理上的局限性可能成为其发展的障碍。

2. 企业生命周期理论的系统研究阶段（20世纪60年代至70年代）

从20世纪60年代开始，学者们对企业生命周期理论的研究比前一阶段更为深入，对企业生命周期的特性进行了系统研究，主要代表人物有哥德纳和斯坦梅茨。

哥德纳（J. W. Gardner，1965）指出，企业与人和其他生物一样，也有一个生命周期。但与生物学中的生命周期相比，企业的生命周期有其特殊性，主要表现在：第一，企业的发展具有不可预期性。一个企业由年轻迈向年老可能会经历20~30年，也可能会经历好几个世纪。第二，企业的发展过程中可能会出现一个既不明显上升也不明显下降的停滞阶段，这是生物生命周期没有的。第三，企业的消亡也并非是不可避免的，企业完全可以通过变革实现再生，从而开始一个新的生命周期。

斯坦梅茨（Steinmetz L. L.，1969）系统地研究了企业的成长过程，发现企业的成长过程呈S形曲线，一般可划分为直接控制、指挥管理、间接控制及部门化组织四个阶段。

3. 企业生命周期理论的模型描述阶段（20世纪70年代至80年代）

20世纪70年代到80年代，学者们在对企业生命周期理论研究的基础上，纷纷提出了一些企业成长模型，开始注重用模型来研究企业的生命周期，主要代表人物有：邱吉尔、刘易斯、葛雷纳以及伊查克·爱迪思。

邱吉尔和刘易斯（Churchill N. C. and Lewis V. L.，1983）从企业规模和管理因素两个维度描述了企业各个发展阶段的特征，提出了一个五阶段成长模型，即企业生命周期包括创立阶段、生存阶段、发展阶段、起飞阶段和成熟阶段。根据这个模型，企业整体发展一般会呈现“暂时或永久维持现状”“持续增长”“战略性转变”和“出售或破产歇业”等典型特征。

葛雷纳（L. E. Greiner，1985）认为，企业通过演变和变革而不断交替向前发展，企业的历史比外界力量更能决定企业的未来。他以销售收入和雇员人数为指标，根据它们在组织规模和年龄两方面的不同表现组合成一个五阶段成长模型：创立阶段、指导阶段、分权阶段、协调阶段和合作阶段。该模型突出了创立者或经营者在企业成长过程中的决策方式和管理机制构建的变化过程，认为企业的每个成长阶段都由前期的演进和后期的变革或危机组成，而这些变革能否顺利进行直接关系到企业的持续成长问题。

伊查克·爱迪思（Adizes，1989）可以算是企业生命周期理论中最有代表性的人物之一。他在《企业生命周期》一书中，把企业成长过程分为孕育期、婴儿期、学步期、青春期、盛年期前期、盛年期后期、贵族期、官僚初期、官僚期以及死亡期共10个阶段，认为企业成长的每个阶段都可以通过灵活性和可控性两个指标来体现：当企业初建或年轻时，充满灵活性，做出变革相对容易，但可控性较差，行为难以预测；当企业老化时，企业对行为的控制力较强，但缺乏灵活性，直到最终走向死亡。

组织的生命周期按组织绩效随组织存在时间而增长变化的情况细分为四个阶段：形成阶段（创业阶段）、成长阶段、成熟阶段和衰退阶段。该理论认为：企业的成长是一个由非正式到正式、低级到高级、简单到复杂、幼稚到成熟的阶段性发展过程。

第一，民营企业创业初期管理特点。企业形成期对管理职能的要求相对比较简单。企业不需十分正式的战略计划，而只是创业时相当随便，有时甚至是完全凭直觉进行的活动。只要创业者们能敏锐地察觉到目前尚未被满足或未得

到充分利用的市场机会，就寻找到新的市场为切入点，就可以正确指出企业的战略方向，此时的企业更适于采用简单的直线型组织结构。创业者们大权在握，这样也更利于对企业整体发展方向的把握。与此相对应，这一阶段的控制通常也是非正式的。由于组织规模不大，成员简单，创业者可经常与下属进行直接接触，他们对每个员工都十分了解，能直接观察到大多数人的工作状况，并可在必要时提出改进建议；对员工的绩效评估相对也不太正式，企业内未形成正规的评估系统；其他如预算系统、会计系统，即使有也十分简单并直接由创业者进行管理。

无疑，面对企业形成期的特点，只要创业者们有时间、有精力，往往能很好地满足企业管理的要求。对他们来说，此时更需要的是勇气和吃苦精神，而管理知识、技巧反而属于次要。

第二，民营企业成长期管理工作特点。企业进入成长期后，随着增长速度越来越快，相应地对组织内的管理活动和管理者的能力开始提出新要求。此时，企业要想继续获得成功，两方面能力必不可少，一是获取资源并加以有效管理的能力；二是在组织中建立更复杂的经营系统的整合能力。但是，我国民营企业的创业者们大多不具备这样的管理意识、管理知识，他们无法接收组织发出的向“专业化管理”过渡的信号，仍沿袭创业时的老一套管理方法。由于无法顺应企业成长提出的新要求，失败在所难免。那么，企业在进入成长期特别是快速增长期后对管理提出了什么新要求呢？此时，企业面临的主要问题和挑战是建立和规范管理体系，包括战略计划、组织结构、管理开发和控制。在成长期，由于组织规模的不断扩大，创业者们的注意力被迫更多地集中到对日常事务的管理上来，他们没有足够的时间及充足的精力来制定企业未来发展所需的战略计划。而事实上，成长期的企业已开始需要制定某种战略计划。特别是当快速增长提出管理专业化的要求后，战略计划应成为企业中的主要管理方法之一。由于组织规模的扩大使企业内各种普通的管理活动增多，此时要想提高组织效率，对这些活动按职能进行专业分工开始变得必要，职能型组织结构对于正在扩展的企业无疑是适用的。此后，随着企业增长速度的加快、产品数量的增加，在开发新产品与服务、产品的制造与分销方面开始要求更多的协调。为保证那些有市场潜力的产品受到足够的重视，此时可以考虑转而采用事业部制。

成长期的到来对控制也提出了新的要求。创业者们再也没有时间控制一切，员工的增多也使他们不可能再像以前那样与所有人进行交流。此时，只有建立一个正式的控制系统才可能满足各种协调工作的要求。正式的计划系统、控制体系应逐步建立起来，相应地，评价和报酬系统也应建立并发挥作用。企业中应有明确职责的工作章程；目标管理方法开始启动；激励因素开始应用于报酬体系中；各种总体计划、预算开始实施；会计系统的管理功能开始发挥。

从以上企业在形成期和成长期运行过程的不同特点和要求来看，广佛肇民营企业家们在面临企业发展的第一个变革时期所遇到的最大挑战除了其自身在管理知识、管理技巧方面的不足之外，还有一个现有权力如何下放的问题。作为创业者，他们通常都有强烈的支配欲，喜欢事情以他们的方式去做；他们大多全身心地投入到自己的工作中；他们大多不善于倾听。创业者的这种支配欲对于刚刚起步的企业无疑是必要的，只有强有力的指导和劳动的大量投入才会使组织中各项工作得以正常运行。进入成长期，组织的发展要求权力的分散，而员工却已在组织前期的发展中形成了事无巨细均要向总裁汇报的习惯，这样企业其实已面临这种危险——总裁如果稍有疏忽，整个企业就会由于员工无力采取行动而出错。这时创业者们其实已在无意中成为企业进一步发展的制约因素。

（二）推动广佛肇民营企业发展的动态化管理措施

1. 创业者退出管理层进入决策层，引入职业经理人来负责企业的运营

这种选择一方面要求创业者们在很大程度上放弃对新领导人的控制；另一方面要求引入的职业经理人具有较高的素质。目前，华帝在这一方面做得比较成功。华帝老板坚守决策监督系统，对经营管理完全放权，这使职业经理人的责任感和积极性得到了充分发挥。在选择经理人时，他们十分慎重，经历了有目的地物色对象、放到本企业、委以重任这样一个甄选过程。但由于我国职业经理人队伍毕竟还不成熟，选择时必然会存在很大风险。有的企业以为选择“空降兵”万无一失，但效果却未必理想，这其中有个“水土不服”的问题。如果选择的职业经理人不了解国情，不熟悉民营企业现状，即使在国外曾做得很成功，只怕也难以达到成功执掌我国民营企业的目的。

2. 创业者做出一系列努力改变自己的个性和管理，以带领企业进入下一发展阶段

这种选择要求我们的民营企业家们首先提升自身素质。目前，许多民营企

业老总纷纷选择出国深造，一方面学习新的管理理念，开阔视野；另一方面可以通过到名校学习，利用学校背景，建立起新的公共关系网。但这时，由于老总的暂时离开，他们还是要考虑放权的问题，同样，职业经理人又成为他们的选择对象。

3. 创业者出售原公司，着手建立新公司，或者是通过兼并另一家公司，以引进新的高层管理者

这种做法国外比较常见，如 Conductron 公司的创始人希科就在面临增长痛苦时把公司卖给了麦克唐纳·道格拉斯公司，接着是 KMS 工业公司。与此类似，史蒂芬·纳伯在 1985 年离开苹果公司后，也着手建立了新公司。这种选择对我国的民营企业家来说无疑也是可行的，资金问题解决得好，心态调整得好，凭借其原来的成功经验，再创辉煌并非没有可能。

总之，民营企业家们只要意识到转变的急迫性，理性地做出恰当的选择，我国民营企业今后的成长之路还很长。

参考文献

[1] 吴敬琏．现代公司与企业改革 [M]. 天津：天津人民出版社，1996.

[2] 杨小凯．经济学原理 [M]. 北京：中国社会科学出版社，1998.

[3] Mason Haire. Biological Models and Empirical History of the Growth of Organizations [M]. New York：John Wiley，1959.

[4] 企业生命周期论 [EB/OL]. http：//www. qdfljx. com/ztnews/jfjgdhjhjh8fdch7967dh-9aa. html.

第五章　广佛肇经济圈民营企业财务成本管理

第一节　广佛肇民营企业财务管理的目标、原则、内容、方法、手段

我国民营企业近年来得到长足发展，截至 1998 年，全国已有民营企业 100 多万家，解决就业岗位 1700 多万人，其产值超过国内生产总值的 70%。中共十五大将非公有制经济正式确立为我国社会主义经济的重要组成部分，极大地鼓励了我国民营经济的发展，民营企业也在不断发展，但由于广佛肇民营企业总体规模小，在资金、技术、人才、产品等各方面都不同程度地存在诸多问题，尤其是资金方面受到极大的制约。体现在财务活动方面，即广佛肇民营企业绝大部分缺乏现代财务管理意识，不懂得充分运用财务管理工具，发挥财务管理的各项职能，为自身发展创造机会和有利条件。

因此，广佛肇民营企业加强财务管理，充分利用财务杠杆，一方面为企业筹集发展资金；另一方面努力降低各项资产耗费，发掘财务潜力，提高企业效率，具有极其重大的现实意义。

广佛肇民营企业作为一种企业组织，其财务活动规律依然要服从于一般企业组织的财务运动规律，但由于广佛肇民营企业绝大部分规模较小，且处于广佛肇经济圈这一特定的经济空间，其发展面临的外部环境与东部沿海地区相比有一定的特殊性，加之其较为特殊的内部管理模式等，导致了广佛肇民营企业在财务活动中的特殊性，由此形成了广佛肇民营企业在财务管理上的特殊性。

国有企业的改制与转型，将为广佛肇民营企业在资金、市场、产品等各方面带来极大的竞争，广佛肇民营企业要想在激烈的市场竞争中站稳脚跟，做大做强，必须将财务管理提到一个十分重要的地位，只有加强财务管理，积极融通并用好、用活资金，才能真正做到降本增效，从而增强自身的发展后劲。

广佛肇民营企业要搞好财务管理，必须明确其财务管理的基本内容。广佛肇民营企业作为一种经济形式，其财务管理的基本内容和其他经济组织的财务管理基本内容也大体一致。

按照一般财务管理理论，财务管理的内容取决于财务活动的内容，一般财务活动主要包括企业的筹资、投资、耗资、销售收入、分配等经济活动，因此，企业财务管理的主要内容也就包括筹资管理、投资管理、耗资管理、销售收入管理、分配管理（纯收入管理）。

一、广佛肇民营企业财务管理的目标

关于企业财务管理的目标，理论界的观点也颇不统一，归纳起来，大体有四种：一是企业利润最大化；二是股东利益最大化；三是每股收益最大化；四是企业价值最大化。

由于广佛肇民营企业大部分资金规模和市场规模都不大，产品主要是立足于广佛肇较为丰富的资源禀赋，以粗加工为主，高科技型的民营企业为数极小，其市场也主要局限于区域性的市场，资金来源也主要靠自我积累，诸多因素使广佛肇民营企业竞争力的提高受到很大制约，生存艰难，据统计，我国民营企业每年的淘汰率在10%以上，广佛肇经济圈这一比率更高，很多民营企业都是“你方唱罢我登场，各领风骚三五载”，因此，在目前情况下，广佛肇民营企业必然把追求企业利润作为首要目标，相应地，其财务管理目标也应该定位为“企业利润最大化”，这是广佛肇民营企业财务管理的根本目标、总目标。

广佛肇民营企业在确定自身的总目标之后，为了保证目标的实现，还应该将财务管理总目标进一步分解，制定一系列的具体目标，形成一个财务管理的系统目标。

根据不同的依据，可将总目标进行不同的细分，如按企业组织部门，可将财务管理的目标细分为供应部门的财务管理目标、生产部门的财务管理目标、销售部门的财务管理目标、投资部门的财务警理目标等；按企业财务活动的具体内容，可将企业的总体目标细分为筹资管理目标、投资管理目标、资产耗费目标、销售收入目标、利润分配目标等。

由于广佛肇经济圈地域广阔，地理交通、资源禀赋、消费市场都各具特色，相应地决定了当地大部分民营企业在资金融通、投资项目、产品开发、市场营销、盈余分配等方面的特殊性，这些因素又很大程度上影响了企业财务管理目标的实现。因此，广佛肇民营企业必须立足于本地实际情况，因地因时制宜，形成适合自身内部财务管理的具体目标。

二、广佛肇民营企业财务管理的基本原则

由于广佛肇民营企业发展落后，大部分属于小规模小市场经营，并且受传统宗族观念的影响，形成独特的家族式管理模式，所有者、创业者、经营者、决策者融为一体，许多企业主通常抱着一种“企业即我，我即企业”的想法，体现在企业的财务管理决策上，也是财权、物权、事权、分配权以及投资决策权等一手抓，一人说了算，形成了高度的集权式管理，而且，由于广佛肇民营企业主许多是发起于田亩之中，没有经过专门的经营管理训练，缺乏财务管理观念，更缺乏财务管理的技能，在企业的筹资、投资、生产、营销、分配活动中不懂得如何加强财务管理，核算相关的成本费用，导致企业资金成本过高和不必要的投资损失。

综上所述，我们认为广佛肇民营企业在财务管理过程中应遵循以下基本原则：

第一，计划性原则。市场经济是由价值规律调节的经济。民营经济从其诞生伊始，就是完全按市场经济规律进行和完全以市场为导向的。广佛肇许多民营企业在发展过程中缺乏计划经营观念，把市场和计划对立起来，由于价值规律作用的盲目性，往往导致广佛肇许多民营企业盲目地市场跟风，在市场旺盛时盲目扩大投资，盲目进行大规模的生产，缺乏对市场需求进行深入调研分析，在企业的资金运作和物资运行之间缺乏统筹协调安排。体现在企业的财务管理上，就是不懂得在融投资之间、在生产和销售之间、在成本与费用和资产收益之间进行有计划的系统安排。广佛肇民营企业大多缺乏一套完善的发展计划，在企业的筹资、投资、市场营销、收益分配和自我积累等财务活动方面缺

乏计划，最后使企业陷入财务困境，这也是许多民营企业早衰的重要因素之一。

第二，务实性原则。根据企业自身实际量力而行。

第三，明晰性原则。财务管理活动的目标要明确、清晰，无论是资金运动过程的管理，还是物资运动过程的管理，都应制定明确清楚的财务管理目标及方法（责任明确，指标分解）。

第四，系统性原则。企业财务管理要全面系统地进行，对企业活动的各个方面都应加强财务核算。

第五，客观性原则。避免主观臆断，尤其是在家族式集权管理模式下，许多民营企业主靠拍脑袋决策，不是从企业自身和市场运动的客观实际出发而做出决策。广佛肇民营企业在财务管理决策过程中，一定要根据客观真实的市场信息，在深入分析调研的基础上进行正确的财务管理决策。

第六，权益性原则。权益是企业的净资产，是资产额减去负债的余额，权益的内容包括资本金、公积金、盈余公积金及公益金，既是企业发展的原始驱动力，也是财务管理的根本目的。广佛肇民营企业在发展过程中本身就面临着资金不足的问题，由于银行贷款支持有限，主要靠自我积累，因此，广佛肇民营企业财务管理必须以资本金的保值、增值作为根本的价值取向。

三、广佛肇民营企业财务管理的方法

广佛肇民营企业由于其独特的管理模式和决策机制，财务管理的职能发挥很不充分，很多民营企业甚至根本不设财务部门。许多民营企业主财务管理观念淡薄，甚至不知财务管理为何物，更不懂得在经营过程中如何正确进行财务管理决策，以及如何采取正确的财务管理方法。在此，仅就广佛肇民营企业财务管理过程中应注意的一般问题做一简单介绍。

第一，财务预测与决策。随着竞争的加剧，广佛肇民营企业要走向市场，走向国际化，参与全球竞争，必须加强财务预测，在预测的基础上科学决策，才能有效地降低经营过程中的各种风险。

财务预测主要是对企业计划期各项财务指标的测定与计算，是根据以往和现有的财务资料对企业未来财务状况和指标所做出的推断与估计，其预测内容一般应包括流动资产与短期投资，固定资产与长期投资，成本费用，未来商品市场价格与销售收入，预期利润与分配情况等。财务预测的一般方法有本量利分析法、期末余额法、因素分析法、直接计算法等，另外还可采用统计的回归分析法、线性规划预测法等。

财务决策就是企业确定财务目标及其实现方案的选择过程，企业财务决策主要包括价格决策、利润决策、成本费用决策、资金占用决策、投资决策和筹资决策等内容，财务决策的主要方法一般有综合平衡法、决策表法、树型决策法、最大最小收益法和最大最小后值法。

广佛肇民营企业在经营过程中可以结合自身实际情况，在以上诸种财务预测决策方法中选择使用。

第二，财务计划。企业财务计划是企业进行财务控制、分析和考核的依据，也是企业进行财务监督计划的基础，企业财务计划一般应包括筹资计划、投资计划、成本计划、资金占用计划、销售收入计划、利润计划等，财务计划的编制方法主要有平衡法（时期数平衡或时点数平衡）、余额法和定额或限额法等。广佛肇民营企业必须根据自身具体情况，采用适当的方法编制财务管理计划。

第三，财务控制。企业财务控制就是根据企业财务计划目标、财务制度和国家有关法规，对实际的财务活动通过对比、检查、分析，对有关财务行为进行约束规范的过程，也就是根据企业财务计划和目标，发现并纠正偏差的过程。财务控制包括确定投资目标、设立控制系统和相关信息传递和反馈机制及纠正偏差等方面。

财务控制可分为事前控制、事中控制和事后控制、定额控制、预算控制和开支标准控制等。广佛肇民营企业必须结合自身规模经营特点等具体情况，加强财务控制。

第四，财务分析。企业财务分析就是根据企业财务目标，运用企业计划和实际资料，对影响企业财务目标实现程度的各种因素进行分析，指示并测定其影响程度及纠正偏差的过程，通过对财务活动过程和结果的分析，可以发现影响企业财务状况的因素，便于及时制定调整措施，协调各方面的财务关系，保证财务目标的实现。

财务分析的一般程序包括指示差距、测算各影响因素的影响程度、提出纠正措施等内容。财务分析方式有定期与不定期分析、全面分析、专题分析等。财务分析方法一般有对比法、比率法、差额分析法、平衡分析法、平均分析

法等。

第五，财务考核。即将财务责任单位或个人在一定时期内财务指标的实际完成情况与计划规定的考核目标进行对比检查，以确定其财务目标实现程度的过程。财务考核是保证财务目标实现的有效手段，财务考核有绝对指标考核、相对指标考核、指标完成百分比考核和评分考核。绝对指标考核主要适合于某些固定性费用开支和财务成果指标的考核，相对指标考核适合于变动率较大而又有一定变化规律的财务指标的考核，指标完成百分比考核适合于以基期为依据对增长或降低指标的考核，评分考核主要用于对多种指标进行综合性考核，财务考核应根据企业具体情况而定，既可单独运用，也可结合运用。

第二节　广佛肇民营企业的筹资管理

广佛肇民营企业的筹资管理指企业根据其生产经营、对外投资和调整资本结构的需要，通过筹资渠道和资本（金）市场，运用筹资方式，经济有效地筹集为企业所需的资本（金）的财务行为。

一、广佛肇民营企业筹资原则

（一）以需定筹，量力而行的原则

由于民营企业初始创业时的资金主要是靠创业者个人积累或向亲戚朋友借入部分资金形成资本金，在此基础上再通过内部缓慢积累而发展的，因此资金问题一直是制约我国民营企业发展的一个“瓶颈”，广佛肇民营企业的资金问题表现更为突出。由此，也导致不少广佛肇民营企业盲目筹资，不根据自身发展的实际需要，不计筹资成本，结果高息筹集到的资金又不能投到适当的项目上，导致资金闲置，同时还承担较大的财务费用，增加企业负担。因此，广佛肇民营企业在筹资过程中一定要根据自身发展中对资金的实际需要和财务费用的偿付能力，做好规划、统筹协调，以需定筹，量力而行。

（二）坚持效率第一的原则

追求经济效益是任何一个企业的目标，企业在运用债务资本和权益资本进行经营时，资金增值越快，盈利越多，还本付息能力就越强，企业的筹资效益就越好，广佛肇民营企业在筹资过程中一定要注重效益。要在不同的筹资渠道、筹资方式、筹资期限等方面综合考虑，认真进行财务成本效益预测和考核，并充分使用好各种资金，以最优化的筹资结构融得所需资金。

（三）坚持合法合规性原则

目前，许多企业为解决资金问题，采取一些不正当的筹资手段，非法筹资、高息集资，在借款中采取担保、重复抵押、骗取银行资金等手段，非法筹措资金，广佛肇民营企业在筹资过程中，一定要坚持以合法的手段去筹集企业资金。

（四）坚持自愿平等、互利互惠原则

广佛肇民营企业由于获得的银行支持不多，许多是通过融通民间资金发展起来的。因此，广佛肇民营企业的民间筹资行为较为普遍，广佛肇民营企业在筹资过程中一定要坚持自愿平等、互利互惠原则，绝不能强制借贷，也不能向内部职工强行集资。

（五）坚持诚实守信的原则

目前许多民营企业不讲信用，高息筹资，然后赖账不还或不按期还本付息，大大损伤了企业及业主形象，广佛肇民营企业在筹资过程中一定要诚实守信，无论采取何种渠道和方式融通资金，都一定要按时足额地支付本息，为企业树立一个良好的形象。

二、广佛肇民营企业应具有多样化的筹资渠道

筹资渠道是企业获取资金的来源，广佛肇民营企业筹资过程中的一个主要问题就是渠道单一，许多广佛肇民营企业的资金来源主要靠自身内部积累或向亲朋借款，而对外部资金市场利用不充分。出现这种情况，一方面是企业主缺

乏现代筹资意识与技能，另一方面是许多企业缺乏现代金融知识，对筹资渠道不甚了解，其实广佛肇民营企业可以选择的筹资渠道很多。

（一）内部资金积累

内部资金积累是广佛肇民营企业最可靠的资金来源，主要包括固定资产折旧形成的累计资金，出售固定资产的收入，对外投资收益，各项税收减免形成的累积，资本公积金，各种盈余公积金等，这些资金是企业在发展过程中形成的自我积累，可供企业随时调用。

（二）内部职工资金和本地民间资金

这些资金一般属于个人所有资金，企业可通过向内部职工集资的方式筹集部分资金，也可向本地其他资金所有者借入其闲置资金，这部分资金的取得可通过发行债券或股票的形式直接进行。

（三）银行信贷资金

目前我国银行机构对众多民营企业的贷款支持较少，尤其在广佛肇经济圈，银行的贷款支持对象主要是国有企业，究其原因，主要是因为广佛肇民营企业财务信息可靠性差，生产经营不稳定，企业内部管理较乱等因素增大了企业经营风险。因此，广佛肇民营企业要争取更多的银行信贷支持，必须加强内部管理，增强内部财务信息的透明度和真实性，加强与本地银行的信息沟通，争取更多地获得银行的信贷支持，这是有利于广佛肇民营企业发展的重要资金渠道。

（四）非银行金融机构的资金

非银行机构主要指各种信托投资公司、金融租赁公司、保险公司、财务公司及各种基金组织，这些非银行机构也面对各种企业开展放款业务，广佛肇民营企业在经营过程中也可将这些组织作为自己的筹资渠道。

（五）向其他企业融通资金

其他企业在生产经营过程中，有一部分资金从生产经营过程中游离出来暂时处于闲置状态，广佛肇民营企业可以和这些企业进行资金的调剂使用。

（六）积极引入珠三角发达地区资金

目前广东正实施“产业转移”和“劳动力转移”的双转移战略，政府鼓励珠三角地区企业进入肇庆等欠发达地区。经过改革开放，珠三角地区的广佛资金相对比肇庆资金充裕，广佛地区有大量的资金需要寻找合适的开发项目，对欠发达地区企业，尤其是对肇庆的众多民营企业而言，正是一个引资的好机会。因此，肇庆民营企业要加强与广佛等地区企业尤其是民营企业的横向合作，实现广佛肇资源内的资金嫁接。

（七）引入外资

近年来，随着我国经济环境的不断改善，外商投资正在不断增长，到广佛肇的外资数额也不断增长，广佛肇民营企业要抓住机会，发挥自己优势，加强与外资的合作。对于广佛肇一些较大规模的民营企业或高科技型民营企业，更要主动介入国际金融市场，通过“二板”市场上市引入国际资本。另外，广佛肇民营企业引进外资时，除引入货币资本外，还可以引入机器设备等实物资本和技术资本等，要注意多种形态资本的引入。

广佛肇民营企业在开辟和选择筹资渠道时，要加强对各种筹资渠道的财务比较分析，选择成本最低、效率最高的筹资渠道，还要充分了解融资对象对融资的有关规定和要求，最好先找相关的金融咨询机构进行事前了解。另外，广佛肇民营企业主还要转变筹资念，摒弃那种“万事不求人，发展靠自己”的观念，“发展才是硬道理”，只要有利于自身发展，各种渠道的资金都可以大胆引入，为我所用。

三、广佛肇民营企业的筹资方式

任何企业通过各种筹资渠道融通资金时都要采取特定的筹资方式，广佛肇民营企业的筹资方式与其他企业的筹资方式在具体形式上并无本质的差异。但由于广佛肇民营企业起步晚，规模小，专业人才少，了解金融业务的人才更少，因此，许多广佛肇民营企业在其经营发展过程中，并不懂得具体有哪些筹资方式，这在很大程度上制约了广佛肇民营企业的生产经营，本节在此将企业可以采用的筹资方式做一介绍，这也是广佛肇民营企业可以选择的筹资方式。

（一）银行借款

银行借款按有无抵押物可以分为抵押借款和信用借款，按时间长短可分为短期借款和长期贷款。

1. 短期借款

银行的短期借款主要有生产周转借款、临时借款和结算借款，这种短期借款利率较低，可降低企业资金成本，同时这种短期借款风险相对较小，银行也较为欢迎。

2. 长期借款

银行长期借款一般指借款期限超过 1 年的贷款，长期借款一般按一定时期分期偿付本金与利息，大多数银行长期借款的期限为 3~7 年，利率较短期借款高，但其好处是借款者可以获得较长的时间使用资金，有利于企业进行一些重要项目的投资。这种长期借款一般只贷给规模较大、市场前景好、产品技术稳定的企业，广佛肇民营企业中较大规模的集团企业或科技型企业可以积极争取这类贷款。

（二）发行债券

发行债券是一种债务性融资，对债券购买人来说是一项债权投资，债券购买者可定期获得一项利息收入，按募集方式可分为私募债券和公募债券，按期限可分为短期债券和长期债券。

1. 短期债券

短期债券实际上是一种商业票据，其优点是发行利率较低，手续简便，发行时不需进行担保和抵押，筹资金额可根据企业需要而定，其购买对象也较广泛，广佛肇民营企业在为满足季节性、临时性周转资金的需要时，可以考虑发行短期融资债券。

2. 长期债券（公司债券）

这是企业为筹集长期资金而发行的一种债务凭证。这种债券必须写明承诺到期支付的约定金额和利率，长期债券可分为有担保公司债券和无担保公司债券；记名和不记名公司债券；可转换和不可转换公司债券；可提前偿还和不可提前偿还公司债券。发行长期债券必须是企业未来盈利较为稳定，负债比率不高，且国家对其要求规定较为严格，只有少部分广佛肇民营企业可以争取发行这种债券。

（三）商业信用

企业之间的商业信用就是企业之间通过延期付款方式购买商品而形成的借贷关系，主要有三种形式。

1. 应付账款

对广佛肇大多数民营企业而言，其周转资金都十分有限，采取赊购延期支付货款的方式，可以一定程度上减缓企业周转资金的压力。只是以这种方式融资，成本较高，广佛肇民营企业在采取应付账款融资时必须加强期限管理，尽量降低进货成本。

2. 商业汇票

是一种由工商企业开启的没有抵押物的信用凭证，必须写明收款人和付款人名称、金额、期限及其他委托事项，经过承兑方能有效。根据承兑人的不同，可分为商业承兑汇票和银行承兑汇票两种，银行承兑汇票流动性强，可接受度高，开立商业承兑汇票的企业必须是在银行开设账户的法人组织。广佛肇民营企业中，不少是个体工商户，不具备法人资格，因此要充分利用商业汇票筹资，必须注册为法人组织才行。

3. 票据贴现

指商业票据持有者在急需资金时提前将票据转给银行，银行按一定的贴现率扣除贴现日至到期日的利息后，将其余金额以现款形式付给贴现企业，采取这种方式，可以提前收回垫付的商品资金，加速企业资金流转，广佛肇民营企业在市场不旺，为推动销售时可以采取这种方式售出商品，再向银行贴现收回资金，当然这种方式是以企业信用为基本前提的，其计算公式如下：

贴现金额实付数=票面余额×[1-贴现天数×(月贴现率÷30)]

（四）发行股票筹资

这种筹资方式仅适合于获得上市资格的股份有限公司，对绝大多数广佛肇民营企业而言，上市还是一个漫长的过程。不过，国家已开始在调整有关企业上市的政策规定，降低上市条件，尤其是开放二板市场后，为扩大广佛肇中小企业尤其是科技型民营企业，提供了一个很好的借助资本市场融资的舞台。广佛肇民营企业必须加快现代企业制度建设，积极进行公司制改组改造，为发行股票筹资积极创造条件。

（五）租赁筹资方式

租赁是指承租人向出租人采取连续支付租金以取得特定资产使用权的一种不可取消的契约承诺，可分为金融租赁和经营租赁两种方式。广佛肇民营企业由于受资金限制，无力购进大宗机器设备，在这种情况下，采取租赁方式可极大地缓解资金压力，同时可推动生产规模的扩大，及时利用更先进的设备，还可避免固定资产的无形耗损带来的损失。租赁设备还等于金融融资，而且企业不需一次性投入全部资金，仅支付租金便可使用资产，提高了企业的流动比率，改善了企业财务结构。鉴于目前广佛肇民营企业发展中面临的资金困境，租赁筹资不失为一种可选的有效方式。

（六）联营筹资

联营就是企业和其他组织或个人进行的联合经营，可以分为合资经营和合作经营两种形式。联营内容可以是设备、技术、厂房、土地、货币资金等，广佛肇民营企业由于实力弱小，积极进行联营合作，可减少设备、技术开发等方面的投入，尤其是与外资企业的联营企业，不仅可引入先进的设备技术降低自身的资金投入，还可以引入先进的经营管理经验和意识，另外，目前广佛肇民营企业还应当加强与东部沿海地区企业的联营合作，利用广佛肇大开发带来的发展机遇，推动自身发展。

四、广佛肇经济圈民营企业的筹资决策

（一）筹资成本

广佛肇民营企业在筹资决策过程中，在确定筹资渠道和筹资方式以后，在进行筹资方案选择之前，首先要考虑的就是筹资成本，筹资成本就是企业为取得和使用资金而付出的代价，包括筹资费用和资金占用费。筹资费用指企业为取得资金而付出的代价，如发行债券，股票时的申请、登记、印刷费，以及承销机构支付的手续费等，资金占用费指企业因占用资金而付给资金所有者的报酬，包括利息和股息等，前者称为发行成本，后者称为占用成本，筹资成本的高低直接决定着企业的经济效益，因此，广佛肇民营企业在筹资时，一定要核

算筹资成本，并与预期收益比较，尽量避免财务风险的发生。

筹资成本通常用筹资成本率表示（筹资费用作为一种固定成本往往在取得资金时从筹资总额中予以扣除）：

筹资成本率=资金占用费÷（筹资总额-筹资费用）

为了便于广佛肇民营企业在筹资过程中更好地计算筹资成本，将几种常见筹资方式的筹资成本的计算方法介绍如下：

1. 企业长期借款的筹资成本率（长期债券和银行长期借款）

（1）企业长期借款的筹资成本率。

$$K_1 = \frac{I_t(1-T)}{L(1-F_1)}$$

式中：K_1——长期借款资本成本；I_t——长期借款年利息；T——所得税率；L——长期借款筹资额（借款本金）；F_1——长期借款筹资费用率。

上列公式也可以改为以下形式：

$$K_1 = \frac{R_1(1-T)}{1-F_1}$$

式中：R_1——长期借款的利率。

（2）银行长期借款的筹资成本率。

$$K = MI(1-T) \div C$$

式中：K——银行长期借款筹资成本率；M——借款总额；I——年借款利息率；T——所得税税率；C——实际可用金额。

2. 租赁筹资成本率

$$K = E \times (1-T) \div P$$

式中：K——租赁筹资成本率；E——年租金额；T——所得税税率；P——租赁资产价值。

3. 优先股筹资成本率

$$K_b = \frac{D_b}{P_b(1-f)}$$

式中：K_b——优先股成本率；D_b——优先股总额的每年股息支出；P_b——优先股股金总额；f——优先股筹资费率。

4. 普通股筹资成本率

普通股成本率的计算公式如下：

（1）如假定没有期限，只发股息，永不还本。那么：

$$P_o(1-f)=\sum_{t=1}^{\infty}\frac{D_t}{(1+K_e)^t}$$

式中：P_o——普通股发行价格；D_t——预计第 t 年未发放的股息；K_e——普通股成本率。

（2）如假定每年股息不变，就可视同永续年金。那么：

$$K_c=\frac{D}{P_o(1-f)}$$

式中：D——年金化的股息。

5. 综合筹资成本率

综合资金成本率也称加权平均资金成本率，是指根据各种资金来源的构成及其资金成本率计算的加权平均资金成本率。

综合资金成本率的公式如下：

$$\overline{K}=\sum_{j=1}nW_jK_j$$

式中：$\overline{K}$——某时期企业综合资金成本率；W_j——第 j 种资金来源占全部资金的比重；K_j——第 j 种资金来源的资金成本率。

由于筹资成本率是某项投资项目的最低投资回报率，因此也就成了投资方案和筹资方案取舍的客观标准。同时，这个指标也是衡量企业经营业绩的客观依据。

（二）资本结构、财务杠杆与财务风险

在企业的筹资决策的过程中，除了要考虑筹资成本外，还要考虑资本结构、财务杠杆等因素，这些因素的变动都会不同程度地导致财务风险，广佛肇民营企业绝大部分没有形成一套良好的财务分析与决策机制，许多企业甚至没有财务机构，在筹资过程中，往往由所有者凭经验、感觉简单进行，很少在筹资过程中考虑企业的资本结构，更不懂得如何运用财务杠杆。

1. 资本结构

指企业中除了短期负债以外的全部永久性和长期性资本占用项的构成及构成项目的比例关系，是财务结构的重要组成部分，资本结构的构成项目包括长期负债和自有资本。相关指标有负债权益比率和负债比率。广佛肇民营企业由

于在创业初始其资金主要是依靠自身积累形成的，因此其负债权益比率非常低，许多民营企业的负债权益比率甚至为零，这虽然避免了企业财务风险，却也使企业失去了利用借入资本壮大自己的机会。

2. 财务杠杆

用来描述举债经营和投资收益之间的关系，在借入资本利息固定的情况下，如果投资收益率高于利息率，则负债权益比率越大，自有资本的收益率也越高，反之亦然，财务杠杆原理说明，在投资收益率高于借入资本利率的情况下，企业可以向外举债。财务杠杆效应通常用财务杠杆系数表示。

财务杠杆系数的计算公式为：

$$DFL=\frac{(\frac{\Delta EPS}{EPS})}{(\frac{\Delta EBIT}{EBIT})}$$

式中：DFL——财务杠杆系数；ΔEPS——普通股每股利润变动额；EPS——普通股每股利润；ΔEBIT——息税前利润变动额；EBIT——息税前利润。

为了便于计算，可将上式变换如下：

由：$\Delta EPS=\frac{\Delta EBIT(1-T)}{N}$　$EPS=\frac{(EBIT-I)(1-T)}{N}$

得：$DFL=\frac{EBIT}{(EBIT-I)}$

式中：I——利息；T——所得税税率；N——流通在外的普通股股数。

在有优先股的条件下，由于优先股股利通常也是固定的，但应以税后利润支付，所以此时公式应改写为：

$$DFL=\frac{EBIT}{EBIT-I-\frac{PD}{(1-T)}}$$

式中：PD——优先股股利。

3. 筹资方案的选择

企业进行筹资方案抉择时，首先要确定恰当的资本结构，在此基础上再决定以何种渠道和方式借入资本和增加自有资本。

（1）确定合理的资本结构，在此过程中要考虑负债率的高低。一般而言，借款的资金成本率较低，企业可以通过增加负债来降低综合资金成本率，但负

债率过高时，有可能使企业因支付过高的利息及还本金额而产生财务困难。负债比率的上升往往导致负债成本和股本成本的上升，从而影响综合资金成本率，因此，最优的资本结构就是财务风险适度，且是综合资金成本率最低时的负债比率所决定的资本结构。

（2）确定借入资本的方式。举借债务的方式通常有发行债券、向商业银行借款、非银行金融机构借款及融资租赁等。企业必须根据自身生产经营情况，从时间、借款数额、利率适用范围及取得条件等方面综合考察，再确定自己的借入资金方式。

（3）确定自有资本增加的方式。企业增加自有资本的方式主要是发行股票和进行内部积累，对绝大多数广佛肇民营企业而言，短期内还不具备发行股票的条件，主要方式还是靠内部积累。

第三节　广佛肇经济圈民营企业长期投资管理

投资管理是财务管理的一个重要内容，如果说筹资管理解决的是企业该不该筹资的问题，那么投资管理则是研究企业如何运用新筹资金，为企业带来更好的投资效益，长期投资是一项风险较大的投资，方案选择不当，往往使企业陷入财务困境而难以自拔，著名的巨人集团就是因为投资不当而失败的。广佛肇民营企业在发展过程中，亦不乏投资失败者，为了减少长期投资的风险，此处将有关长期投资的一些基本知识做一简单介绍，以供广佛肇民营企业参考。

一、广佛肇民营企业长期投资的内容

长期投资就是时间超过一年以上的投资活动，和其他企业长期投资一样，广佛肇民营企业长期投资是为了形成企业的长期资产，长期投资的内容包含以下几种主要的投资活动。

第一，长期股票投资。投资购买的股票一年内不得转让，长期股票投资对广佛肇民营企业而言具有重要意义，一方面可以获取收益，另一方面可以通过长期投资购进股票实现控股的目的。

第二，长期债券投资。即指企业购买期限在一年以上的各种债券，广佛肇民营企业进行长期债券投资时，要兼顾风险与收益，应以收益稳定，流动变化快的政府债券为主。

第三，固定资产投资。即指企业收入货币资金或实物资金等进行厂房或设备等的建造或购买活动。固定资产投资主要包括购入固定资产投资、融资租入固定资产投资、自建固定资产投资、固定资产大修理投资、其他单位或个人投资转入固定资产投资等。

第四，无形资产投资。即企业为了形成企业的无形资产而进行的投资活动，其目的也是为了形成企业的收益。无形资产主要包括专利权、商标权、专有技术等，广佛肇民营企业应加强无形资产的投资与保护。

第五，其他长期投资活动。主要指联合经营、技术输出、有偿转让、递延资产等投资活动。

二、长期投资的可行性分析

（一）长期投资可行性分析应考虑的主要因素

第一，现金流量。

第二，资金的时间价值。

第三，资金成本。

第四，投资风险。

（二）股票与债券长期投资的效益评价

第一，股东权益利润率=利润总额/股东权益×100%

第二，股东权益净利率=税后利润/股东权益×100%

第三，每股股利=本年派息分红总额/实收股本股数

（三）固定资产投资的收益评价

1. 投资回收期法

投资回收期法（Payback Period Method）又称“投资返本年限法”，是计算项目投产后在正常生产经营条件下的收益额和计提的折旧额、无形资产摊销

额用来收回项目总投资所需的时间，与行业基准投资回收期对比来分析项目投资财务效益的一种静态分析法。

投资回收期指标所衡量的是收回初始投资速度的快慢。其基本的选择标准是：在只有一个项目可供选择时，该项目的投资回收期要小于决策者规定的最高标准；如果有多个项目可供选择时，在项目的投资回收期小于决策者要求的最高标准的前提下，还要从中选择回收期最短的项目。

项目总投资是包括项目建设期间借款利息的总投资。年收益额是项目投产后达到设计年产量后第一个年度所获得的收益额和计提的折旧额、无形资产摊销额。年收益额可按税前利润和税后利润计算，目前一般都按年税前利润计算。在计算投资回收期时，在年收益额外还要加上计提折旧额和无形资产摊销额，是因为折旧额和摊销额是重新购置固定资产和无形资产的资金来源，它虽不是项目的收益，但它是用以补偿固定资产和无形资产投资的，所以也应将它与收益额一起作为收回的投资。上式算得的投资回收期是从投产之日开始计算的，如按建设期初算起，还要加上建设期。

2. 净现值法

净现值法是评价投资方案的一种方法。该方法是利用净现金效益量的总现值与净现金投资量算出净现值，然后根据净现值的大小来评价投资方案。净现值为正值，投资方案是可以接受的；净现值是负值，投资方案就是不可接受的。净现值越大，投资方案越好。净现值法是一种比较科学也比较简便的投资方案评价方法。净现值法所依据的原理是：假设预计的现金流入在年末肯定可以实现，并把原始投资看成是按预定贴现率借入的，当净现值为正数时偿还本息后该项目仍有剩余的收益，当净现值为零时偿还本息后一无所获，当净现值为负数时该项目收益不足以偿还本息。净现值法具有广泛的适用性，净现值法应用的主要问题是如何确定贴现率，一种办法是根据资金成本来确定，另一种办法是根据企业要求的最低资金利润来确定。

3. 现值指数法

现值指数法简称 PVI 法，是指某一投资方案未来现金流入的现值，同其现金流出的现值之比。具体来说，就是把某投资项目投产后的现金流量，按照预定的投资报酬率折算到该项目开始建设的当年，以确定折现后的现金流入和现金流出的数值，然后相除。

现值指数是一个相对指标，反映投资效率，而净现值指标是绝对指标，反映投资效益。净现值法和现值指数法虽然考虑了货币的时间价值，但没有揭示方案自身可以达到的具体报酬率。内含报酬率是根据方案的现金流量计算的，是方案本身的投资报酬率。如果两个方案是相互排斥的，那么应根据净现值法来决定取舍；如果两个方案是相互独立的，则应采用现值指数或内含报酬率作为决策指标。

三、广佛肇民营企业长期投资决策

长期投资决策就是运用专门方法对不同投资方案的经济性和技术可行性进行比较分析，择优选择的过程，广佛肇民营企业由于大多是集权式的家族管理，在投资项目的选择决策过程中往往没有按照规范科学的决策程序进行，导致投资决策的随意性。一般而言，长期投资决策应遵循以下程序：

第一，拟订投资方案。企业的长期投资往往是一种长远的战略性投资，其发起人既可以是企业高层领导，也可以是投资部门。长期投资的中心问题或者说基本前提是先要提出合理的投资方案，从中择优执行，长期投资方案应包括以下内容：①投资的目的；②测算投资方案的现金流量及投资回收期；③测算投资方案的预期收益及相应风险，为决策提供依据；④将所有方案进行比较分析，并说明每个方案的利弊；⑤提出最优方案，并详细说明其理由。

第二，进行财务审核。投资方案确定以后，先要交财务部门进行财务审核，主要内容包括：①审核投资方案的现金流量，投资成本预测是否正确，预期收入预测是否合理；该项投资所引起的相关效应及其对企业的影响；②该项投资的资金来源是否可靠，财务部门的筹资目标能否实现；③送交领导审批。

第三，决策。长期投资审批机构或领导接到方案后，要对投资方案的技术先进性、经济性、风险性等因素综合考虑，然后进行决策是否通过该方案。

第四，执行。长期投资方案一旦被审批通过，投资部门就要执行投资方案，这一阶段的主要内容就是对工程施工进度、质量投资成本加强控制。

第五，投资监督调整。在投资方案执行过程中，投资管理部门及相关人员要加强对投资过程的监督，同时还要根据市场变动情况，对原投资方案进行及时调整，保证投资过程顺利进行。

第四节 广佛肇经济圈民营企业短期投资管理

短期投资是指企业能随时变现，持有时间在一年以内或超过一年的一个营业周期以内的各种投资，短期投资一般是指有价证券投资和其他资产投资，对广大广佛肇经济圈民营企业而言，由于企业临时闲置的货币资金不多，甚至有的企业连续维持再生产的流动资金也会出现困难，因此，在很长一段时间内，短期有价证券投资不是广大广佛肇经济圈民营企业的投资重点。本节在此对短期有价证券投资略而不论，仅就广佛肇经济圈民营企业生产经营过程中的其他短期流动资产投资的管理做一探讨，除短期有价证券投资以外，企业的流动资金投资还包括现金、银行存款、存货及应收预付款投资等。

一、广佛肇经济圈民营企业短期投资的作用

第一，维持企业再生产过程的必要手段。广佛肇经济圈民营企业必须将一部分资金作为流动资金，用于购买产品生产所需的原材料和辅助材料，以及支付员工工资，从而实现劳动资料、劳动对象和劳动者报酬结合，才能生产出产品并获取相应的利润，使其再生产过程能循环往复地进行。

第二，短期有价证券投资是广佛肇民营企业除生产获利以外的重要途径。对企业而言，通过对内短期投资可以获取生产经营利润，同时，将闲置货币资金用于有价证券投资还可获取股息、红利及溢价收入，对广佛肇民营企业中生产经营季节性强的企业或拥有闲置资金的企业而言，短期有价证券投资也是获利的重要途径之一。

第三，进行短期投资可以增强广佛肇民营企业市场竞争力。在激烈的市场竞争中，通过提供商业信用这种短期投资，可以吸引顾客扩大市场份额，另外通过现金和有价证券的转换，在获取收益的同时，企业的清偿能力也不受影响，有利于形成企业良好信用等。

第四，进行短期投资可适当分散和降低广佛肇民营企业的风险，与长期投资相比较，短期投资流动性强，变现容易，未来可预见性高，因此，短期投资

可以降低企业整个投资活动的风险。

二、广佛肇经济圈民营企业短期投资效益评价

（一）短期有价证券投资效益分析评价

1. 股票与债券的收益率

收益率=（投资的期末价值-投资期初价值）÷投资的期初价

普通股权益报酬率是指净利润扣除应发放的优先股股息的余额与普通股权益之比。如果公司未发行优先股，那么普通股权益报酬率就等于股东权益报酬率或自有资本报酬率。

该指标从普通股东的角度反映企业的盈利能力，指标值越高，说明盈利能力越强，普通股东可得收益也越多，或者用于扩大再生产的潜力越大。

普通股权益报酬率=（净利润-优先股股利）÷普通股权益平均额

(股东权益报酬率=净利润÷平均股东权益总额)

从计算公式中可知，普通股权益报酬率的变化受净利润、优先股股利和普通股权益平均额三个因素影响。一般情况下，优先股股利比较固定，因此应着重分析其他两个因素。

2. 债券（或优先股）的收益率

债券收益率（Bond Yield）是衡量债券投资收益通常使用的一个指标，是债券收益与其投入本金的比率，通常用年利率表示。债券的投资收益不同于债券利息，债券利息仅指债券票面利率与债券面值的乘积，它只是债券投资收益的一个组成部分。除了债券利息以外，债券的投资收益还包括价差和利息再投资所得的利息收入，其中价差可能为负值。

债券收益率曲线是描述在某一时点上一组可交易债券的收益率与其剩余到期期限之间数量关系的一条曲线，即在直角坐标系中，以债券剩余到期期限为横坐标、债券收益率为纵坐标而绘制的曲线。

决定债券收益率的主要因素有债券的票面利率、期限、面值、持有时间、购买价格和出售价格。

具体的债券收益率计算公式如下所示：

（1）对处于最后付息周期的付息债券（包括固定利率债券和浮动利率债

券）、贴现债券和剩余流通期限在一年以内（含一年）的到期一次还本付息债券，到期收益率采取单利计算。计算公式为：

$$y=\frac{FV-PV}{PV}\div\frac{D}{365}$$

式中：y——到期收益率；PV——债券全价（包括成交净价和应计利息，下同）；D——债券交割日至债券兑付日的实际天数；FV——到期本息和。贴现债券 FV=100，到期一次还本付息债券 FV=M+N×C，附息债券 FV=M+C/f；M——债券面值；N——债券偿还期限（年）；C——债券票面年利息；f——债券每年的利息支付频率。

上述公式同样适用于计算债券回购交易中的回购利率，不过其中 FV——到期结算本息和，PV——首期结算金额，D——回购天数。

（2）剩余流通期限在一年以上的零息债券的到期收益率采取复利计算。计算公式为：

$$y=\sqrt{\frac{M+N\times C}{PV}}-1$$

式中：y——到期收益率；PV——债券全价；M——债券面值；N——债券的剩余流通期限（年），等于债券交割日至到期兑付日的实际天数除以 365。

3. 市盈率指标

市盈率指在一个考察期（通常为 12 个月）内，股票的价格和每股收益的比率。投资者通常利用该比例值估量某股票的投资价值，或者用该指标在不同公司的股票之间进行比较。"P/E Ratio"表示市盈率；"Price per Share"表示每股的股价；"Earnings per Share"表示每股收益。即股票的价格与该股上一年度每股税后利润之比（P/E），该指标为衡量股票投资价值的一种动态指标。

市盈率（P/E）= 每股市价÷每股税后利润

每股税后利润=当年（预期）税后利润÷普通股股数

市盈率（静态市盈率）= 普通股每股市场价格÷普通股每年每股盈利

一般来说，市盈率水平为：

小于 0：指该公司盈利为负（因盈利为负，计算市盈率没有意义，所以一般软件显示为"—"）；

0~13：即价值被低估；

14~20：即正常水平；

21~28：即价值被高估；

28 以上：反映股市出现投机性泡沫。

（二）流动资产投资效益评价

流动资产是企业为了维持再生产的持续进行而投入的流动资金，主要包括企业用来购买原材料及辅料、支付人工工资和管理费用，以及库存产品等占用的资金。流动资产投资的效益取决于产品的利润率和流动资产的周转速度。广佛肇经济圈民营企业要提高流动资产投资效率与效益，就必须加强对流动资产利润率和流动资产周转速度的考核与分析。目前，广佛肇经济圈许多民营企业由于业主管理意愿差，管理知识欠缺，流动资产的管理成了企业管理中的薄弱环节，很大程度上影响了流动资金的使用效果。考核流动资产投资效益的指标主要有两个：

1. *流动资产利润率*

这个指标是指企业息前税前利润或利润额与流动资产的比率，它反映企业每百元流动资产所能带来的利润，表明企业流动资产的获利能力。

流动资产利润率=息前税前利润÷流动资产总额×100%

息前税前利润就是企业一定时期在支付所得税和借款利息前的利润。流动资产总额是企业一定时期投入的全部流动资产，它包括货币资产、有价证券、应收及预付款、存货等。

2. *流动资产周转率*

这个指标主要反映流动资产的周转速度和周转天数。

流动资产周转次数=销售收入÷流动资产平均额

流动资产周转天数=计划期日数÷流动资产周转次数=流动资产的平均额÷销售收入×计划期日数

计划期日数分为年度、季度和月度，年度一般为 360 天，季度为 90 天，月度为 30 天。

通过对流动资产周转率的分析，可以了解流动资产投资回收速度，还可以根据流动资产周转快慢估计未来流动资产的投入需要量，为短期投资决策提供依据。另外，单靠流动资产周转率还不能正确反映流动资产的获利能力，企业在进行流动资产管理时还应将该指标与流动资产利润率结合使用。

(三) 短期投资的风险衡量指标企业进行短期投资

首先要比较投资收益与风险，在此基础上再进行短期投资方案的选择。

1. 短期有价证券投资风险的衡量指标

(1) 年度价差率。

价差率=(最高价-最低价)×(最高价+最低价)÷2×100%

该指标主要用来反映短期有价证券价格波动的强弱，以此来衡量证券风险的大小。

(2) 方差和标准差。运用该指标就是先求出不同投资方案再进行比较，这种方法适用于期望收益率相同的不同投资方案的比较，标准差越小，则风险越小。

(3) 变异系数。变异系数（CV）也叫标准差系数，是标准差与到期收益率均值的比例关系，是测定相对离散程度的指标，该指标适用于衡量标准差相同而期望收益率不同条件下不同投资方案的风险，变异系数越大，则风险也越大。

设甲、乙两个投资方案，其标准差 $\delta_{甲}=\delta_{乙}$，其期望收益率 $R_{甲}=R_{乙}$，变异系数为 $CV_{甲}$ 和 $CV_{乙}$，则：

如果 $CV_{甲}>CV_{乙}$，则甲方案风险高于乙方案。

2. 流动资产投资风险的衡量指标

流动资产投资风险是经营风险和财务风险的综合表现，衡量流动资产投资风险的方法和短期证券投资风险的衡量类似，可以通过求投资利润率方差和标准差来反映。

三、广佛肇经济圈民营企业短期投资决策

(一) 短期投资决策的内容、程序

第一，短期投资决策的内容。短期投资决策内容主要包括以下方面：①项目决策，指企业决定是否从事某项短期投资或从多项短期投资中选择一项投资的决策。②时机决策，这是指企业对投资机会的选择和把握决策，正确的时机决策意味着企业能在恰当的时机进行投资并把风险降至最低，获取最高收益。

③规模决策，就是对企业短期投资项目的投资金额的决策。④投资结构的决策，就是将资金在流动资产各构成项目或各种有价证券上进行的分配比例，合理的投资结构组合可以降低企业投资风险。

第二，短期投资的决策程序。短期投资决策程序主要包括以下方面：①分析企业经营情况及投资项目的情况，确定投资项目；②进行可行性分析，制定实现投资目标的多种备选方案；③进行风险和收益的评估，选择最佳方案。

（二）短期投资方案的选择

第一，流动资产投资方案的选择。投资方案的选择主要有：①评估投资收益与风险，确定最佳的流动资产投资数量；②评估投资收益，风险与成本，确定最佳的流动资产结构方案。

第二，有价证券投资方案的选择应考虑以下因素：①短期有价证券组合收益率的高低；②短期有价证券组合风险的大小；③选择在各种风险水平条件下能提供最大收益，在各种预期收益条件下能提供最小风险的短期有价证券组合。

参考文献

[1] 王耀中．国际贸易学［M］．长沙：湖南大学出版社，1997.

[2] 魏杰．中国企业二次创业［M］．北京：中国经济出版社，2000.

[3] 越晓雷．现代公司产权理论与实务［M］．上海：上海财经大学出版社，1999.

第六章　广佛肇经济圈民营企业人力资源管理创新

第一节　加强广佛肇经济圈民营企业人力资源管理的重要意义

企业是现代社会中最基本、最重要的经济组织，随着工业化的发展，企业已成为整个社会的经济支柱，不论哪一类企业的经济活动，都离不开人、财、物这三个要素，而人是企业活动的主体，也是整个社会经济活动的主体，是众多资源中最宝贵的资源。因而可以说，管理的本质就是人的问题，即一切管理活动是以人为核心进行的。美国著名管理学家德鲁克认为："企业或事业的唯一真正资源是人，就是充分开发人力资源以做好工作。" IBM 前总裁沃森说过："一个企业成败的关键在于它能否激发人的力量和才智。企业的活力来自企业的信念及其对职工的吸引力。"随着我国社会主义市场经济体制的建立和完善，建立和完善现代企业制度，在这一具有历史性意义的企业改革中，广佛肇经济圈民营企业面临着更多的挑战和机遇，而人力资源管理占有重要的地位和具有极其重要的意义。对人力资源的管理始终是广佛肇经济圈民营企业管理的重要组成部分。管好用活人力资源对于广佛肇经济圈民营企业创新、提高效益、谋求发展、处于不败之地具有重要意义。

一、加强人力资源管理是广佛肇经济圈民营企业获得发展的重要途径

在现代经济的发展过程中，特别是在市场经济条件下，广佛肇经济圈民营企业为了在竞争日益激烈的经济环境中求得生存与发展，也在积极开发物、财和信息资源的同时，日益重视对人力的开发与管理。人们从实践中越来越认识到，物质资源和金融资源是有限的，即使是“家有万贯财产，也会坐吃山空”；同样，即使一家企业有雄厚的财力和物力基础，也会被不懂管理、不会管理的人花光耗尽的；信息资源也会因时间和环境的变化或未被及时利用而变得一文不值。而只有人才具有创造的潜在能力，只有人才具有思维、分析、判断、调整、指挥、计划和统筹的能力。因此，无论从哪个角度来看，人都是企业拥有的一切资源中最重要、最宝贵的资源。然而，广佛肇经济圈民营企业由于其自身的独特性，所拥有的人力资源状况极其复杂：少部分人的文化知识水平高，大部分人的文化知识水平低；有的工作积极性高、与同事协作好；有的则无责任心，无法与同事一起工作或协作；有的人整体素质好，而有的则素质低下；员工的价值观念和对工作的态度也不尽相同。为此，广佛肇经济圈民营企业如何吸引自己所需要的合格人才，如何把自己的员工培养教育成为素质高而具有竞争力的一支队伍，如何协调他们的工作和活动，如何激发他们为企业目标的实现充分发挥聪明才智，这些都是现代企业人力资源管理中面临的重大课题。

二、人力资源开发是促进和发展广佛肇经济圈经济的主要力量

自然资源是被动的，其中有许多自然资源是不可再生的。经过人类劳动加工过的原材料、半成品、机器、设备和厂房等物质资本也是被动的。现代经济中，商品、货币、资本和信息的作用很大，但它们都要人来驾驭。中国俗话说：“有钱能使鬼推磨。”深究其理，应当是“有钱的人能使鬼推磨”。这就是说，任何重要的自然因素、物质因素和经济关系因素，都需要有人作为主动因素来加以推动。当然，这不是指一般的人力，而是经过教育和训练的人力资本，最高层次应当是人才资本。回顾“二战”以后，不同的发展中国家采取

了两种不同的经济发展战略，从而产生两种不同结果。一种战略是十分不重视人力资本、人力资本的投入；另一种战略是重视人力资本，从而形成知识、技术方面的相对优势。这两种战略不仅造成经济增长成果有较大差别，而且后劲也不同。有关专家指出，注重人力资本密集战略的国家和地区，人均国民生产总值的平均增长率要比注重物质资本积累的国家和地区高，而且发展后劲巨大。

三、广佛肇经济圈民营企业人力资源开发是企业技术进步的重要条件，也是企业技术进步的需要

科学技术是第一生产力，尤其是生产和经济技术的进步。在知识经济时代，科学技术的作用更是不可低估。而在改革开放初期，知识、科学、技能和智力成为决定生产力和经济发展的关键因素时，东部沿海地区率先改革，以智能化、信息化、知识化为中心，电子计算机、生物工程、宇航、新材料、新能源等全新技术，改造了传统产业，建立起一批新兴产业。而广佛肇经济圈，尤其是民营企业起步晚，管理观念落后，人力资源开发几乎没有进行。不适应对生产过程和经营管理的知识技能有高度要求及对劳动者、管理者和技术人员的知识技能文化水平高要求的经济发展方式，长期落后于国家经济发展的水平。为了适应知识经济的到来和全球经济一体化的趋势，广佛肇经济圈民营企业只有加强人力资源管理，发掘并合理使用人才资源，加强教育和培训，才能跟上时代的要求，才能谋求自身的发展。

四、广佛肇经济圈民营企业人力资源开发是促进经济圈社会进步的重要内容

社会进步表现在许多方面，除了先进的思想道德和良好的文明风貌，还有高度发达的文化、教育、科学、艺术等。概括地说，在高度发达的物质文明基础上，建设高度发达的精神文明。广佛肇经济圈要发展，首要任务就是加强精神文明建设，是要培养同现代化要求相适应的数以亿计高素质的劳动者和数以千万计的专门人才，发挥人力资源的优势。与此同时，还要造就一批在广佛肇经济圈大开发中能起重要作用的知识分子队伍。实现广佛肇经济圈大开发的关

键在于提高干部队伍的素质和水平，造就一支高素质的专业化的干部队伍。十年树木，百年树人。回顾20世纪的百年社会变化，未来社会的百年大计仍然在于树人，也就是开发人力资源。

五、人力资源开发正在成为当代企业经营管理的核心

随着科学技术的进步，产生了一系列为生产经营管理服务的新兴学科和高新技术，没有人力资源开发，就难以掌握和运用这些学科知识和高新技术。同时，全球经济竞争的加剧，技术进步的作用，促使广佛肇经济圈民营企业要全面改进，涉及企业的工艺、流程、结构、关系和制度安排等一系列根本性变革。其核心是要重视人力资源更好地发挥作用，调动企业员工和专业技术人员的积极性。部分民营企业要在国内和国际的激烈竞争中求得生存，主要依靠企业所拥有的人力和人才。广佛肇经济圈民营企业的成功之路在于更好地吸引、留住和激励企业内部的人力资源。广佛肇经济圈民营企业的人力资源管理越来越具有现实的意义。

广佛肇经济圈民营企业人力资源开发具有十分重要的意义，任务十分紧迫，为了有效地做好这项工作，必须有明确的指导方针或指导思想。这就是以马克思主义、毛泽东思想、邓小平理论为指导，认真贯彻党的关于人力资源的管理的政策方针。

第二节　广佛肇经济圈民营企业人力资源管理状况及原因分析

一、广佛肇经济圈民营企业人力资源现状

（一）人力资源素质较低

一方面，广佛肇经济圈民营企业人力资源整体水平非常低，加上地区经济

发展不平衡，有些民营企业还不同程度地存在半文盲、文盲劳动力资源。据统计，目前广佛肇经济圈民营企业中拥有中专以上学历及初级以上职称的人员只占广佛肇经济圈人口总数的1%，远远低于全国平均水平，高级、中级专业技术人员严重短缺，广佛肇经济圈民营企业中的高级专业技术人员仅占全国高级专业技术人员总数的2.79%。人才问题成为制约广佛肇经济圈民营企业开发的一个重要因素。另一方面，广佛肇经济圈民营企业的人力资源缺乏和浪费并存，大材小用、小材大用、庸才重用、偏材不用的现象普遍存在。

（二）人力资源结构失衡

合理的人力资源结构应该为椭圆形，中间粗，两头窄。但目前，广佛肇经济圈民营企业的人力资源明显呈倒金字塔形，企业中大量分布着技术水平低、素质差的人力资源，而中高级专业技术人才，尤其是高级专业技术人才十分匮乏，造成广佛肇经济圈民营企业技术力量薄弱，企业发展后劲不足。

（三）人力资源流失状况严重

一方面，由于广佛肇经济圈民营企业多数处于离珠三角较远的地区，因此，改革开放以来这些企业中的人才大量流向珠三角地区，特别是深圳、广州、东莞、佛山、中山等几个经济发展较快的城市吸引了大量来自广佛肇经济圈的高科技人才和农村剩余劳动力。另一方面民营企业尤其是乡镇的民营企业，由于认识不足，加上企业从小到大发展历史的沿革，人力资源开发与管理工作相当薄弱，企业的选人、育人、用人和留人工作十分粗放，严重地影响人才的稳定。具体表现为：一是报酬制度不科学。广佛肇经济圈民营企业分配制度虽然不存在平均主义，但是工作业绩的考核不科学，凭主观判定的情况多，导致员工心理不平衡，产生跳槽思想。二是对员工的信任度不高，只注重人才的使用而不注重对其进行培养。因此当员工尤其是中高级技术人员、管理人员感到自身目前的工作状况不利于今后更好的发展时，就不会有长久工作下去的打算。三是企业政策多变，言行不一，使人缺乏安全感。四是员工的人格没有受到应有的尊重。

二、广佛肇经济圈民营企业人力资源管理现状

广佛肇经济圈民营企业从无到有发展到今天，应该说成绩卓著，但是随着知

识经济的到来，民营企业的发展面临着严峻的挑战。具体表现在以下四个方面：

（一）人力资源管理理念落后

广佛肇经济圈民营企业的许多领导尚未充分认识到人力资源管理在现代企业管理中的核心地位，没有从战略的高度来部署人力资源管理工作。其实，人力资源管理存在于一个企业的各个地方、各个部门。综观现在民营企业人力资源管理现状，主要有两种现象：一是很多企业没有正规的人力资源管理部门。人力资源开发与管理工作的主要内容有选人、育人、用人和留人四个方面，它们是相互联系、相互影响的。但是广佛肇经济圈不少民营企业，人力资源开发与管理工作相当薄弱，无论是机构设置还是人员配备都不尽如人意。过分的精简，使企业的选人、育人、用人和留人工作十分粗放，没有按照企业发展战略的需要，将员工包括管理层做统一的规划，更未制定出有效的员工绩效评估、任用、激励等措施，严重地影响人才的稳定，使人力资源的经济效益难以显现。具体表现为：一是报酬制度不科学。二是只重视使用不重视培养。三是对大中专毕业生只会招而不会用。四是人才招聘工作质量低下。

目前广佛肇经济圈民营企业人力资源管理工作中普遍存在着部门职能界定不清的问题。人力资源部门的主要责任是建立有关制度并提供咨询，以达到协助或代行各层级直接管理人员的管理任务。人力资源部经理的角色是整个管理过程中的主要协调者和推动者，在总经理的授权之下，为各直线部门提供服务，但无权命令直线人员接受其服务。例如，在员工的聘用方面，可甄选合乎条件的候选人，但最终是否聘用要经过人员使用单位的同意和上级的核准，人力资源部没有决定权。由此可以看出，人力资源管理是通过高、中、低三个直线管理层发挥作用的，其中高级管理层拥有最高的权力负责制定目标、计划与政策；中级管理层负责解释说明及推行目标、计划与政策；低级管理层负责目标、计划与政策的具体实行。因此，人力资源管理活动的确不仅是人力资源部门的活动，而是企业各个组成部分的整体活动。企业管理的三个主要直接管理层都对人员的领导和监督，以及相关目标、计划与政策的制定、推行、具体实施负有不可推卸的责任。

（二）家族式管理方式给人力资源管理带来很多弊病

广佛肇经济圈民营企业在原始积累阶段，由于其特定的创业环境和创业群

体，绝大多数民营企业所有权与管理权紧密结合，家族化管理现象较普遍。这种管理模式的优点是加快资本积累，权责统一，自主管理，效率较高。但是，这种“家庭情结”却始终困扰着绝大部分的广佛肇经济圈民营企业。韦伯在其著作《中国的宗教》里指出：“中国家庭关系的紧密联系创造出一种限制性过强的家族牵制，在这种情况下，现代化企业组织所需要的共同价值和对事不对人的社会联系，便难以顺利发展起来。”美国学者弗兰西斯·福山在其《信任——社会道德与繁荣的创造》一书中更是详细论证了华人文化对企业规模的影响：“当事业传到第三代时，只有很少数华人企业自行完成制度化的工作。家庭在华人文化里扮演的角色比其文化更具中枢性质。”

当然他的结论难免具有绝对性，但是从这里我们也不难看出家族制的存在确实给广佛肇经济圈民营企业的人力资源管理带来了一系列的弊病。一是不利于吸引优秀的管理人才。据调查，大约有90%的民营企业财务管理控制在家族成员手中，40%左右的中高层管理人员是亲朋好友及家族成员，他们普遍文化水平较低、从业知识和技能、经营管理能力未必都能适应管理的要求，即使明智的业主意识到管理人才的重要，但也难以突破传统家族的“亲情”意识。外来高素质人才或是感到其实力不强，发展后劲乏力，自己无法随着企业的迅速成长而发展，从而无法实现自身价值；或是由于没有血缘优势，工作中受制于亲缘关系，感到在其中找不到适合自己发展的机会，没有归属感。由此，民营企业往往招不到高素质的管理决策人才，即使招到了也留不住。二是缺乏科学的决策机制。家族成员普遍文化素质低，缺乏现代管理知识，仅凭经验办事，对现代市场经济、知识经济了解甚少。而家族外干部远离家族企业的权力及决策中心，长远的未来的利益和发展得不到保障，一切听老板的。这种只限于企业主个人或家族内部决策，往往导致高层决策缺乏远见，只顾眼前利益，不顾长远发展，轻者造成决策失误，重者危及企业生存。

（三）管理者素质普遍较低

据调查显示，我国广佛肇经济圈民营企业中大多数经营者文化程度在高中以下，甚至有不少人只有初中水平。而且80%以上的经营者缺乏企业经营管理、市场营销等方面的专业知识，缺少对期货、股票等投资、融资手段的认识和了解，甚至有近一半的人看不懂财务报表。低学历层次造成经营者知识面狭窄，使其观察事物的视野欠广，立意欠佳；工作的科学性、艺术性和开创性不足；管理手段单一、落后，所有这些都使企业的人事安排难以做到人事相宜，因人设岗、情大于法现象严重，人力资源管理水平难上台阶。知识的不足也使他们过于相信自己狭隘的经验和人情关系的效用，往往仅靠亲属、亲信实行家族式管理。因此，企业发展到一定程度，便很难再继续发展。有的甚至因为家族内部的不团结而使企业分解，使原本实力较强的企业化整为零，丧失了发展的大好机遇。

目前，我国广佛肇经济圈不少民营企业生产无计划，发展无规划，企业家对企业存在的价值始终无法正确认识。大多数民营企业家起步于为解决自己的生存危机，想改善生活。但问题是当企业发展到一定规模后，财富积累到一定程度后，很多人不知道企业存在的目的，把企业狭隘地理解为自己的私人财产。有一些经营者胸无大志，小富即安，崇尚小农经济般的田园生活，津津乐道于比上不足，比下有余。在企业获得效益后，不是谋取如何进一步扩大投资规模，进行技术创新，开发新产品，而是安于现状；有的心血来潮，盲目扩张，最终在扩张中打倒自己；有的奢侈腐化，纸醉金迷，一掷千金，体现出暴发户的种种特征；有的专横跋扈，不可一世，把君臣关系和父子关系搬到企业内部；有的自负，认为世界上没有自己做不成的事。更有不少民营企业管理机制不健全，对员工主要靠经济处罚手段进行管理，缺乏关心与爱护，经营者与员工完全是雇用与被雇用的关系，不能充分调动员工的创造力与积极性。另外，市场开拓主要靠关系、靠人情，而不是靠过硬的质量、良好的信誉、健康的机制。这就决定了市场占有的局限性，一旦关系有变，就无所适从。

（四）人力资源开发利用及培训薄弱

人才的重要性使它取代资金、项目，成为民营企业发展中的“瓶颈”问题。目前，民营企业在人力资源开发和使用上存在以下问题：

一是人才引进困难。处于创业阶段的民营企业由于其创业资金有限，加上企业主急于扩张的愿望，往往实行高积累低分配的政策，而到这类民营企业求职的人才不少抱着“捞一把就走”的想法，希望得到较高的薪酬。这种职业理想和实际的差距，使很多人才不愿意到民营企业工作。

二是人才流失严重。首先，落后的家族式管理制度使外来人才得不到重用或无法正常发挥作用。广佛肇经济圈民营企业基本上是企业主一人从小抓到大，企业发展的历史习惯使他们在用人方面常常表现为对外人不放心，过分集

权，大量使用亲戚和朋友。而担任要职的这些人往往素质比较低，他们常常根据自己的喜好来进行指挥，这种管理方式不但使员工无法发挥自己的才干，而且还常受窝囊气。在广佛肇经济圈民营企业中还存在这种现象，企业主往往根据主观愿望来确定员工的经济报酬。而家族内的员工报酬都很高，一些企业主甚至还拖欠、克扣员工工资，使员工心理产生不公平的消极情绪，难免产生怠工、敷衍、不负责任的行为，有的甚至辞职不干。其次，企业政策多变，言行不一，使人缺乏安全感。在民营企业中，员工一方往往表现为弱者，因此在应聘时他们注重的是安全感问题。有的民营企业把劳动合同当儿戏，常单方面宣布与员工事前签订的劳动合同无效，要求员工与其另签对企业有利的劳动合同。如此不守信用，谁还敢相信各种承诺。因此，企业只要稍微不顺，各种人才马上就会“弃船逃生”，根本不会与企业同舟共济。最后，员工的人格没受到应有的尊重。员工与老板虽然在工作上是雇佣关系，但在人格上应该是平等的。一般来说，人受的教育程度越高，对人格是否受到尊重就看得越重。而一些修养差、文化素养不高的老板那种不讲场合、不讲方法、粗话连篇的批评往往让人受不了，导致员工感到人格受到严重伤害，辞职不干。

三是忽视内部人才的开发。在广佛肇经济圈，大部分民营企业一般比较重视从外部引进人才。随着市场竞争的加剧，当一些民营企业主感到企业的中层领导和技术人员的素质较低，在一定程度上制约了企业的发展时，他们首先想到的是从外面招一些管理人才和技术人才，而往往忽视了内部人才的开发。像这样的企业，如果早早动手制定企业发掘和培养内部人才的计划，有系统地进行开发人才的工作，到需要时就不至于出现没有合适的人员可以使用的情况。作为企业的领导，应该有长远的眼光，把培养人才纳入企业发展的整体战略之中。如果只注重外部引进而忽视内部培养，不但不利于企业现有人力资源的合理利用，同时也会挫伤内部员工的积极性，使他们产生一种失落感，结果往往导致人才流失的恶性循环。应该说，企业自己培养的人才最了解企业的情况，对企业也有很深的感情。如果企业有计划地培养这些人才，他们一定会全力以赴地工作，进而推进企业的发展。这种依靠自己力量培养起来的人才，往往对企业也有更高的忠诚度和更强的敬业精神。因此，民营企业应积极学习借鉴先进企业的经验，切实建立起一种有利于人才成长的激励机制，制定并落实各种人才的培养目标与计划，加强培训工作，为现有人才提供发展机会，不断提高他们适应企业发展需要的各种能力，只有这样才能够使他们安心工作。

四是对培训的理解比较狭隘。培训既是企业的责任，也是员工个人发展的机会。广佛肇经济圈很多民营企业领导自认为非常重视培训，对培训的投入也不少，但效果却不好。原因是这些企业只是狭窄地理解培训，不把培训和发展放在一起进行规划和实施，没有培训需求分析，没有制定一套科学的管理体系。甚至有的企业把培训看成是员工福利的一部分，大家轮流进课堂，培训后没有任何评价培训的做法，起不到培养人才、使人才为企业做贡献的目的。另外，光有培训是不够的，培训后还要给员工提供发展的机会。企业要建立合理的用人制度和内部竞争机制，消除压制人才的现象。

美国花旗银行以拥有庞大固定资产和众多跨国公司而闻名于世。其源源不断的发展动力来源于他们的“人才库计划”，就是追踪调查全球各地的一万多名员工，看他们需要提高哪些技能，公司的哪些职位更适合他们的发展。然后把调查的情况汇总，分门别类，筛选比较，本着奖优罚劣的原则，把那些该提升的尽快提升，该进修的立即进修，该奖励的重重奖励，该解雇的马上解雇。花旗银行还有一个结构稳定、环环相扣的“人才链”：重视人才—发现人才—重用人才—再培养人才—高层次任用—重视人才。花旗银行的“人才库计划”对于广佛肇经济圈民营企业做好当前的人才开发、培养、使用有很大的启示。21 世纪是知识经济时代，为了迎接知识经济的挑战，广佛肇经济圈民营企业应该放远眼光，敞开胸怀，兼收并借鉴各国的先进经验，使人才培养上一个新的台阶。

五是对人才的有效激励机制不够重视。有些民营企业主认为，只要有财力，不愁吸引不到人才，不愁留不住人才。但事实上却有很多企业做了很大的努力，即使承诺给很高的待遇，仍挖不到人才。我们知道，员工对职业追求的因素有两大类：一类是经济因素，如经济报酬、就业保障等；另一类则是精神因素，希望受到上司的重用和赏识，受到他人的认可和尊重，有融洽的人际关系氛围，希望从事自身喜欢的工作，发挥自身的特长，展示自己的才华，希望得到继续学习深造的机会，有较大的就业和发展机会等。其实不同文化程度的员工都同样存在程度不同、强度不同的激励需要。目前，民营企业并不全面了解人才就业的动机与需求，尚未深刻认识激励因素的多样性，只采用简单的经济报酬的手段，很少甚至不考虑满足员工的精神需要，使员工缺乏成就感。由此可见，物质激励和精神激励应该是民营企业常用的激励手段。二者有机结合，互不可分，即精神激励需要借助一定的物质载体，而物质激励则必须包含

一定的思想内容，过于偏重任何一方而忽视另外一方都不能达到有效激励的目的。

六是工资水平偏低，工作、生活环境较差，不能满足人的多元化需要。人才的价值往往体现在其价格上，一些企业往往想用三流的价格使用一流的人才，这显然是无法留住人才的。另外，当人的生活比较贫困时，主要考虑的问题是直接报酬的多少，而随着物质生活的改善，对非直接报酬的欲望与要求才显现出来。企业若不能根据社会进步和员工各种需要的变化不断进行工作环境改进，往往会留不住人才。

三、当前我国广佛肇经济圈民营企业人力资源管理状况原因分析

（一）低水平的管理模式

广佛肇经济圈民营企业大多尚处于创业和发展的初级阶段，管理水平普遍不高。具体表现在：①决策缺乏民主，老板一人说了算，对引进的人才不放心、不撒手。②决策缺乏系统性和科学性，随意性大，不遵守企业制度的第一人往往是老板本人。③没有健全的职能部门，或者部门健全但发挥不了作用。④家族控制色彩过于浓厚。这种管理模式使外来人才常常感到难以行使职权，无法发挥作用，所以无论薪酬高低，都难以留住人才。

（二）落后的人才观念

广佛肇经济圈许多民营企业老板的人才观念不能激发外来人才工作的积极性和创造热情，主要表现为把人才看做是企业的成本，对人才的忠诚度提出不合理的要求，认为只要给钱就要全心全意、兢兢业业地干活；有些实力较为雄厚的民营企业把高薪当作留住人才的唯一激励手段，而不知钱在绝大多数人才眼中并非唯一重要的东西。

（三）缺乏沟通与交流

不少民营企业的老板自己兢兢业业，一心想着公司能迅速发展起来，而忽视与员工尤其是外来员工的心灵沟通与情感交流。在那些拥有多家公司的民营企业集团，大多数员工对老板敬而远之，许多事情不到非常严重的地步就不上

报，一上报往往就已经出现了难以解决的大问题。

（四）忽视组织学习和人才自身事业的发展

人才之所以成为人才，不仅是因为他们在参加工作之前学习时间比较长，拥有的知识比较多，还因为他们在参加工作之后比一般的员工更重视知识的更新和补充，更重视自身事业的发展。人才比一般人更清楚，知识经济时代的民营企业是否有良好的发展前途，关键就在于是否具有较强的学习能力。所以，各类人才是否愿意长期在某一个民营企业工作，一个极为重要的条件就是这个民营企业是否是一个“学习型企业”，是否有着良好的学习氛围，是否具有较强的学习能力。近些年，国际上最为成功的公司都极为重视员工个人事业的发展，把员工个人事业的成功看做是企业成功的前提和基础，管理人员的职责就是帮助每一个员工获得成功。相比之下，我国广佛肇经济圈多数民营企业忽视企业学习氛围和学习设施的建设，把人才的学习和提高看作是自己个人的事。说到底，就是希望人才多贡献、少获得。

（五）薪酬制度有缺陷

客观地说，在我国现阶段，各类人才受聘于民营企业的一个极为重要的目的就是获取较高的报酬。然而，我国广佛肇经济圈民营企业目前的薪酬制度大多有这样或那样的缺陷：从数量上看，不少民营企业提供的薪酬缺乏竞争性，尤其是处于创业阶段的民营企业，为了实现企业的快速发展，往往不能提供与企业业绩相匹配的薪酬，导致员工尤其是外来人才不满；从结构上看，企业中各类人才的薪酬不平衡，使部分人才产生不受重视、不公平的感觉；从决定机制上看，绝大多数都是老板一人说了算，且随意性大，缺少客观的、全面反映每个员工贡献的评估标准；决定机制不透明，采用给红包的秘密形式，这不仅有时会引起员工的猜测与心理不平衡，更为重要的是淡化了薪酬与工作的主动性和创造性之间的关系，导致员工产生偷懒与博弈行为，当然也就不可能自觉承担责任，拼命释放潜能以提高工作效率。

（六）老板的人格缺陷

综观世界优秀的企业，其主要领导人大多具有完美的人格，在事业、生活方式、人际关系、关心下属等方面都是人中典范。这种典范是聚集人才的关

键。在我国广佛肇经济圈民营企业老板中，完美的人较为少见。有的小富即安，没有远大理想；有的不学无术，盲目决策；有的任人唯亲，信不过外来人才；有的高高在上，不体贴关心下属；有的生活作风不严谨，铺张浪费，淡漠亲情；有的傲慢自大，听不进逆耳忠言；有的蛮横霸道，不讲情理等。那些具有较高学识的人才在进入民营企业后如遇上具有上述人格缺陷的老板，他就很难产生物质报酬以外的成就感，所以，跳槽是迟早要发生的事。

第三节　广佛肇经济圈民营企业人力资源管理的目标和内容

一、广佛肇经济圈民营企业人力资源管理的目标

现代企业组织人力资源管理的目标是什么？关于这个问题，国内外的管理学者已有过不少论述，归纳起来，主要有下列一些观点：

第一种认为人力资源管理的目标是"使人们都能尽其最大的努力，获其最大的利益，当然也使每一个人都得到最大程度的满足"。

第二种认为人力资源管理的目标在于建立良好的劳资关系，借以提高员工士气和工作效率。

第三种认为人力资源管理的目标是要使组织的生产力达到最大化，要使组织在面临内外压力时能够维持生存和继续经营。

第四种认为人力资源管理的目标是调动员工的积极性，使员工为组织目标的实现而做出自己的贡献。

因此，就广佛肇经济圈民营企业而言，其人力资源管理的基本目标有以下三方面：

（一）企业生产经营方面的目标

任何一个广佛肇经济圈民营企业，它的生产经营目标都是要使企业以最低的成本，获得最大的经济效益或利润，以使自己的企业能在竞争日趋激烈的市

场经济中求得生存与发展。广佛肇经济圈民营企业的生产经营和利润是密切相关的，它所生产、提供的产品或服务必须能给组织带来利润，否则，企业就无法生存与发展。长期以来，这一目标一直被视为企业组织追求的重要目标。广佛肇经济圈民营企业人力资源管理一个最基本的目标就是要紧紧扣住组织的生产经营目标投入最合理的人力资源，并使其发挥出最大的生产能量，以促进企业生产经营目标的实现。为达此目标，企业的经营者及其人力资源管理部门就必须制定周密的人力资源计划，及时地招聘企业所需的人才，对人才进行合理的配置和使用，并根据企业本身的需要和员工的需求，有计划地对员工进行培训教育和工作绩效的评估，以提高员工的工作效率，提高整个企业的生产力。

为提高企业的生产力，企业主还应对企业内的所有人员给予极大的关心，重视人格尊严，使员工获得心理上的最大满足，形成良好而和谐的组织气氛。经营者还必须重视为员工创造良好的工作环境和优厚的福利待遇，并担负起自己应尽的社会责任。只有这样，企业才能维持生存和发展。

（二）家族血缘关系与能力的协调

在广佛肇经济圈民营企业中，劳资之间或企业主与员工之间产生摩擦甚至对立的最主要原因之一，是企业内涉及人员间的薪金报酬晋升和去留等人力资源政策问题。就目前广佛肇经济圈民营企业而言，这方面的人力资源政策受家族血缘关系和能力的影响很大。

广佛肇经济圈民营企业对员工的作用、薪金的确定、加薪和提升等都只是依据远近亲疏、业主的喜好、学历等因素而定，而不考虑个人的能力和工作表现等情况。因此，无法激发员工的积极性，造成员工士气低落，企业的生产力低下。家族制已成为现代企业发展的最大障碍之一。

能力主义即依据员工个人的能力和其工作表现成绩，不管其资历地位如何，来决定对人员的任用、加薪和提升。它能激发员工努力向上，发挥最大的潜力，提高工作效率，实现组织目标。但是，能力主义也会造成个人主义滋生和泛滥，引起同事间的不和，甚至会产生不服从领导的行为，组织成员无安全感，造成组织气氛不和谐。所以，组织应制定出相应的合理而科学的人力资源政策。从国内外人力资源管理的实践及学者的研究来看，多数人认为在这方面应采用居中的策略为好，主要措施如下：①严禁血缘歧视，主张平等，视其能力表现而定。②实行严格的工作表现实绩评估，重视现实表现成果。③对各层级、各职位的员工进行有计划的培训教育。④导入竞争机制，激励团结协作精神。

（三）员工工作生活质量的提高

“员工工作生活质量”一词最早出现于20世纪20年代后期，它的意义在于，概括了员工本身与其工作中的心理环境和物质环境之间的关系。

简单地说，员工工作生活质量包含两个方面的内容：一方面是指员工工作的物质环境，即工作的物质环境条件中的工作安全性、工作环境的舒适性及工资福利等；另一方面是心理环境，即企业中相互信任程度、信息沟通及员工对组织工作，特别对涉及自己工作方面的决策等方面的参与程度。

广佛肇经济圈民营企业人力资源管理的一个重要目标就是要不断地提高员工的工作质量、生活质量。

1. 应建立公平合理的报酬制度

建立工资制度必须确立其公平性与企业组织和员工互惠的原则，公平合理就应做到同工同酬。这样就必须对工作表现绩效进行科学的评价，使员工享受其该得到的工资、奖金。企业组织与员工互惠的原则是强调既要重视提高员工的工资待遇，使其能维持并不断地随环境的变化而提高其生活水准，以确立其经济地位，又要考虑到企业组织本身的支付能力与环境因素。

2. 改善工作条件

切忌使员工在有害身心健康的工作环境中工作。这就要：①安全的工作环境；②合理的工作时间；③合理的休假制度；④严禁使用童工；⑤保护女性员工等方面的人力资源管理的政策和措施。

3. 重视福利

总的来说，广佛肇经济圈民营企业已经认识到员工的福利与生产效率之间的密切关系。为此，如何办好员工的福利已成为企业人事管理面临的一个重要问题。一般而言，企业的福利措施包括：①经济性福利，如医疗保险、分红医疗保健服务、宿舍提供、食堂服务及提供交通工具或费用等；②娱乐性福利，如提供文化图书资料，举办各种文娱体育和社交活动等。

4. 员工能力的开发

一个人的成长过程包括两个方面，一是有形的成长，即生理方面的成长；二是无形的成长，即心理与知识技能的成长。后者的成长虽然有赖于前者的配合，但它基本上必须有赖于学习、培训、经验和教育等过程才能有效地完成。

为此，广佛肇经济圈民营企业应积极地开发其人力资源，应随着企业本身能力的增强和环境的变化而加大人力资源开发的投资，应重视并切实抓好人力资源开发计划和有关政策与措施的落实，使员工不断地成长，以使其为企业做出更大的贡献。

5. 员工参与管理方面

员工工作、生活质量的一个重要方面，是指让企业中的员工通过与企业目标相适应的公开的交流渠道，参与企业有关的决策，有权影响决策、改善自己的工作，进而导致员工有更多的参与感、更高的工作满意感和更少的精神压力。它对提高员工主人翁意识、自我控制能力、加强员工的自尊心和责任感、提高企业的工作效率和经营效益都具有重大的意义。为此，广佛肇经济圈民营企业人力资源管理就应该：①了解员工的真正需要并力争满足员工的合理需求；②制定计划时应考虑员工的立场，多听取员工的意见；③改善与员工交往的渠道，建立合理的正式沟通渠道，重视非正式沟通渠道；④实行民主管理，让员工有更多的权利参与企业重大问题，特别是有关员工切身利益问题的决策，倾听员工意见；⑤科学而合理地进行群体设计，建立基层的创造发明、技术革新、质量检控等小组，以提高员工参与程度，发挥员工的积极主动性。

二、广佛肇经济圈民营企业人力资源开发与管理的内容

广佛肇经济圈民营企业人力资源综合发展的目标具有多元性。尤其是人力资源开发，它是培育员工的知识、技能、经营管理水平和价值，也是企业获得整体协调性的发展的关键所在。

一是从经济的角度看，广佛肇经济圈民营企业人力资源发展是企业经济发展必须积累的人力投资，其目的是提高人的素质，发展企业，从而提高企业全体员工的生活水平。

二是从社会的角度看，广佛肇经济圈民营企业人力资源开发是使员工和业主生活更加丰富的途径，它有利于创造促进社会和经济进步的社会结构、价值体系和工作动机，进而创造发展机会均等的环境。

三是从文化的角度看，广佛肇经济圈民营企业人力资源开发可以提高广佛肇经济圈人员的涵养和文化鉴赏能力，陶冶广佛肇经济圈人员的情趣，丰富其感情世界，增进广佛肇经济圈人的心理成熟度等。

四是从企业自身发展的角度看，人力资源开发可以提高企业的经济效益，达到利润最大化的目的。

广佛肇经济圈民营企业人力资源开发目标的多元性，决定了广佛肇经济圈民营企业人力资源开发与管理的内容的广泛性。根据广佛肇经济圈民营企业的特点，人力资源开发与管理的重点应当放在发现、重用人才、普及教育、改变传统人力资源管理理念，进行多种方式的投资以形成高存量的人力资本，发展科学技术，提高劳动生产率，合理配置人力资源，有效使用和保护好人力资源等。其主要内容包括：

（一）人力资源开发

人力资源开发的基本内容是提高人的素质，使人具备有效的、参与经济运行所必备的体力、智能、技能及正确的行为模式、价值体系和劳动态度等。广佛肇经济圈民营企业人力资源开发的内涵相当广泛，而作为这种开发借以进行的社会组织体系和制度是多种多样的，其中最主要的是职业教育和培训。

教育有两重效应。一方面，人们受教育后获得了知识，提高了技术能力，从而增加了对工作机会的适应性和工作中发挥专门才能的可能性，这叫做知识效应；另一方面，人们受教育之后，可以提高认识事物、判断是非的能力和水准，并能增强其对工作及社会的责任感，从而促进受教育者参加经济和社会活动的能动性，这叫做非知识效应。

（二）人力资源配置

人力资源的配置过程是使员工被分配到适合自己岗位的动态过程。它随着企业对不同种类的劳动需要、企业的景气状况，以及劳动者对不同岗位的愿望等的变化而变化。由于以上这些原因，劳动者从一种岗位转向另一种岗位，从一家企业转向另一家企业。在这一转移过程中，每一个劳动的供给者和需求者都需要做出下列决策：①是否提供劳动、是选择更多的劳动还是选择更多的闲暇和受教育时间、是否需要进一步增加劳动力数量；②劳动供给多少、劳动需求多少；③从哪里获得合意的劳动供给和找到合意的职种或企业。劳动供求双方对上述问题的选择与决定过程的总和，就是劳动资源在企业的配置过程。

广佛肇经济圈民营企业人力资源配置过程大多是通过劳动力市场这个调节

机制自动完成的。劳动力市场可以看做劳动力供求双方基于双方选择而发生的一系列劳动契约的总和，其深层反映的是一种劳动力需求之间以劳动交换为基础的社会关系。劳动力市场上交易和流通的商品是劳动力，即人的劳动能力，或者说是劳动者在劳动过程中所运用的体力与智力的总和。作为劳动力交换的双方当事人，其行为是理性的，即以寻求最大利益为其行为的基本动机，并以各自收益与成本的平衡点原则决定各自的供给和需求，在收益与成本平衡点相等之处，双方自愿达成劳动供求数量和工资率的劳动契约。

劳动力市场配置人力资源效率的高低，取决于用人单位和劳动者这两个市场主体之间利益交换的竞争程度。

（三）人力资源保护

人生存于自然界中，特别是在与大自然的斗争中，虽然可以利用自然规律和科学技术为人类造福，但是，自然力的破坏也会给人们的生命财产和劳动能力带来各种伤害。尤其是在现代化大机器生产条件下，工业伤害和职业病大量发生，不仅带来巨大的经济损失，而且对劳动者所造成的身心痛苦、精神损失及不良社会影响，是用金钱无法计算和补偿的。自然灾害和意外事故的发生，就整体来说是不可完全避免的，发生的时间、地点和对象往往具有不确定性。广佛肇经济圈民营企业为了留住人才、保护人才、使人才安心工作，解除后顾之忧，应该适当为员工支付一定的社会保障基金。

（四）人力资源的使用

人力资源的使用，就是将人力资源这一生产要素投入社会生产及其他经济活动之中。因而，这是人力资源运行各环节中最为重要的方面。从经济学的角度看，每一生产要素都应当在可能的情况下得到充分的运用，并与其他生产要素之间的属性配比、数量组合、空间分布、时序衔接等方面协调一致。广佛肇经济圈民营企业人力资源的使用，基于其重要性和特殊性，从宏观的角度看，要求从企业实际情况出发，实现人力资源使用的合理结构。从微观的角度看，要求提高人力资源生产率，发挥人力资源个体的能力。因此，广佛肇经济圈民营企业要制定科学的人力资源使用制度和机制，合理使用和利用人力资源，使其发挥最大效用。

第四节　民营企业加强自身人力资源管理的措施

21 世纪初，人类社会继工业文明之后，进入知识经济时代。高新技术迅猛发展，信息技术广泛应用，互联网日益普及，中国经济迅速崛起，全球经济趋向一体化。伴随着新时代的到来，人力资源的开发和利用起到举足轻重的作用，人力资本已超过物质资本和自然资本，成为最主要的生产要素和社会财富，成为经济、财富增长的源泉。对人力资源的争夺，创新人才的培养成为当今各类企业及社会组织时刻关注的重心。但是，当前广佛肇经济圈民营企业在认识上的某些方面仍存有旧观念、旧体制、旧做法，只有厉行改革，实现人力资源管理创新，改变经营观念和人才意识，运用科学的人力资源管理理论，建立合理的制度化和人性化的管理机制，塑造优秀企业文化，培养员工的敬业精神和忠诚感才是企业取胜的法宝。

一、转变观念，真正把人力作为一种资源加以开发与管理

劳动这种资源不同于物的资源，一方面它不能离开活动的机体像物一样被储存起来，而只能以凝固的状态来获得社会承认；另一方面，它是唯一能使价值增值的生产要素，对它的浪费就意味着对价值的放弃。基于人的劳动能力只能不断再生产而不能储存这一点，对劳动力的使用应该充分，而不应有丝毫浪费。综观我国广佛肇经济圈民营企业的实际，特别是广佛肇经济圈乡镇的民营企业，对人力资源管理的认识存在着误区。我们认为改善广佛肇经济圈民营企业人力资源管理现状，首先要在观念上进行转变。当前我国广佛肇经济圈大多数民营企业对人力资源的管理仍停留在传统的人事管理阶段，工作方法未见改进，工作地位未受到重视。典型的现象是在当前我国广佛肇经济圈民营企业的改革中，大多重视产权明晰、生产管理、财务管理或物资管理，而对人的管理仍未提到议事日程上来，这与当前以人力资源为竞争焦点的时代要求不相符。

人力资源管理是对人力资源的取得、开发、保持和利用等方面进行的计划、组织、指挥和控制的活动，其目的是建立一支高素质、高境界和高度团结

的员工队伍，以创造一种自我激励、自我约束和促进优秀人才脱颖而出的机制，为企业的快速成长和高效运作提供保障。人力资源管理的重要性是不言而喻的。企业的任何活动都离不开人，把人力资源管理好了，不仅可以提高企业的生产率，降低成本，提高士气，更重要的是可以培养一支与企业同甘共苦的高素质的坚强队伍。有了这样一支队伍，企业就可以在竞争激烈的市场经济大潮中，克服任何艰难险阻，战胜一切困难，最终到达胜利的彼岸。因此，广佛肇经济圈民营企业的当务之急是要在思想上真正树立以人为本的管理态度，重视和加强人力资源管理。相当一部分广佛肇经济圈民营企业，特别是乡镇的私营企业老板的传统雇佣观念仍然较强，常把外来职工当打工仔看待。在这种观念影响下制定的各种政策措施难以增强人才的向心力和凝聚力，最多也只能是短期效果，不可能产生长期效应。

因此，民营企业在用人方面应转变落后的传统雇佣观念，坚持以人为本，把员工作为企业的一种重要资源来对待。老板要把企业当做一个家，把人才看做这个家的重要成员，要以家长的心态对待他们的各种行为和要求，关心和爱护他们，并为他们的健康成长创造各种条件，让他们充分感受这个家的温暖，使他们的人格得到充分的尊重。其结果一方面可以促使他们努力为企业效力，另一方面可使他们更加关心、热爱企业，并增进对企业的感情。

二、建立和健全人力资源开发与管理机构，并配备和充实合适的管理人才

现代人力资源管理与传统的人事管理最本质的区别在于，它是以一套科学化、系统化和制度化原则为基础，使人力资源管理在企业管理工作中的战略层面或是战术层面都能得到重视，并可确保活动取得预期的效果。

广佛肇经济圈民营企业在人力资源管理上，从组织结构设计到工作分配，从绩效标准的建立到考核制度的实施，从人员提升制度到人员流动政策，从雇员关系到薪酬分配等，都必须运用科学的理论与方法。并且要坚决克服传统人事管理工作中的经验主义和盲目性、随意性、主观性，努力探索出适合自身企业特点的人力资源管理模式。

首先，在对人力资源进行管理的过程中，广佛肇经济圈民营企业应该认识到它不仅是人力资源部门的事情，而且是整个组织的任务，是每个管理者和每

个员工的职责。统一运作，单靠任何一个部门或一个人都不可能胜任这项工作。

为了确保人力资源管理的效果，广佛肇经济圈民营企业必须要建立相应的管理制度，进行统筹规划，转变原来的人事管理工作职能，为做好选人、育人、用人和留人工作提供组织保证。对从事与人事工作有关的人员进行从上到下的系统培训，使相关人员真正明确人力资源开发与管理工作的内容，并掌握相关的工作技能（如考评、测试等）。建立各项工作制度，使人力资源开发与管理工作规范化和制度化。通过一系列的制度建立，使人力资源管理变成企业日常管理工作的一种自觉的活动，以保证人力资源管理在企业中可获得相应的地位。

其次，我们不能忽视创新原则。人力资源管理的对象是受特定环境影响的复杂的人。其根本宗旨不仅在于提高人的工作效率，还在于提高人的工作、生活质量。人力资源管理活动的有效性是建立在对客观环境的分析和对复杂的人的心理特点及其需求的把握上。广佛肇经济圈民营企业的人力资源管理的客观环境，既有来自世界各国企业都面临的共同压力，如不断增强的国际竞争、科技的飞速发展、劳动力的教育水平不断提高、员工对自己的职业生涯工作满意度的关心等，又有自身的特点，如专业技术人才缺乏、结构性失业、改革的冲击等。广佛肇经济圈民营企业员工的心理特点及当前的需求更是具有明显的独特性。因此，要求我们在引进和吸收人力资源管理这个“舶来品”时，切不可简单地模仿别人的做法，而必须在把握管理对象所处的客观环境及其心理特点和需求的基础上，有针对性、创造性地开展活动，促使人力资源管理本土化，以达到管理的预期效果。

三、做好人力资源的培训和开发工作，建立正常的人才成长机制

这是人力资源的核心职能。人力资源开发是生产力发展的客观要求。由于生产力的发展是连续不断的，因而对人力资源的开发也应是连续不断的。广佛肇经济圈民营企业要在高度竞争的市场经济中获胜，一定要有高素质的人才，而员工的培训与开发是提高员工素质不可或缺的一个环节。企业人力资源开发与培训必须适应内外部环境的变化，满足市场竞争的需要，满足员工自身的发展需要。

第一，制定企业人力资源计划，建立科学的人才选择机制。企业经营战略

目标的实现需要相应的人力资源支持，人力资源计划就是指有计划地通过吸引、招聘、选拔或培养发展等方法适时地为企业的发展提供各类人才，以满足企业短期和长期经营发展的需要。无论是家族内部，还是家族外的人才，都应有平等的竞争机会，企业应大胆选择懂管理、善经营的人才担任要职，家族成员不适应管理的应放弃管理位置，家族外的管理人才应有职有权。无论是家族内外的管理人员都应受企业规章制度、国家法律法规的监督和制约，而不是仅依靠大家族的道德规范制约管理人员行为。

第二，做好职务分析，进行科学合理的岗位设置，人尽其才。企业要以最经济的方式使用劳动力，要充分发掘人的潜能，而不能白白浪费掉手中的资源。在劳动人事管理的全过程中，无处不存在经济性问题。首先要确定最经济的工作岗位数，为每个岗位配备最合适的劳动力，为每个岗位制定最科学的劳动定额或工作负荷，并经常检查劳动者实际支出的或劳动是否达到所要求的程度。其次要定期对劳动力素质能力进行评价，为那些能力高于本岗位的人调换合适的岗位或者扩大其工作范围，决定需要培养提高的人选和确定培训的起止程度，同时淘汰那些无法适应岗位要求的人。还要运用各种经济或非经济的手段激励广大职工，并为他们充分发挥各自的潜能创造最适宜的条件。

第三，创造良好的发展机会。①企业要为员工提供个人发展的机会，支持员工在技术和能力方面寻求发展，提供各种类型的培训并鼓励员工积极参与，让他们有东西可学，能够学到东西。②企业要知人善任，给员工创造展示自己的机会。将企业变成赛场，建立和健全科学的人才评价体系，形成“能者上，庸者让，劣者下”的竞争环境，使企业变成各类人才向往的热土、拼搏的战场。③提供具有挑战性的工作和不断提高的机会。令许多民营企业老板困惑的是，给人才的房子够大了，票子够多了，为什么还要走呢？问题的答案只能到房子和票子以外去寻找。我国民营企业的情况虽然和发达国家的企业有很大差异，如报酬激励的重要性和有效性更大一些，但是各类人才同样把具有挑战性的工作看得很重，希望在较少羁绊、效率更高的民营企业施展抱负，并且不断提高自己的专业水平。如果说20世纪80年代全社会物质文明水平低，各类人才到民营企业就职的主要目的就是物质待遇，那么，今天的求职者所追求的就不仅是物质待遇，而是包括社会声望、自我价值、发展机会等多方面的满足感和成就感。各类人才一般都是专业人员，专业人员与非专业人员有着显著不同的特征，专业人员的忠诚感在更大程度上是针对他们的专业而不是雇主，他们

喜欢处理问题并找到解决的办法。他们也看重工作环境的支持性，希望其他人尤其是单位领导认为他们从事的工作非常重要。另外，在现今充满竞争的知识经济社会里，各专业人才一般都有较高的报酬，他们不需要像非专业人才那样忧于生存的考虑，非专业人员通常在工作以外还有其他兴趣，而专业人员更倾向于把工作作为生活兴趣的中心，所以对各类人才最有效的激励就是给他们提供具有挑战性的工作。这就要求民营企业全面了解各类人才的精神和事业追求，了解他们实现自身事业发展所需的物质条件、时间安排及精神激励，不仅提供恰当的工作及良好的支持环境，而且提供培训、专题讨论、参加会议等，了解专业发展动态，获得提高水平的机会，还要注重人才在企业里的声望定位，并通过适当的形式及时将这种声望定位推及社会，这样对企业形象也是一种提升。

第四，提供灵活的工作环境。工作环境的灵活性是未来 10 年企业管理面对的显著特征之一。由于网络的广泛使用，使办公变得更加虚拟，只要有网络接口，只要能够将自己与整个网络连通起来，只要你能获得预期甚至超过预期的业绩和成果，在家里还是在办公室上班，在什么时候上班，这都不成问题。原先结构严谨的工作时间、工作进度变得不怎么重要；尽管人们可能每周仍要工作 40 个小时，假使没有特别的法律将它改变的话，但在工作的时间、地点及任务和进度安排方面的自主选择权更多地落到了员工的手里，而不是被传统的冷冰冰的命令体系控制着。

第五，加强员工教育培训。随着现代企业制度的逐步建立，人力资源培训与开发已成为企业保持强劲发展后劲的巨大动力。企业员工培训和员工职业发展是企业人力资源开发的一个重要内容，把人的能力作为一种主要的资源来开发，千方百计地去发掘。合理运用这一资源，培养人才，对发展生产、提高企业经济效益具有普遍的意义。

在物质资料的生产过程中，随着人们生产经验和劳动技能不断积累、生产工具的逐步改进和社会生产力的不断向前发展，对劳动者的适应性进行培养和训练，使其不断掌握新的科学文化知识和劳动技能就显得非常必要。但是，随着我国市场经济体制的建立和知识经济时代的到来，高素质的员工队伍日益成为企业生存竞争的关键因素，企业人才的流动性也日益增大。对企业而言，关键是要抓好高素质的高级管理人才、专业技术人才、技能人才三支队伍的建设。人力资源开发除了通过培训，使劳动者适应生产力发展的要求外，还有一个发掘人的潜能的主要任务。一个人的能力是多方面的，而在具体的工作岗位上，由于受分工的限制使他的其他才能得不到发挥，这无疑是一种浪费。员工的职业发展就是针对这种情况进行的。因此，要把员工职业发展纳入企业人力资源开发的综合计划之中，使员工个人的才能和追求与企业的发展目标结合起来。通过建立高校、科研机构和企业的联合培训体系，实现产学研一体化，已成为面向21世纪的企业人力资源管理的必然趋势。

第六，要善于利用外部人才。目前，影响广佛肇经济圈民营企业广泛开展人力资源管理工作的因素，除了要在思想上重视以外，另一关键因素就是严重缺乏一支业务素质较高的从业人才队伍。现代企业人力资源管理是一个涉及管理学、经济学、法学、心理学及政策学和社会学多领域知识的综合专业学科，它集理论性、政策性、技术性、实践性于一体，要求具有综合运用上述知识来分析问题、解决问题的能力。目前广佛肇经济圈民营企业中从事人事管理的员工，大多是从其他技术或业务部门转岗而来的，他们没有经过专门的业务训练，所承担的也只是一些事务性的工作，无论是从知识水平、技术能力，还是从实际工作经验来看都难以满足现代人力资源管理的要求。而当前我国高校中的人力资源管理专业教育也才刚刚发展起来，无论是从毕业生的数量还是从其实践能力来看，一时难以满足企业的实际需要。在当前企业内部不具备人力资源管理专家的情况下，企业应主动聘请有关外部专家，以帮助企业尽快建立、规范人力资源管理的方案和措施，并组织实施，这就是所谓的“借用外脑”。实践证明这是一种花钱少、见效快的行之有效的方法。

四、强化长期服务激励机制

美国哈佛大学威廉·詹姆斯博士的一项研究表明，员工在受到充分激励时，其能力发挥为80%~90%，在保住饭碗不被解雇的低水平激励状态下，仅发挥其能力的20%~30%。可见，要激发员工的积极性，要采用必要可行的激励措施。我们这里论述的长期激励机制主要指的是民营企业应制定一系列有利于长期留住人的激励措施，达到既能减少他们的后顾之忧，又能促进他们与企业构成命运共同体，在为企业做出长期服务后能得到他们期望得到的东西。

第一，处理好人才价值与价格的关系，努力使价格起到激励的作用。不可否认，民营企业与业主员工的关系是社会主义制度下的劳资关系，马克思的

“劳动价值论”仍然是社会主义市场经济的一个客观规律。获取利润是业主投资的目标，但是，我们要充分认识到价格与价值相背离就会使人丧失积极性和对企业的向心力，最终会使人才流到别的企业去。对业主而言，只有树立“双赢”的价值观念，才能摒弃不适应时代、不适应经营、不适应发展的落后、陈旧的管理意识，自觉接受先进的管理理论和现代化管理方法，自觉地了解、尊重和满足员工的物质和精神的需要，保障员工的权利和利益。对员工而言，只有自身的权利和利益在企业中得到体现和保障，才能对企业产生忠诚感和向心力，才会从根本上意识到自身的业绩与企业的效益和前途是直接相关的，公司的前途是自身现在和将来获得稳定的经济收入、避免失业威胁的一个保障，才能在心理和行动上与企业同甘共苦、荣辱与共，不遗余力地为企业做出贡献。只有这样，企业才会有凝聚力，才能团结一致抵御经营风波和风险。不然，只能是一有风吹草动便各奔东西了。我们也必须考虑到，只有用一流的价格才能聘到一流的人才，有了一流的人才才能开发和生产出好的产品，有了好的产品才能创造出好的利润，形成高效益，反过来用高效益支撑高工资，形成良性循环。企业应创造一种不怕你多拿钱，只怕你因业绩不行拿不到高额奖金的激励机制，以让各种人才充分体现自我价值。例如，把研发人员的收入与项目创造的利润大小相挂钩，通过严格考核就能起到既激发人才的积极性，又能起到体现人才价值的作用。具体可采用：①建立服务年限休假制；②为人才设立养老保险及其他社保；③实施医疗费适当比例补偿；④设立服务年限奖励金和提供服务年限优惠住宅等。

第二，对经营管理型人才采用长期激励机制——股票期权制。对经营管理型人员实施股票期权制，可以在很大程度上解决企业代理人激励约束相容问题，被普遍认为是一种优化激励机制的制度安排。首先，它可以有效解决经营管理型人才长期激励不足问题，在内在制度安排上将经营管理型人才预期收益与公司发展紧密结合起来，经营管理型人才若想获得期权收益，只能努力改善公司经营管理，使公司资产不断增值，盈利能力不断增强，确保股价稳中有升。其次，股票期权制对经营管理型人才而言具有所有权激励功能。经营管理型人才在拥有公司的股票期权后，成为公司的股东，具有双重身份。通过优化持股机制，扩大经营管理型人才持股比例，协同委托—代理双方的利益关系，使二者的目标函数趋于一致，防止道德风险的发生。最后，股票期权制的推行，可以用较低成本不断吸纳并稳住人才。以股权为纽带，通过附加条款的设计，来融合经营管理型人才与公司之间的关系。若经营管理人员中途离开公司，将不得不付出高昂的机会成本。此外，还可以采用部分奖励金转股权来激励他们长期为企业服务。

第三，不断改善工作环境和生活环境，在给人才物质鼓励的同时，注意精神上的激励。随着社会经济水平的不断提高，人对物质和精神的追求内容也在不断变化。民营企业一定要根据自己的经营状况适时对各种人才进行物质和精神激励，让他们及时地分享企业的经营成果，真正使他们感觉到长期留在企业有光荣感、幸福感、安全感和归属感，从而增加凝聚力和向心力。

主要的解决措施有：一是对周围缺少各种社会服务的企业，可兴办和改善娱乐场所、图书馆（室）、宿舍、食堂及开展各种团队活动。二是营造团队精神，坚决处理各种歧视外地人的行为。三是尽可能地为各种人才解决夫妻分居、子女进厂及给予介绍若干亲戚进厂的权利等。要保持各项政策的连续性和相对的稳定性，不能朝令夕改。四是增加环保、绿化工作和劳动安全防范措施，促进员工的身心健康。

总之，我们可以根据具体情况采用金钱激励、目标激励、尊重激励、参与激励、工作激励、培训和发展机会激励、荣誉和提升激励及负激励等措施。

五、按现代企业制度要求进行组织创新和管理创新

建立全面、完善、可行的管理制度，才能提高管理水平，体现其宗旨和价值观。广佛肇经济圈民营企业应该做到：

第一，摒弃落后的家庭式管理体制，转变用人观念，大胆使用有才干的外来人才。凡事均由企业主说了算的作坊管理方式有可能造成内乱。对滞留在企业的各种近亲进行一次性清理，能继续使用的视同外聘员工对待，安排适合其能力的岗位；对不能或不利于继续留在企业工作的，应痛下决心坚决辞退。

第二，规范和完善企业的各项管理制度，把过去的“人治”变为“法治”，明确规定各岗位的职责和权限，做到权责对等，并规定其直接上司与下属，这样才能为外来人才发挥作用创造良好的管理条件。

第三，依法建立劳动用工制度。依法签订劳动合同，体现劳资双方的权利和义务；要明确劳动职责、劳动时间和基本报酬；要改善劳动条件和劳动保护、住宿及伙食条件；做好员工的社会保障工作。

第四，建立科学的业绩考核体系。建立科学、适当的评估标准，考核方法要保证客观性、可操作性和可检验性。从员工岗位重要性程度、技术含量和技术经验、业绩考核、特殊贡献（如供有价值的建议、信息，参加社会活动提高企业知名度）等多方进行考核评估，防止由企业主或管理者凭个人印象评估员工所可能产生的片面性。在评估考核中，对家族内外的管理干部、对企业资历深浅的干部都应一视同仁，并以德、能、勤、绩作为奖赏和提升员工的依据。目前，民营企业的成本责任集中在企业主身上，这时可参照国内行之有效的邯钢成本核算体系、亚星购销比价监控体系等经验，建立责任中心和成本中心，强化管理，控制成本，提高效益，并作为奖酬的依据，调动员工参与管理的责任心和积极性。

第五，建立员工的对话制度。改善沟通渠道，听取员工的意见，让员工对管理提出问题和建议。要教育管理干部采取民主的管理方法，尊重和满足下属的自尊心，防止妒贤嫉能的现象。必要时，组建员工小组和工会，共同关心企业的前途，维护业主和员工的利益，形成团队精神。

第五节　加强区域政府对广佛肇经济圈民营企业人力资源的管理

我国政府在20世纪80年代中后期就开始在国内推广有关人力资源管理与开发的学术思想和理论著作。在政府的有力推动下，国内人力资源、人才资源的研究日渐深化，全国各省、市、自治区和不少行业部门都制定了人力资源开发规划。但是，现在广佛肇经济圈民营企业人力资源管理仍然面临着亟须进一步深化、落实到底的问题。政府应从以下五个方面，对加快广佛肇经济圈民营企业人力资源管理现代化的步伐进行引导及协调。

一、深化人事体制改革，推广人事代理制度，建立完善的人才机制

健全完备的社会保障体系和人事代理制度是顺应社会主义市场经济而产生的一种新型人事管理制度，其本质是通过有效的代理服务，使被代理的单位或

个人得以拓展行为空间，增强行为能力，提高竞争水平。人才市场机制是指按照市场规律对人才资源进行配置和调节的一种机制，是人才劳动力交换关系和交换场所的总和。完善的人才市场机制是人力资源管理的前提与保证。

广佛肇经济圈由于地区发展不平衡，佛肇地区企业难以留住人才，广佛肇经济圈民营企业更是因为没有国有企业在用人方面的特权而难以吸引人才。现实的选择是广佛肇经济圈民营企业只能走以自主培养人才为主，引人才为辅的路子。针对这种状况，广佛肇经济圈应该给予民营企业中高层管理人员在公务员招聘、领导干部招考等方面与国有企业相同的政策；给予专业技术人员在职称评定、各种奖励评定方面与国有企业相同的政策；给予职工在住房、医疗、失业、养老等社会保障方面与国有企业职工相同的政策；给予户口不在企业所在地的职工子女入托、入学同当地居民子女相同的政策。

政府还应该为这些民营企业的发展提供宽松的环境，如政策允许有能力从事新技术开发的高校教师、科研所专家到民营企业兼职，并以智力、专利、技术入股参与收益分配；把民营企业人才列入各地区人才资源管理与开发规划；给予相应的户口指标和职称评定等。

二、加大教育投入

广佛肇经济圈民营企业中的现有劳动者的整体素质还比较差。职工中近80%为中专以下的文化程度，其中相当大的一部分实际上是半文盲，中高级技术人员严重短缺，高级技术人员比例更小。加大教育投入包括：继续实施贫困地区义务教育工程，加大省对广佛肇经济圈义务教育的支持力度，增加资金投入，努力加快实现九年义务教育。对佛肇高等学校建设予以支持，扩大佛肇的招生规模。加大实施东部地区学校对口支援肇庆贫困地区学校工程及佛肇经济圈大中城市学校对口支援农村贫困地区学校工程的力度。建设广佛肇经济圈远程教育体系。加强对农村基层干部和农民的科学文化知识教育培训。

三、出台优惠政策吸引人才、留住人才

制定有利于广佛肇经济圈民营企业吸引人才、留住人才、鼓励人才创业的政策。建立艰苦边远地区津贴，提高广佛肇经济圈工作人员的收入水平，逐步

使其达到或高于全国平均水平，依托广佛肇经济圈开发的重点任务、重大建设项目及重要研究课题，提供良好的工作和生活条件，吸引国内外专门人才投身于广佛肇经济圈开发。改革户籍管理制度，允许到广佛肇经济圈投资经营和参加开发的其他地区居民保留原籍户口，凡在广佛肇经济圈地级以下城市（含地级市）和小城镇有合法固定住所、稳定职业或生活来源的人员，可根据本人意愿办理城镇常住户口，鼓励农业富余劳动力合理转移和跨地区人口合理流动。扩大广佛肇经济圈之间的干部交流。广东省政府有关部门、高校和科研机构，要加强对广佛肇经济圈提供智力服务和人才支持。加强广佛肇经济圈引进国外智力工作。依托中央有关部门和沿海经济较发达地区，加强对广佛肇经济圈领导干部、少数民族干部的培养和公务员、专业技术人员、企业管理人员的培训。降低海外高层次留学回国人员兴办高新技术企业的注册资金，设立人才开发基金，用于奖励培养人才。改变过去靠行政强制手段阻碍人才流动的方法，更多地靠感情留人、靠事业留人。

四、政策上一视同仁，为民营企业创造平等竞争的市场环境

各级政府应该明确宣布和取消对各种所有制经济成分的差别待遇和对非公有制经济在法律地位和社会身份及价格、税收、金融、市场收入等方面的歧视，着力营造平等的市场环境，实现人人平等，对所有的经济成分实行国民待遇，使各种所有制经济成分都能在国家统一的法律框架下各显其能。

五、强化服务意识，为民营经济的发展营造良好的社会环境

政府各级部门作为党联系民营经济的桥梁，要强化其沟通、协调、服务、监督等职能，在产业指导、经营者培训、企业诊断等方面充分发挥对民营企业的服务功能，积极引导民营企业参与改革，推进民营经济快速发展。

健全的信息渠道是决策科学化最主要的基础。由于主客观两方面条件所限，民营企业缺乏及时获取各种信息的渠道，致使民营企业在千变万化的市场竞争中处于不利的被动局面。企业发展离不开国家的经济政策与宏观调控，科学决策必须通过发达的信息渠道，及时、准确地掌握国家经济政策的动态。但是民营企业的信息来源一部分要靠买方提供，另一部分仅是广播电视报纸杂

志、同行熟人等，尤其是各种法律规定和政策法规，民营企业因为无主管部门，所以也没有正常的渠道获取必要的政策信息。国家和各级政府应该尽快建立快捷的经济政策和信息发布渠道，这将有助于民营企业经营者的正确决策，对促进民营企业经营者市场经营能力的提高大有益处。

参考文献

［1］陈一栋．几个知名民营企业兴衰的启示［J］．玉林师范高等专科学校学报，2000（2）：18-21.

［2］关迎霞．经济转型期民营企业面临的困境及思考［J］．河南财政税务高等专科学校学报，2000（5）：22-24.

［3］赵奉军．困扰我国民营企业的几个问题［J］．经济研究，1999（5）：55-59.

［4］史立成．论当前民营经济发展中的若干问题［J］．北京市农业管理干部学院学报，2000（1）：27-29.

［5］韩经纶，钟耕深．知识经济时代民营企业的“人才陷阱”与出路［J］．经济问题，2000（6）：22-30.

［6］贺黎明．知识经济对民营企业人力资源管理的挑战［J］．湖南大学学报（社会科学版），1999（6）：35-36.

［7］马力．我国企业人力资源管理的现状及对策研究［J］．经济师，2000（12）：16-18.

［8］雷金溪．民营企业如何留住人才［J］．福建行政学院福建经济管理干部学院学报，2000（2）：25-27.

［9］段洪，章荣清．论现代企业人力资源管理［J］．云南财贸学院学报，2000（12）：35-36.

［10］张晓路，戚昌文．知识经济时代人力资源管理的发展趋势及其启示［J］．江汉石油学院学报，2000（12）：32-34.

［11］简玉兰．走出人力资源管理的误区［J］．渝州大学学报（社会科学版），2000（3）：40-42.

［12］李芸，王道勆，王佩．面向新经济的人力资源管理现代化［J］．南京邮电学院学报（社会科学版），2000（12）：36-39.

［13］张德．人力资源开发与管理［M］．北京：清华大学出版社，1996.

［14］吴国存，谢晋宇．公司人力资源开发与管理［M］．天津：南开大学出版社，1995.

［15］张一弛．人力资源管理教程［M］．北京：北京大学出版社，1999.

［16］麦克纳，比奇．人力资源管理［M］．北京：中信出版社，1998.

第七章　广佛肇经济圈民营企业的企业文化建设创新

第一节　企业文化理论与实践

企业文化作为一种文化现象和经济现象引起人们的关注，有一段带有传奇色彩的历史。企业文化一旦被人们发现和揭示，就以浩荡的声势席卷世界经济文化，形成一股强劲的潮流，推动着企业的发展和变革，推动着经济的发展和文化的繁荣。20 多年来，这势头毫无衰减，不断向新的深度和广度挺进。

一、企业文化概述

（一）企业文化的起源

企业文化理论是现代管理理论发展的一个新里程，是管理的一次革命。它于 20 世纪 80 年代初被提出。美国加利福尼亚大学管理学教授威廉·大内第一次在《Z 理论——美国企业如何迎接日本的挑战》一书中提出了“企业文化”。此后，企业文化理论的研究探索工作在全世界展开。

企业文化理论的形成必须从日本经济的崛起和美国的反思谈起。第二次世界大战后，美国企业在行为科学理论和管理科学理论的指导下，取得了令人瞩目的发展，成为名副其实的世界头号经济强国。但是，在 20 世纪 70 年代初期石油危机的冲击下，美国企业持续增长了 20 多年的劳动生产率于 1973 年骤然停止了增长，而东方小国日本的经济却得到长足的发展，速度十分惊人。近年来，日本在很多方面都超过了美国，对其经济活动形成了强大的威胁，这引起了美国各界人士的普遍关注。为什么石油等原料全部靠进口的日本能在全球性的经济危机中安然无恙，并且经济保持着迅速增长的势头？80 年代初，许多美国专家到日本企业考察，探寻日本企业成功的秘密。原来在日本的企业管理中，不是单纯地就管理理论管理，而是从企业经营哲学的高度来研究企业管理，将企业视为一个文化实体来实施管理。这些专家学者把日本的成功经验与美国的管理现状做了深刻的比较，并进行了系统的概括和总结，从而揭开了管理理论发展史上新的一页。

1981~1982 年，美国管理学界连续推出了四部主要著作：《Z 理论——美国企业如何迎接日本的挑战》《战略家的头脑——日本企业的经营艺术》《企业文化》和《寻求优势——美国最成功公司的经验》，标志着企业文化理论的诞生。

（二）企业文化概念

作为一种先进的管理理论，我们应当从理性的高度加以研究，找出企业文化的一般规律，使这一理论科学地、自觉地指导管理实践，这是我们研究的最终目的。企业文化既言之为“文化”，与人们所称的“文化”必然有所联系，但是，什么是“文化”呢？或者说，作为子系统的“企业文化”归属的系统究竟应该来做什么样的界定呢？

“文化”一词在我国的出现最早可以追溯到西汉时期。《易经》的《彖传》中有“观乎天文，以察时变；观乎人文，以化成天下”。这里所谓的“人文化成”，按唐代孔颖达《周易·正义》的解释有两个内容：一是指典籍，如《诗》《书》《礼》等；二是指人们的礼仪风俗。西汉刘向的《说苑·指武》中有“圣人之治天下也，先文德而后武力。凡武之兴，为不服也，文化不致，然后加诛”。这里的“文化”是指与“武力”相对的教化。文化就是文治教化、礼乐典章制度，这种理解在我国一直保留到近代。

我们今天常用的“文化”一词，是从拉丁文 Culture 演化来的，含有耕种、居住、练习、留心或注意、敬神等意思。19 世纪中叶，一些新的人文学科如人类学、社会学、民族学等在西方兴起，文化的概念也随之发生变化，开始具有现代意义，成为新兴学科的重要术语。最先作为专门术语来使用的是英

国的“人类学之父”泰勒，他在《原始文化》一书中，把“文化”一词解释为：“文化是一个复杂的总体。包括知识、信仰、艺术、道德、法律、风俗，以及人类在社会里所得一切的能力与习惯。”现代文化人类学功能学派大师、英国著名学者马林诺夫斯基在《文化论》中说：“文化是指那一群传统的物品、货品、技术、思想、习惯及价值而言的。”

《辞海》为文化所做的定义是：“从广义上来讲，指人类社会历史实践过程中所创造的物质财富与精神财富的总和；从狭义上来讲，指社会的意识形态，以及与之相适应的制度和组织机构。”

从哲学意义上来理解的文化，在本质上就是主体通过对象造成的物质和精神的劳动成果。这些活动成果凝结着人类社会的集体智慧和力量，并且许多成果都不因直接消费活动而消失，它们通过世代的遗传积累，成为人类物质精神文化。文化一旦形成，又反过来陶冶人，使人们获得新的素质、特征和能力。我们所要研究的企业文化是一种特殊形式的组织文化，具有作为亚文化的组织文化的一般属性和特征，也具有文化的整合和控制功能，还具有它的特殊性质和作用。

企业文化理论的出现，是现代西方管理思想、管理理论发展的产物。企业文化也是在西方管理实践的基础上形成的，是企业管理科学思想的一个里程碑。

西方企业管理理论和实践开始于18世纪60年代的英国，至今已有200多年的历史。在20世纪前的100年，大多数企业采取的都是经验管理法，或者称“因袭管理法”的管理模式，就是根据企业家个人的经验来管理企业，企业内部的管理体制就是因袭传统的管理方式。

到21世纪初，真正意义上的现代管理理论才开始形成。一般而言，现代管理科学的发展可以分成四个阶段：①19世纪末到20世纪初是科学管理理论或称古典管理理论。②20世纪40~50年代是行为科学理论。③20世纪50年代后期是新兴管理科学理论。④20世纪80年代初兴起企业文化理论。

企业文化理论汲取了行为科学、公共关系学、决策科学、管理学、哲学、社会学、心理学、伦理学、经济学等多门学科的精华，在理性与科学的基础上强调人的精神、道德和心理作用，把企业看作是由某种精神力量凝聚起来的整体。

自企业文化理论诞生之日起，专家学者就致力于企业文化概念的讨论和界定。

威廉·大内认为："传统和气氛构成了一个公司的文化。同时，文化意味着一家公司的价值观，诸如进取、守成或是灵活——这些价值观构成了公司员工活动、意见和行为规范。管理人员身体力行，把这些规范灌输给员工并代代相传。"

沃特曼和彼得斯在《成功之路》中把企业文化概括为："汲取传统文化精华，结合当代先进的管理思想与策略，为企业员工构建一套明确的价值观念和行为规范，创设一个优良的环境气氛，以帮助整体地、静悄悄地进行经营管理活动。"

迪尔和肯尼迪认为企业文化由五个方面的要素组成：企业环境、价值观、英雄人物、礼节和仪式、文化网络。

总的来说，西方学者们比较统一的看法是：企业文化的主要内涵是价值观，一个企业组织内部所形成的独特的文化观念、价值观念、信念、历史传统、价值准则、行为规范等，并且，依赖于这些文化，企业内部各种力量统一于共同的指导思想和经营哲学之下。

20 世纪 80 年代以后，"企业文化"作为一种管理理论传入我国，并逐渐成为经济管理学界的热门话题，先后提出了一些有价值的见解和看法。

层次论的专家认为，企业文化是企业在生产经营实践中创造出来的，具有本企业自身特征的物质财富和精神财富的总和，是由企业物质文化、制度文化和观念文化三个由浅入深、由表及里的层次所构成的。

假设论的专家认为，企业文化是企业在长期的生产经营过程中形成的、由企业家精心培育和提炼出来的一系列基本价值假设，用以指导企业今后的经营方向的经营理念，它们构成了独具特色的企业经营哲学。这些价值假设集中表现了企业家的价值取向。

企业管理模式论的学者认为，企业文化是由一整套系统的理论原则与方法组成的一个较完整的理论体系，是由企业价值观、典范人物、企业的各种典礼仪式及文化网络的诸多要素组成的。

著名经济学家于光远提出了"五层次论"：①在企业领导人与一般职工中树立起一种适合于本企业利益的价值观，并且采取一系列的办法来激励企业全体成员的积极性，使他们热爱本企业，为企业的繁荣与成功奋斗，从而提高管理水平，以达到取得良好效益的目的。②提高企业家的经营文化和管理文化水

平。③提高企业一般职工的文化水平、文化素质，丰富职工的文化生活。④对社会文化事业的发展做出贡献。⑤企业领导人认真研究问题，提高自己参与宏观决策的意识。

总的来说，企业文化作为一种亚文化，是从属于组织文化的一个子概念，它是企业在实现企业目标的过程中形成和建立起来的，由企业内部全体成员共同认可和遵守的价值观念、道德标准、企业哲学、行为规范、经营理念、管理方式、规章制度等的总和，以人的全面发展为最终目标，其核心是企业精神和企业价值观。

（三）企业文化的结构

研究企业文化的结构是把企业文化作为一种独特的文化现象来探讨，可以从物质层、行为层、制度层和精神层来进行深入的剖析。

1. 企业文化的物质层

即企业物质文化，是由企业职工创造的产品和各种物质设施等构成的器物文化，是一种以物质形态为主要研究对象的表层企业文化。首先，企业生产的产品和提供的服务是企业生产经营的成果，它是企业物质文化的首要内容。其次，企业创造的生产环境、企业建筑、企业广告、产品包装与设计等，他们都是企业物质文化的主要内容。具体包括：现代意义的产品、企业环境和企业容貌、企业生产环境、技术、设备现代化与文明程度。

2. 企业文化的行为层

即企业行为文化，指企业员工在生产经营、学习娱乐中产生的活动文化。它包括企业经营、教育宣传、交际关系活动、文娱体育活动中产生的文化现象。它是企业经营作风、精神面貌、人际关系的动态体现，是企业精神、企业价值观的折射。从人员结构上划分，企业行为中又包括企业家的行为、企业模范人物的行为、企业员工的行为等。企业的经营决策方式和决策行为主要来自企业家，企业家是企业经营的主角。企业模范人物是企业的中坚力量，他们的行为在整个企业行为中占有重要作用。企业员工是企业的主体，企业员工的群体行为决定企业整体的精抻面貌和企业文明程度。

3. 企业文化的制度层

即企业制度文化，既是人的意识与观念形态的反映，又是由一定物质的形式所构成，是塑造精神文化的主要机制和载体。主要包括企业领导体制、企业组织机构和企业管理制度三个方面。企业领导体制的产生、发展、变化，是企业生产发展的必然结果，也是文化进步的产物。企业组织机构是企业文化的载体，包括正式组织机构和非正式组织机构。企业管理制度是企业在进行生产经营管理时所制定的、起规范保证作用的各项规定或条例。

企业的制度文化也是企业行为文化得以贯彻的保证，同企业职工生产、学习、娱乐、生活等方面直接发生联系的行为文化建设得如何、企业经营作风是否有活力与制度文化建设有很大关系。

4. 企业文化的精神层

即企业精神文化，是一种更深层次的文化现象，在整个企业文化系统中处于核心地位。它是在企业生产经营过程中，受一定的社会文化背景、意识形态影响而长期形成的一种精神成果和文化观念，包括企业精神、企业经营哲学、企业道德、企业价值观念、企业风貌等内容，是企业意识形态的总和。企业物质文化、行为文化的升华，是企业的上层建筑。

企业精神是现代意识与企业个性相结合的一种群体意识。是企业现实状况的客观反映，是全体员工共同拥有、普遍掌握的理念，是稳定性与动态性的统一，具有独创性和创新性。具有时代企业经营哲学是指企业在经营管理过程中提升的世界观和方法论，是企业在处理人与人、人与物关系上形成的意识形态和文化形象。企业价值观是指企业在追求经营成功过程中所推崇的基本信念和奉行的目标。

（四）企业文化与企业精神

企业精神是企业文化的内核，不同的企业精神就会有不同特征的企业文化。企业文化是当代企业领导者的强有力的工具，凭借企业文化，他们精心拟订企业经营管理战略，并使之变为具体绩效。而企业精神的体现，是通过企业的管理哲学、企业的伦理道德等方面实现的。同时，在市场经济中，企业精神又通过一系列的商业行为具体实施。

1. 企业的管理哲学

企业精神，概言之，是企业倡导，员工认同，并为社会公众所能理解和接受的一种群体意识，是能够长期推动企业发展壮大的一种精神力量。它是企业管理哲学、商业伦理和综合形象的概括和提炼。企业的管理哲学也就是企业的经营理念，它渗透于企业生产、经营的各个方面。战略管理是规范和凸显企业

精神的最基本的要素。从本质上讲，战略管理是影响企业的应变能力和盈利能力的重要因素。企业必须通过自身的战略调整和强化内部管理来适应环境变化和市场的要求。

目前，世界范围内的企业管理哲学向着品牌战略的方向演进。名牌意识成为企业刻意追求的目标。名牌产品对消费者有着极大的诱惑力，而且名牌本身就是一笔巨大的无形资产，如可口可乐公司，即使有一天其全部财产化为乌有，但仅凭这个牌子，就可以卖出434. 14亿美元。

2. 企业的伦理道德

企业的伦理道德就是在企业内形成一套管理者倡导的、全体员工认同的、始终如一遵循的处理企业与消费者、供应者、竞争者、政府、社区、公众、员工等关系的行为准则。它包含观念、规范、行为三个层次，规范是观念的文字表现，行为是受观念支配和规范约束的。企业伦理道德的建构是重要的，它是一种调节机制，调整着三个方面的关系：一是企业与企业之间的关系；二是企业与员工的关系；三是企业内个体之间的关系。

二、企业文化的终极目标——企业人

（一）思维的误区

在我国有这样一个古老的故事：一家主人将柴放在房屋的烟囱旁边，他的邻居告诉他，这样会发生火灾，建议他挪开。主人没有接受这个建议。不久，火灾发生了。村民们都赶来救火，扑灭了大火。主人设宴款待救火的村民。坐在上席的是救火最勇敢受伤最重的村民，而当初向他提出避免火灾发生建议的邻居，却被他安排在最偏僻的角落。

我们无法揣摩我们睿智的祖先在讲述这个故事时的心情。人们习惯于以客观存在的结果来断定事物的价值，不愿意用自己的判断来确定一项建议价值的大小。

我们在判断一件事物和实际进行取舍时，也存在着一种偏差，人们更容易接受合乎自己心理状况的东西，而不管这东西是什么。下面让我们来做一个选择。

假若有两种员工：一种员工虽不善于罗列公司信条，却能按照信条工作和生活；另一种员工把各种信条背得滚瓜烂熟，却全然不知如何把这些信条与自己的工作和生活联系起来。那么，你喜欢哪一种？

相信大多数人会毫不迟疑地选择前一种。但是生活中的现实情况恰恰相反，经济社会环境迫使许多人往往选择了后一种。人们可以在短时间内，判断后一种员工对公司价值观的理解，因为他们是以语言来表达，而前一种员工却需要我们进行长时间的观察才能得出答案。人们的思维更容易取易舍难。

中国工人曾被西方发达资本主义国家的企业家们认为是世界上最好的工人：他们在自己的工作岗位上默默奉献，遵守劳动纪律和工作时间，对自己的工作表现出西方工人所没有的极大热情。日本企业家来到中国，从中国企业管理经验中带回去两种东西：思想政治工作法和意见箱。

思想政治工作法在日本演变成一种对员工进行精神激励的制度，而意见箱挂在了日本大大小小企业的醒目位置。

当我们向日本企业学习先进的企业管理经验时，这两样东西又回到了中国。或许我们将不再以简单的眼光看待它们回“娘家”，而是看成一种文化的回归。

在民营企业最初的创业时期，将物质刺激作为提高生产率的法宝，也曾产生过很大的效果。但是，随着民营企业的继续创业，他们渐渐地明白这样的道理：物质刺激的作用不可能具有永久的魔力。对人而言，人的需求是多方面的，用有限的物质刺激难以满足无限的欲望。

以上这些事实告诉我们在认识人性问题方面的失误。如果精神鼓励仅仅停留在口头上，没有转化成员工们的精神力量，它是没有价值可言的；如果意见箱中的意见经常被忽视，甚至给进言者带来报复时，意见箱只能是挂在墙上结满蜘蛛网的装饰物。在一个企业员工的基本人性问题都没有真实把握的企业中，是没有真正的文化可言的。

企业的管理理论的发展有三个阶段：X 理论、Y 理论和 Z 理论。这些理论都是建立在某种人性假设的基础上，它们的发展过程反映出人类对人性问题认识不断深化的过程。可以说，不断校正对人自身的认识，并将这种认识运用到企业管理中去，是这些理论的最大价值所在。探讨一下三种理论的发展轨迹，我们不难发现，人们在不断调节自己对人类人性问题认识的思维偏差。

X 理论时期。美国人 F. W. 泰勒创立“科学管理理论”把人视为“经济人”；梅奥发表著名的《霍桑实验》，用“社会人”的观点代替“经济人”。

他们的共同点在于把人的属性单一化、被动化。

Y 理论时期。理论基础是马斯洛的需要层次理论。提出“复杂人”观点，并重视人的精神需求。这种观点反映出人们在企业管理思想中价值观念的蜕变。

Z 理论时期。威廉·大内概括为：爱厂如家。该理论的思想宗旨就是要寻找并创造出一种条件，使企业与员工、管理与被管理、工作与人生由对立走向统一。在 Z 理论阶段，人性问题回复到抽象中，企业员工演变成一种文化符号，体现企业文化价值取向的一种符号。

正视我们思维中上述的三个误区，重视企业中人的因素，对人的作用以正确估价，是广佛肇经济圈民营企业进行企业文化改造的基本前提。

成功公司的事例说明企业文化中人的因素的重要性：人是企业的主体，企业无人则不成企业。我们在给予组织成员物质上的帮助时，精神上的因素是同样重要的。人类的本性决定了自己与动物的根本的差别所在是精神的需求。

（二）企业人与企业文化

我们可以这样看待企业人：他们创造着一种理想的文化模式并且以文化所包含的意义，如价值观既要求自己个人的工作和生活，在深受文化影响的同时，又在以自己的行为不断影响着企业文化。

企业人创造企业文化，无论是企业的物质文化、行为文化，还是精神文化，都离不开企业人。离开企业人根本不可能存在真正意义的企业文化。企业文化又在规定和影响企业人。

1. 企业管理发展初级阶段对企业人的认识

在企业管理理论发展的初级阶段，随着泰勒的“科学管理论”的提出，企业文化在认识企业人的时候，是以理性主义为哲学思想，在这种思想的支配之下，企业人仅是一种非文化性的符号。对企业人的认识主要有：①企业人被看成是“经济人”，是一群在物质欲望、经济要求支配之下的人；②企业人被看作是“机械人”，是一群在铁一般坚固、冷酷管理法典支配之下，没有自己主观意识，只有服从行为的人；③企业人被看成“干活人”，这种观点把人当成是“人”，而不是生产机械。但是，它也仅是类似于动物的人。

2. 当代理论对企业人的新认识

随着时代的进步，西方管理理论中理性主义与人本主义的不断抗争，人们开始接受人本主义的管理方式。企业文化被当成是未来企业管理的最佳手段。在这种理论之下，企业人被赋予新的认识。①企业人被看成“精神需求人”。企业人可以追求生命的意义、生活的意义、工作的意义。②企业人被看成“思考人”。这是人本主义的管理模式，从根本上把人从禁锢的囚笼中释放出来，让他们有充分的民主与自由。企业人思考个人的价值在企业中如何实现，个人如何通过自己的努力，受到企业的尊重。③企业人被看做是“理智人”。“理智人”虽然有激情，但其思想观念上的特征是清醒地意识到企业重大问题的解决，仅仅依靠个人的思考激情是不能解决问题的，主要依靠人类全部社会实践的成果和历史发展的经验；仅凭企业感情融洽是无济于事的，重要的是必须找到符合事物发展客观规律的措施。④企业人被看成“完全人”。可以说企业人的最高要求就是成为“完全人”。“完全人”不仅做好企业内的本职工作，还将自己个人的努力同整个企业、整个民族、整个国家、整个世界的发展前途联系起来，他们会成为企业名副其实的主人。

“完全人”是企业人的理想模式，它包含了企业文化中的优秀因素，是企业文化的象征。他们的存在表示企业文化作用于人的影响和力量。

西方企业管理理论的发展最终选择了人本主义，近年来，随着企业文化研究的进一步深入，西方企业最终认识到人在企业中的核心地位。企业由“硬件”和“软件”两部分构成，“硬件”随着科学技术的进步、企业之间竞争等因素在逐渐接近，同时，就某一时期而言，企业“硬件”的功能是固定的、不可变的，就像企业的某一台机器，它能生产的产品的件数是一个固定值，不可能超过极限一样，而“软件”存在许多可变因素，人的素质在企业之间存在显著的差异，这种差异将是企业未来竞争的焦点所在。“软件”的潜力是巨大的，而且是永无止境的。

企业文化作为企业管理模式出现时，其根本性的划时代意义在于确定了人的地位，以科学的观点正视人的价值与企业之间的关系。企业的一切存在都是由人来创造的，无论任何东西都离不开人的参与。人是企业文化的主体。这正是托马斯·彼得斯在看到日本企业发展的真正动力之后，比较日本、美国企业之间差异之后得出的结论。他游说于东西方之间，喊出让美国企业家刻骨铭心的信念：“人！人！人!”他宣布当今企业的核心问题是主人翁问题。企业文化通过人的塑造来影响企业，造就企业人是发展企业文化的终极目的。

三、企业家与企业文化

文化是企业的世俗灵魂。这一信念至今仍使国外企业家们深信不疑。因为他们发现并承认这样一个事实：一个成功的企业与成功的企业文化连接在一起，可以挽救濒危的企业，摆脱经济的环境。我国的企业家们正在以一种全新的眼光看待企业文化。为使企业重新获得活力，在日趋激烈的市场竞争中占据有利形势的企业家们开始围绕企业目的这一核心，建立自己的企业文化。当我们提倡和论证企业文化的终极目的是塑造企业人时，其基本出发点就是对企业文化而言，人是主体，人是企业文化建设的核心。在这里，“企业人”除了指企业员工以外，还包括企业家。

（一）企业家在企业文化中的地位

第一，企业家是企业人的精英，他们直接代表了企业文化的表里象征。

第二，企业家的素质的高低、领导才能的大小等，将直接影响企业文化的建设。企业文化中的主导信念，无一例外都是先在上层形成，然后逐级下达，任何改变这些信念的工作都必须在企业家的领导下进行。

企业家在企业文化改造中起着决定性的作用，没有他的支持，文化改造将一事无成。同时，我们也应该清楚地认识到，在“企业人”这一概念范围里企业家占的分量更重一些。因为，他在很大程度上决定了企业文化建设的成功或失败。世界上许多大的企业均因企业家本身的杰出与否决定了企业的兴衰，如松下、索尼、IBM、微软公司等。因此，企业家的素质在企业文化建设中占据着重要位置。

（二）企业家的素质

1. 美国、日本企业家的基本素质

现代企业家究竟需要什么样的素质呢？这是一个复杂而有趣的问题。企业家自己也难以叙述，自己是由于哪种特定的素质而成为成功的企业家，各国的情况也不尽相同。日本和美国在确定本国企业家所具备的条件时，通过大量的比较研究得出来的结果就有一定的区别。

（1）美国企业管理协会认为一个成功的经理应具备的条件。

工作效率高；有主动进取心；逻辑思维能力强；富有创造性；有判断力；有较强的自信心；能辅助他人；为人榜样；善于使用个人的权力；善于动员群众的力量；利用交谈做工作；建立亲密的人群关系；乐观；善于到职工中去领导；有自制力；主动果断；客观；能正确地自我批评；勤俭艰苦和具有灵活性。

（2）日本某部门总结大企业家应具备的条件。

日本在企业家个人品质上的研究，与美国相比，有自己不同的侧重。而且由于研究机构的不同，提出来的要点也不尽相同。

成为大企业家的八大条件：年龄在30~35岁之间；具有稳健而又固定的男子形象，经得住变化及决定意志时富有不动摇的灵活性；把自己和企业融为一体；现实主义和理想主义有机地结合在一起；具有强烈的危机意识，并能越过危机感；上升意识中同时包含公私两个方面的因素；同时兼顾企业社会的四个系统；采用多样化的文化来提高素质。

2. 广佛肇经济圈民营企业家的基本特征和素质

广佛肇经济圈民营企业家应具备哪些基本特征和素质？应同时具有现代成功企业家的特征和素质两个方面。

（1）成功企业家应有的特征。

企业家应具备适应形势精神；企业家须有强烈的创新精神；企业家应具有产业报国精神；企业家必须是风险的承担者；企业家应具有光明正大精神；企业家须具有强力的内部管理能力；企业家应具备团结一致的精神；企业家应具有竞争的观念；企业家应具备奋斗向上的精神；企业家应当是企业的最高决策者。

（2）成功企业家应有的素质。

政治上敏感，并能顺应政治的各种形势，把握时代的脉搏；在知识素养方面应当具备政治、法律知识、经济理论和管理学方面的知识、社会学、心理学方面的知识及其他关于企业的知识；企业家应具有下列几种实际能力：创造能力、决策能力、组织指挥能力、社会活动能力、自制能力、礼貌谦让、演说鼓动能力；企业家应具有良好的民主作风；企业家应具有健壮的体魄、充沛的精力，能应付繁多的事务。

3. 广佛肇经济圈民营企业家在创立企业文化过程中需要解决的问题

（1）自身素质问题。

一是不尊重知识，不承认知识的价值。这会造成对工人创造财富这一事实的认同，而不认同知识分子的价值，不认为知识劳动创造价值。这种现象在很

多著名的乡镇企业里都有所体现，这对其引进人才、利用人才应对知识经济及市场经济的新挑战极为不利。

二是不健康的妄自尊大，在顺境中初步成功的广佛肇经济圈民营企业家自我感觉都被无限放大，以至于一些广佛肇经济圈民营企业家在倡导居安思危时，很快又会被属下的顶礼膜拜和过度夸张的自我感觉所湮没，老总的危机意识只是昙花一现，更不用说进一步深入危机教育。这种过好的自我感觉既会增加企业整体的惰性，又会导致一些不自量力的决策，从而导致企业走向困境甚至消亡。

三是小富即安，胸无大志。广佛肇经济圈有些民营企业家完成第一次创业之后，自我满足的感觉比较明显，再无创业时的豪情斗志，整个企业没有积极向上的氛围，而市场无情，不进则退，这种企业很快就会陷入困境。

四是新旧员工难以融合。广佛肇经济圈民营企业最初的积累时期，无论在思想方面还是在行动方面都体现了物质利益第一性，而发展到一定规模，企业就应该关注其社会责任。许多创业的广佛肇经济圈民营企业家意识到自己的公司要进一步发展，光靠原先一起打天下的那帮人已经不行了，于是开始引进大中专毕业生甚至硕士和博士毕业生，但是他们还没有做好接纳和利用这些人才的准备，这就带来两种截然不同的文化背景融合问题。广佛肇经济圈民营企业的目的是如何容纳他们成为自己的人，使企业总体素质提高，但许多广佛肇经济圈民营企业中新旧人员处理不当，使潜在力量发挥受阻。在这种不良的企业文化氛围当中，新来员工，特别是引进的人才由于素质较高，很难跟现有企业文化，跟企业员工融合。这会带来许多问题，在很大程度上约束了企业的发展壮大。

五是企业家素质有待提高。中国企业家状况的严重问题是一个历史性问题。在向市场经济过渡期间，由短缺经济环境造就了一批靠运气凭胆量而暴发的老板，又加进了一批素质不高的企业家。在 20 世纪 70 年代末和 80 年代，最优秀的人去考大学和研究生，而许多考不上大学、无固定职业者或社会上“有问题的人”为了生计，无奈去当个体老板，或者去搞乡镇企业，这部分人后来有许多成为老板，其中多数是赚钱或花钱能手，而不是谋求企业进一步发展的高手。

六是职业经理稀缺。我国推行市场经济只不过 10 多年，职业经理资源极其稀缺。而且，由于历史地位、广佛肇经济圈民营企业自身素质和人才市场的观念等原因，一些有成为职业经理潜质的人才总是心存顾虑，觉得为民营企业打工脸上无光。这在广佛肇经济圈民营企业自身素质低的情况下，又为广佛肇经济圈民营企业引进高水平经营人才造成障碍。

七是人才素质问题。人才一直是一个企业长足发展的资本。广佛肇经济圈民营企业起家时有一批敢作敢为的创业人员，赶上当时改革开放的大好时光，从而成就了那些企业。随着规模的扩大，广佛肇经济圈民营企业原有的那些人员的素质已经不能适应时代和企业发展，企业需要造就一批新型的高素质人才。

（2）核心技术能力薄弱，甚至没有核心技术问题。

广佛肇经济圈民营企业大多缺乏核心技术，不论是低技术企业，还是广佛肇经济圈民营企业，都存在这种现象。很多企业都是靠创办人的一项技术或采用适当的营销手段获取成功，并没有达到核心技术的程度。缺乏核心技术，再加上过去的成功经验，会使企业进入以下两种陷阱：

一是热衷轰动效应，不力求建立自主核心技术。广佛肇经济圈民营企业在创业阶段，大多是靠“轰动效应”来打开局面的，特别是广告的狂轰滥炸。

二是没有能力基础的多元化经营。实际上，多元化经营一般都需要一个多元化的核心，以这个核心为中心、为后盾的扩张才能获得可持续竞争优势。广佛肇经济圈很多民营企业在一种产业发展势头很好，赚了一笔钱后，往往在另一种产业还不精的情况下，把资金投向多个产业，搞多元化经营。

（3）信息能力弱，限制企业进一步扩大发展问题。

在不完全的市场经济中竞争，一条或几条信息就会使企业成功。而在完全的市场经济中，信息的缺乏会导致企业判断失误，造成严重决策失误，陷入困境。对从不完全市场经济中成长起来的广佛肇经济圈民营企业来说，必须增强和提高信息能力，主要是获取信息的能力、分辨信息的能力、利用有效信息正确决策的能力。目前，我国广佛肇经济圈民营企业的信息能力普遍偏弱，这体现在以下两个方面：

一是信息渠道少，信息不完全。由于文化知识水平较低，从而造成视野狭窄，对行之有效的经营管理方法缺乏了解，对企业的一般发展规律缺乏认识。这样，广佛肇经济圈民营企业就没有大手笔，或者眼高手低，严重影响了企业的进一步发展。

二是分辨信息能力弱，决策易受误导。由于缺乏基本的信息判断能力，广

佛肇经济圈民营企业易受一些不严肃观点的误导。例如，有一阵媒体鼓吹多元化时，广佛肇经济圈民营企业大多开始了多元化。当多元化出现问题时，媒体又说多元化经营不好，于是多元化又成了导致广佛肇经济圈民营企业危机的祸源。广佛肇经济圈民营企业又开始否定多元化，强调专业化。

(4) 组织管理能力不适应企业发展的要求。

企业的组织管理能力体现在领导（Leadership）、结构（Structure）和程序（Program）方面。广佛肇经济圈民营企业发展到一定阶段之后，要谋求更大发展，必须走出创业时期非正规的领导机制，走向更为规范的大公司领导机制。在组织结构方面也是这样。程序，也就是解决问题的过程，不但被广佛肇经济圈民营企业忽略，也是我国企业组织管理研究中的一个盲点。其实，一家企业在建立合理的组织架构之后，再建立一套合理的解决问题的程序更为重要。广佛肇经济圈民营企业组织管理能力的缺乏体现以下四个方面：

一是有碍企业发展的家族式领导。家族式领导的缺点很明显，用人不公平，难以吸收优秀专家进入企业。家族内部人员的纷争也常使企业分裂而受挫。

二是组织结构不合理。广佛肇经济圈民营企业在发展到一定程度之后，随着企业规模的扩大，经营地域、经营领域的扩展，企业如何建立合理的组织架构，实现适度分权与集权的合理配置，是它们面临的一个重要问题。很多企业都会在这个问题上处理不善，使企业陷入危机之中。

三是没有形成有效地解决问题的合理程序。其直接后果是广佛肇经济圈民营企业在处理问题时不够镇静、科学。广佛肇经济圈民营企业形成一定气候后，随即会出现一系列以前没有遇到过的问题，如市场受阻、管理失控、激励失灵、融资困难等。于是在缺乏经验、盲目迷信的情况下，花巨资请一些可能有水平但不一定会解决问题的策划大师和咨询机构帮助策划，分析缘由。当发现策划大师们的建议施行后并无效果时又反过来大呼上当，进而全盘否定咨询，走向另一个极端。

四是股权激励问题。股权激励是吸引高层次人才，留住高水平人才，使企业发展，大家共同受益的一种重要的激励方式。广佛肇经济圈民营企业许多老板面临企业扩大发展的机会时，因股权激励问题而错失良机。他们不愿与有突出贡献的员工分享股权，不愿与他人合资，就算是不良资产也不愿出售一部分而转嫁风险，更不愿让企业上市而让千千万万的人拥有股权。企业也缺乏向心力和凝聚力，难以依靠人才取得发展。特别是高度依赖人才的高科技企业，股权激励显得更为重要。

随着市场机制日渐完善，竞争更加白热化，广佛肇经济圈民营企业的经营步履维艰，一些具有超前意识的企业希望通过再次创业谋求企业持续、健康、稳定的发展。这种发展意识是非常可贵的，关键在于如何克服摆在他们面前的困难。从企业内部着手，从“只有低迷的企业，没有低迷的市场”这一大前提出发，对广佛肇经济圈民营企业文化自身存在的问题有一个清醒的认识，然后制定正确的战略、突破口，克服困难，快速前进。

要解决上述企业家自身素质、核心技术、信息、组织管理四个方面存在的问题，广佛肇经济圈民营企业的发展战略必须加强企业文化建设，努力构建核心技术能力，通过多种渠道建立人力资源优势，加强信息网络和信息处理能力建设，改进组织管理，建立合理解决问题的程序。摆在广佛肇经济圈民营企业面前的道路虽然扑朔迷离，充满了挑战，但同时也充满了机会。谁能抢先构建自己的企业文化，谁就获得了成功进入下一轮竞争的入场券。

第二节　广佛肇经济圈民营企业的企业文化实践

一、企业文化的内在影响力

知识经济时代到来的标志，首先在于生产力的智能化。以信息工业为核心、知识密集型的产业结构正在取代以重工业为核心、资本密集型的产业结构，整个生产过程正在转移到以量子力学和微电子技术为核心的现代科学技术体系的基础上。文化因此渗透到社会生活和经济生活的一切领域，并在其中占有越来越重要的地位。

在一个宏观的视野里，繁荣而有特色的文化是经济发展的必要的社会条件和氛围。要把一家企业搞活，要使一家企业在竞争中长久地立于不败之地，企业的综合素质，即企业文化至关重要。企业文化是社会现代化的产物，企业现代化也必然有赖于企业文化的张扬。把经济生活和企业生产引入到文化视野中来，让文化成为生产力的重要因素和资源要素，企业的物质生产和社会的物质文明将步入一片新的天地。

文化与经济的关系可追溯到远古时代的原始文化和原始经济。在原始社会，人们为了再现自己的劳动生产和社会生活，满足人们对美的爱好和追求，创造了原始文化艺术。随着社会经济活动的深入，人们越易清晰地认识到，经济活动不仅是一种纯粹的物资活动，更是一种“文化”活动；人们的经济活动不仅需要强性的“硬管理”，而且需要柔性的“软管理”。于是，人们终于发现，过去常常被忽视的“文化力”，也是控制经济活动的“一只看不见的手”。

“文化力”是一个新概念，是在文化、经济一体化大背景、大趋势下出现和进行的。“文化力”就是经济中的文化，文化中的经济。首先，“文化力”是“社会合力”中的一种推进力量。其次，“文化力”也可以直接视为生产力的一种。再次，文化作为一种形态多样、内涵丰富、功能广泛的事物，必然成为经济发展的重要推力。最后，文化作为一种社会氛围、一种人的素质，决定或制约着经济发展的速度与水平。

从以上诸方面来看，文化与经济在互渗互融中，造就了社会经济发展新的生长点，文化力成为当前和今后社会经济发展不可忽视的因素。文化力推动着综合国力的发展，是综合国力有机组成的重要内容。

二、日本、美国企业文化借鉴

企业文化作为一种亚文化，会受到一个国家政治、经济、文化等多方面因素的影响。不同的历史背景、文化氛围、经济体制、管理方法都会对企业文化的形成和发展产生影响，并在企业文化中得以体现。日本和美国是世界上最早进行企业文化理论研究的国家，日本的企业文化和美国的企业文化是世界上最有代表性的两种企业文化。

（一）日本企业文化的特点

一位长期旅美的日本学者广中和歌子认为，日本企业文化和美国企业文化有相似之处，都是一种“合金文化”。但是，与美国不同，日本的资本主义是在封建家族制的基础上建立起来的，家族主义和村社的群体意识深深地保留在日本传统文化中，并形成日本民族的“大和精神”，“大和精神”融合着中国儒家文化，它把儒家文化重视思想统治、讲究伦理道德与日本的民族精神融为一体，并根植于现代管理的实践之中，成为日本“合金”企业文化的“魂”，它鼓吹企业“就是一个大家庭”，提倡群体的“亲和感”和“归属感”，强调劳资一家，和谐一致。

在过去的100多年间，日本企业文化进行了两次大调整。第一次调整是1868年明治维新。它把欧洲的资本主义文化引进日本，开始了日本资本主义进程。第二次调整是第二次世界大战后，日本大量吸收消化了美国的先进技术和管理方法，并在日本的土地上进行了卓有成效的改造创新，从而形成了自己的“合金主义”和“合金”企业文化。日本企业文化的特色：①经营的战略眼光；②终身雇用和年功序列工资；③团队精神与集体决策过程；④重视职业教育。

（二）美国企业文化的特点

美国企业文化的提出，是在参照日本企业文化的基础上，对传统企业文化的反思和调整。主要有：①质量管理是人的管理；②决策的参与感；③职业教育与人的教育；④从“面向市场”到“面向顾客”。

三、广佛肇经济圈民营企业的企业文化实践

（一）广佛肇经济圈民营企业的企业文化的发展模式

广佛肇经济圈民营企业的企业文化实践中形成的文化模式具有浓郁的中国特色。它的创建和形成过程是一个由浅及深的企业文化创建过程。广佛肇经济圈民营企业的企业文化建设具有共同的深度模式和共同的文化特征，具体表现在以下三个方面：

1. 立足于企业现代化

广佛肇经济圈民营企业进行企业文化探索都是出于企业发展的强烈愿望。在世界经济一体化、世界市场开放化的今天，企业现代化的程度决定着企业的兴衰存亡。“落后就要挨打”，所以，广佛肇经济圈企业文化搞得好的民营企业都有明确的企业目标。

2. 企业文化建设特色化

广佛肇经济圈民营企业文化建设具有鲜明的中国特色——来自中国的传统

文化，如儒家学说《易经》《道德经》《孙子兵法》《三国演义》等。

3. 行业化与多样化的企业文化模式

企业是从事生产、流通、服务等活动的独立经济核算单位，所以，企业形态是各种各样的，这就决定了企业文化的宗旨、重点、目标也就有不同的对象和内容。

（二）广佛肇经济圈民营企业的企业文化现状及特征

从1992年起，广佛肇经济圈民营企业进入了快速发展阶段，显示了民营经济强大的实力和发展潜力。但是，广佛肇经济圈民营企业经营管理水平总体不高。大致分为三类：一是市场经济初期成立的广佛肇经济圈民营企业，它们的产品落后，自身基础力量薄弱，经营管理严重不善，平均寿命3~5年。二是粗放型经营的广佛肇经济圈民营企业，这类企业有一定的生存基础，有一定的规模和技术，老板也有一定的知识，并具有某些方面的经营特长。但是，由于内部管理结构单一或混乱，员工参与性不高，雇用思想严重，技术创新能力差。老板凭自己朴素的经验主义，或一知半解的现代管理知识进行经营，企业管理深深打上老板个人意志和风格的烙印，其消极影响明显，成为企业进一步发展的障碍。三是一些优势型的广佛肇经济圈民营企业，以高科技企业为代表。这类企业起点高，老板综合素质高，目标远大，笃信现代管理的重要性，经营管理比较规范，产品结构比较合理，政府、银行大力扶持，经营业绩显著，社会影响较大。这类企业已经自发地或自觉地形成了一套相对适应的价值观系统，其经营管理正在向企业文化管理方向逐步发展。以上大致概括的三类广佛肇经济圈民营企业，经过企业文化管理在中国近20年的推行，它们对企业文化管理都有了或多或少、或深或浅的认识。

企业文化管理在广佛肇经济圈民营企业中的现状表现为：一般来说，广佛肇经济圈民营企业经营者对企业文化关注的热情高于国有企业的经营者，但广佛肇经济圈民营企业经营者对企业文化管理的认识模糊肤浅；一些广佛肇经济圈民营企业的老板喜欢用企业文化掩盖其出身，或用于企业包装；在广佛肇经济圈民营企业中，老板对企业文化热，对员工相对冷。

现阶段广佛肇经济圈民营企业的企业文化管理表现出如下特征：

第一，大多数广佛肇经济圈民营企业还处在自发的企业文化管理阶段。除了少数广佛肇经济圈民营企业已进入自觉推行企业文化管理的阶段外，大多数广佛肇经济圈民营企业对认真推行企业文化管理还不太在意或心有余而力不足。现有的贯穿于企业经营的价值理念，许多是长期经营中自发地无意识积累形成的，带有浓厚的经验色彩，零碎而不稳定。有的企业虽然提出了文字性的经营理念、经营使命、经营价值观等，但往往带有一般性、模仿性，缺乏个性和适应性，很难实行或者并不打算下大功夫实行。而真正实行的则是老板长期自发形成的价值理念，它们的推行和对企业经营管理的主宰，大大地降低了企业的经营管理水平。

第二，许多广佛肇经济圈民营企业文化具有亲疏性的特征。不少广佛肇经济圈民营企业，其经营管理层由复杂的血缘关系构成，越是远离中心大城市，这种特征越是突出。广佛肇经济圈民营企业经营者认为，亲戚是自己人靠得住，由他们来参与经营管理自己放心，因而看重血缘关系的理念在企业占上风。血缘必然带来非理性的情缘。企业内更注重乡亲、熟人、朋友的感情联络。人与人的关系往往罩上一层温情脉脉的面纱，使经营管理具有非理性特征和落后性特征，妨碍经营管理的问题往往长期存在，并日益加剧而得不到解决。有的广佛肇经济圈民营企业内，人与人之间不管是否有血缘关系，其互相称谓往往均用血缘称谓，形成一种类血缘关系。人际关系看似亲密，实则隐藏着这样那样的矛盾，使企业缺乏理性运行的真实法则，企业管理制度形同虚设。血缘、情缘、类血缘反而使员工闷气，有劲使不出，是非难分，企业拖得筋疲力尽。血缘关系的突出，使老板对关系产生错觉，他们在企业外部也大搞血缘、情缘或类血缘，和政府、银行、税务等一些部门的官员称兄道弟，情感沟通，关系联络，互相提供方便，使一些官员走上腐败之路。同时，经营者也转移了对经营管理本身下功夫的大方向，奉行“沟通就是生产力”，自身造血功能日益弱化，一旦失去“可靠”的内外关系，企业经营立即陷入困难之中。

第三，不少广佛肇经济圈民营企业的企业文化具有鲜明的唯意志色彩。这种情况是与广佛肇经济圈民营企业经营者的经历联系在一起的。许多广佛肇经济圈民营企业能够存活到今天，与经营者具有独到的成功绝招有关。例如，他们或承受风险的能力特别强，或对机会特别敏感，或技术创新的能力特别强，或有运作市场的丰富经验，或有很强的人际关系能力，或有很强的融资能力，或善于带领一帮人打天下等。这些独到的能力，使他们养成了无往而不胜的自信，或者抱着“车到山前必有路”的侥幸心理。再加上产权归自己所有，形成对外人严重不放心的习惯，所以许多广佛肇经济圈民营企业经营者总是事无

巨细、事必躬亲。虽然设了许多管理部门，聘请了许多得力高手，但总喜欢让他们有职无权，养成基层喜欢越过上司一直通天，养成职能部门凡事不敢决断，等待老板指示决定的作风。这种状况使广佛肇经济圈民营企业笼罩在唯意志企业文化的浓厚氛围中。在这种文化氛围中，老板就是企业的绝对意志，几乎没有人能对他的决定产生影响。这种唯意志的文化一旦根深蒂固，企业整体经营管理水平和创新能力便会不断下降，以至于如果老板的意志突然消失，企业便群龙无首，立即处在半瘫痪甚至瘫痪之中。

第四，广佛肇经济圈民营企业文化具有过分多元化的不良特征。一家企业不可能只有一种文化，它的文化不可避免地带有多元性。但是，企业必须形成主导文化来统率多元文化，使多元文化在主导文化统率下形成一种有利于经营管理的积极合力。广佛肇经济圈民营企业的多元化文化可能产生于不同部门、不同的分厂或子公司，可能产生于不同的员工群体。一般来说，老板越开明，文化的多元化分化反而越小；老板越专制，文化的多元性的分化会越大。广佛肇经济圈民营企业文化多元化的特征表现为：文化的多元化与紊乱化结合，使亚文化之间互相排斥、矛盾、抵制，难以形成合力，降低了企业的凝聚力；积极地主导企业的文化难以从诸多亚文化中产生；即使是老板的唯意志文化占主导，实质上也难真正统率形形色色的亚文化，只是表面的、形式上的统率。许多广佛肇经济圈民营企业没有积极地主导企业的文化统率多元文化，是广佛肇经济圈民营企业经营效率低的重要原因。

第五，广佛肇经济圈民营企业文化具有浓郁的唯功利性。虽然这一特点不能包括所有广佛肇经济圈民营企业，但可以从相当一部分广佛肇经济圈民营企业中找到。在许多广佛肇经济圈民营企业的老板眼中，企业的目标就是盈利，企业存在的目的就是实现利润最大化，并随之提高老板在社会上的地位，美其名曰“自我价值实现”。这种唯功利性的价值观，对企业最初的成长是有利的。老板日夜操劳，能很快聚合资源，使企业的目标变得简单而易于操作；员工形成吃苦耐劳、快打快干的作风，企业迅速积累起一笔不小的财富。但是，随着企业的壮大，企业的社会责任日益提上议事日程。企业经营者应当认识过去企业单纯盈利的目标，必须转移到满足社会需求、促进社会发展的社会责任目标上来。企业的利润只是社会对企业贡献的恰当回报。企业要进一步发展壮大，必须调动广大社会资源，离开社会各方面的强大支持，企业的进一步发展是不可能的。对企业肩负的社会责任的认识，就是深刻认识、系统思考企业的使命、宗旨、目标，对它们形成坚定不移的看法，展示于社会和员工，用以指导经营和管理，赋予企业以灵魂，拨正经营的航向，使企业得到社会的广泛认同和支持，充分调动员工的积极性、主动性、创造性。广佛肇经济圈民营企业以实现社会责任最大化为目标，是广佛肇经济圈民营企业克服唯功利性文化的关键。

第六，广佛肇经济圈民营企业文化较之国有企业文化具有较小的遗传性。文化的遗传机制只有在较长的时间才能形成。文化的遗传有赖文化精神的连续性，有赖群体的稳定性和认同性，有赖精神文化积淀为机制文化。以上三个条件我国国有企业大都具有，而广佛肇经济圈民营企业却不具有。就国有企业说，其企业领导人如何实施领导，推行何种文化做企业统帅，不是他们起主要作用，而是由机制决定的。机制的超稳定性和连续性，形成强大的机制企业文化，企业精神文化已积淀于机制文化中。这使国有企业文化的遗传基因直接来自机制文化，而不是直接来自精神文化。只要机制文化不变，不论企业领导人如何代代更迭，他们都会不自觉地从机制文化中形成与这种文化相适应的精神文化。因此，领导的更迭对主导文化面貌的改变影响都不会太大。而广佛肇经济圈民营企业则不同，由于它们诞生的历史不长，企业创业的经营者大多还掌握着企业的大舵，即使退到了董事长的地位，但对企业文化仍起主宰作用，企业文化的遗传基因主要还存在于老板们的思想和行为之中，要使他们的企业经营理念继续传下去，还没有文化的传人和遗传的稳定机制。而广佛肇经济圈民营企业员工的高流动性，使文化的遗传基因很难在员工中得到移植。这就使企业文化的自觉培养巩固，无论对老板还是企业来说，都有很大的难度。当然这种情况也有利于企业，如果企业经营者一旦认识到位，下定决心超越自我，培育适应性强的企业文化，广佛肇经济圈民营企业形成新的文化遗因便切实可行。

我国广佛肇经济圈民营企业文化的这些特点，短时间内曾经适应了市场环境，但却和越来越快速变化的经济环境有较大的差距。在中国经济快速发展的过程中，广佛肇经济圈民营企业的经营管理面临严峻的挑战。广佛肇经济圈民营企业作为中国市场经济的重要主力军，应尽快培育适应经济全球化的企业文化。西方企业文化理论传入我国以后，我国企业界、文化思想理论界和社会有关人士，逐渐开展企业文化实践活动和理论研究活动，积极探索建设有中国特色社会主义市场经济的企业文化。

（三）广佛肇经济圈民营企业的企业文化建设优势

1. 乡土情结

广佛肇经济圈民营企业文化的乡土情结是指建立在民间地方文化基础上的企业文化。地方文化源于本土，朴实无华，富有民俗特色。由于大多数民营企业的创建和经营活动离不开地方文化的影响，因此广佛肇经济圈民营企业在形成企业文化时通常将地方文化作为基础。广佛肇经济圈民营企业的成功创建往往与这种乡土情结下的原文化特征分不开。基于本地文化的企业价值观念和管理模式比较容易得到企业员工的认同，从而形成强大的凝聚力。

2. 家族制传统

广佛肇经济圈民营企业大多数实行的是“家族制”模式的管理。也就是以老板为核心、太太管财务、兄弟（子女）做副总、家族直系亲属担任生产、采购、销售等关键环节的主要职位，这样就形成了企业姻亲模式，老板成了企业绝对的“大家长”。应该承认，这种姻亲模式的管理曾经为广佛肇经济圈民营企业的发展壮大立下过汗马功劳，尤其是在我国特定的历史背景下和民营企业发展的创业初始阶段，姻亲模式的确功不可没。同时，当初家庭作坊式的企业，客观上也不可能吸引社会上的经营和管理人才，姻亲模式是必然也是最佳的选择。

3. 物质利益导向

随着我国市场经济的发展和社会主义市场经济体制的形成，广佛肇经济圈民营企业得到空前的发展。然而，市场经济会带来金钱地位的上升，金钱成为价值评价的一条重要标准，甚至以金钱来评价个人成功、个人价值和个人地位等。同金钱观念相联系的是，追求企业利润、满足所有者的物欲追求成为企业经营的主要目标。因此，传统的民营企业文化管理特点在于管理是管理者的权利，企业文化主要体现在管理者的经营价值观上。由于民营企业管理者受企业资源和个人修养及素质的制约，企业经营决策、组织形式及激励机制多偏重于物质利益的回报。在这种氛围下经营的广佛肇经济圈民营企业的企业文化趋同于管理者个人以物质利益为导向的价值观和行为准则。

4. 中国的传统文化对企业文化建设具有积极的影响

第一，中国传统文化注重个人、群体、社会三者之间的协调，强调人、自然和社会的和谐，强调团结协作、整体重于个人，强调团体的伦理关系，以及以此为基础的和谐稳定，顺应自然规律，天人合一。

第二，中国传统文化讲究“人能弘道，非道能弘人”，讲求“人本”，崇尚重义重情，倡导个人对集体、社会的责任感和使命感，有“铁肩担道义”的精神。

第三，中国人具有勤奋自强、求实奋进、吃苦耐劳、求索开拓的敬业精神和为团体而献身的精神。

第四，中国传统文化精华和民族资本主义经验是中国现阶段民营企业文化的根基和资源。如果能够进行合理的吸收和利用，对广佛肇经济圈民营企业文化的建设将是大为有益的。

5. 西方先进管理思想和管理方法的传入和吸收

如量化管理、全面质量管理、劳动人事管理、网络分析等。

（四）市场经济实践对广佛肇经济圈民营企业文化建设的呼唤

社会主义经济体制由原来高度集中的计划经济体制转化为市场经济体制之后，伴随而来的是观念的转变和经营理念、管理方式的变革，能否适应市场经济发展的需要成了衡量这一变革的唯一标准。

广佛肇经济圈民营企业作为今后市场的运行主体，其生存和发展完全依赖于市场体系的建立健全。企业文化理论是在市场经济最发达的国家创立和发展起来的，最能够体现市场经济运行发展的需要，也只有在市场经济体制下才能更好地发挥其功能和作用。我国经济进入市场经济阶段之后，广佛肇经济圈民营企业作为市场竞争的主体，要想在激烈的市场竞争面前始终立于不败之地，必须要进行企业文化的建设。

在社会主义市场经济条件下，广佛肇经济圈民营企业要建设有自己特色的企业文化。

社会科学本土化是近年来人文科学发展的一种世界性趋势。在社会学、心理学、教育学等与民族文化背景密切相关的领域里，这种表现更加明显。对广佛肇经济圈民营企业的企业文化建设而言，企业文化中国化也是必须的。

回顾管理学史上行之有效的管理方法，有几点是相同的：①这种管理方式或管理思想本身符合事物发展的客观规律，具有一定的科学性。②这些管理理论无论把人看作是“经济人”“社会人”还是“复杂人”，都是一种对人进行的管理。③这些管理方法、管理理论都有一些区别于其他的，是自己国家、民族或企业所独有的东西。

在现代管理实践中，不是每一种好的管理方法都能“放之四海而皆准”，在符合普遍规律的基础上，每个国家、每个企业都因历史背景、现实条件的不同而形成了一些只属于自己、而其他国家不适用也学不到的东西。因为文化是有个性的，企业文化同样也是有个性的，缺少了个性的企业文化是不存在的。

广佛肇经济圈民营企业文化的兴起是民族文化和社会主义企业发展的客观要求和必然结果。中国民族传统要求以文化治国，不主张权威万能、制度万能和管理万能。广佛肇经济圈民营企业文化建设要在考虑了自身面对的民族文化背景、经济社会环境、经济目标、企业组织模式等基础上，借鉴美国、日本、西欧、韩国等国家和地区的成功经验来塑造有自己特色的企业文化，而不是在具体实践中照搬套用。凡是那些能够有利于改革开放和现代化建设、有利于诚实劳动创造美好生活和促进社会进步的思想和精神都可以继承吸收过来，凡是不利于弘扬社会主义主旋律的东西都应当批判或剔除。日本企业三大支柱的终身雇佣制、年功序列工资制、企业内部工会中有许多和中国国情相近或相似的东西，可以经过改造后利用，美国人的创新精神等也可以吸收，以充实和丰富广佛肇经济圈民营企业的企业文化。

另外，企业文化离不开民族文化传统这个大背景。中国作为一个有五千年历史的古老国家，传统文化的独特性、延续性、传统性和完整性都比其他国家明显，历史背景、传统文化带给广佛肇经济圈民营企业的影响良莠不齐。对于传统的东西，我们的态度是一要继承，二要分析，传统民族文化中的精华部分我们要汲取继承，并使之发扬光大，那些阻碍企业乃至社会进步的东西则要摒弃和剔除。

知识经济问题引起我国科技界、知识界、文化界、经济界等学者的广泛关注，知识经济时代的到来和出现，是市场经济发展的必然。处在从计划经济向社会主义市场经济转变过程中的广佛肇经济圈民营经济的发展，在知识经济大潮涌来之时，应该把握住新的经济发展机遇，跟上时代潮流。

第三节　构建特色的广佛肇经济圈民营企业文化

广佛肇经济圈民营企业的发展和壮大是我国实现广佛肇经济圈大开发的重

要力量。然而广佛肇经济圈民营企业肩负着重任，在前进的路途上充满艰辛，落后的体制、模糊的管理、低下的效率、流失的人才、封闭的理念，凡此种种都需要更多的有志之士来关心和投入。今天，在中国广佛肇经济圈，对广佛肇经济圈民营企业文化的研究的终极目标应该是“如何构建有中国特色的广佛肇经济圈民营企业的企业文化”。但是，问题是这些具体的企业文化层面的相互协作、个性实现如何在具体的环境中整合。日本、东南亚的以儒家文化为背景的企业文化的成功都离不开他们自己经济发展的时代背景和具体国情。这样，广佛肇经济圈民营企业文化的塑造的出发点首先在于对广佛肇经济圈民营企业文化发展背景的分析。

一、构建广佛肇经济圈民营企业文化的战略背景

（一）资本运营方式

随着广佛肇经济圈民营企业的成长，资本运营规模扩大，融资、筹资渠道多样化，资本结构也发生了变化，旧式的家族资本和产权模糊的资金合伙方式在民营企业成长初期发挥了重要的作用，然而这种落后的资本运营方式在民营企业发展到一定阶段时，逐渐成为企业壮大发展的障碍。随着企业规模扩大，资金需求增加，我国的资本市场日趋完善，为广佛肇经济圈民营企业再次创业提供了良好的机遇。资本结构的变化是广佛肇经济圈民营企业成长过程中的必经之路，它是资本运营方式演进的结果，这种变化无疑对广佛肇经济圈民营企业的原文化要产生重大的影响。

（二）管理模式更新

广佛肇经济圈民营企业在经营管理上要实现的一个重大飞跃是突破已不适合企业进一步壮大发展的传统姻亲管理模式，引入规范的现代企业制度。在广佛肇经济圈民营企业起步之初，家长式的权威管理还能胜任一时，甚至还会显示出决策迅速、果断等优势。但是，当家族企业发展到大中型阶段时，没有一套严格的管理机制，企业是无法有效运转起来的。这时，培养一大批稳定的专门的管理人才就显得非常重要。他们对企业经营决策的正确性、企业形象的扩大、企业理念的推广、产品质量和员工素质的提高，都发挥着举足轻重的

作用。

此外，在打破传统管理模式的同时，广佛肇经济圈民营企业的治理结构也会发生急剧的转变。新型企业稀缺资源的出现，规范化公司制的形成，广佛肇经济圈民营企业向日趋成熟的资本市场的进入，这些经营要素无不促使广佛肇经济圈民营企业建立、健全科学的符合现代企业标准的企业管理和监督机制。

（三）智力资源流入

在广佛肇经济圈民营企业发展初期，通常以“一项产品、一家投资、一种特色”的模式形成并开拓出企业的生机和市场，本土文化对企业文化和经营方式具有决定性作用。但是，随着广佛肇经济圈民营企业现代企业制度的逐步实行，企业文化应在人力资源开发中发挥更广泛的作用。将资本、智力资源和企业制度等生产要素有机地结合，形成一个整体，是广佛肇经济圈民营企业扩展壮大的重要保障，也是广佛肇经济圈民营企业在知识经济时代的灵魂。

要保证广佛肇经济圈民营企业的有序发展，广佛肇经济圈民营企业一定要有一个长远的人才战略，对人才结构及合理运用应认真进行战略性设计，制定完整的人才制度，实现人才管理、人才聘用的市场机制。

（四）企业技术创新

在信息化背景下，创新的作用得到空前强化，并升华成一种社会主题。创新变成了企业的生命源泉，在剧烈变动的时代，成功者往往是那些突破传统游戏规则，敢于大胆创新、不畏风险的人，敢于改变游戏规则的人，也就是能迅速改变思维模式的人。在信息文明中，“明天意味着重大事件”。新时代的企业自上而下，每个毛孔都必须充满着创新，通过自身主体创新的确定性来对付明天的不确定性。

一些最新的研究表明，成功的世界级领先企业“更多的是由超越现实的抱负和低投入产出中表现出的创造性来维系的，很少是由工业的文化或制度的承袭而维系成一体的”。因此强调：“如要解释索尼、本田或雅马哈公司的成功，真正应当研究的是它们在善用资源方面的特点，而不是管理方面的特点。西方管理人员不应过分重视对日本文化的学习，而应确保本公司有充足的奋力拼搏的能力，促使大家不懈地追求更好地利用资源的机会。”

（五）资产的优化组合

以资本市场为纽带，盘活资产存量，调整产业布局和资产布局，实现经济战略性改组，已成为广佛肇经济圈民营企业改革获得突破性进展的必然选择。

长期以来，不合理的投资体制、失误的投资取向、局部利益误导，造成了广佛肇经济圈民营企业资产布局不科学的格局。而这种有违于社会化大生产客观要求的资产配置，正是导致广佛肇经济圈民营企业资产产出功能衰退的主要原因之一。资产重组是一个有效的解决方案。

广佛肇经济圈民营企业的再次创业将与国有、集体企业改革联系起来，大量民营企业将通过购买、兼并等方式的产权改组实现与公有制经济的相互促进、共同发展。近年来，许多省市（区）均出现了民营企业购买国有、集体亏损企业的事例。这一方面有利于盘活国有资产存量，有利于促进国有经济结构的优化，有利于集中精力和财力搞好关系到国家命脉的大型国有企业；另一方面使民营经济获得了发展的所需条件，是有益于双方的好事，这也是广佛肇经济圈民营企业发展的一个方向。

（六）经营环境开放

企业是一个开放系统。企业不能离开社会环境而生存，企业文化也不能脱离社会环境而构造。社会向企业提供原材料、劳动力、资金设备及信息等资源，而企业正是利用这些资源的优化组合及生产转化，以生产产品和提供劳务的方式服务于社会环境的。

资料表明，现在广佛肇经济圈民营企业在整个广佛肇经济圈的经济发展中占有重要地位。政府对民营企业的政策鼓励和支持促进了广佛肇经济圈民营经济的发展，同时在搞活经济、扩大社会就业、减少经济改革的阻力等方面也带来了良好的社会效应。

由于国家在金融、财税、制度法规等方面对民营企业的重视，使得广佛肇经济圈民营企业能够更好地发挥其灵活性和适应性强的优势。另外，随着广佛肇经济圈大开发和我国加入世界贸易组织，广佛肇经济圈民营企业获得更为广阔的发展空间，尤其是在利用本地特色创建国际品牌方面，广佛肇经济圈民营企业能够更好地与国内外开放型贸易和经营结合。

二、构建有特色的企业文化在广佛肇经济圈民营企业进一步发展中的重要作用

企业文化从目前来讲是世界上最为先进和科学的管理理论和管理方法，进行企业文化建设实践对于世界各国来说都具有相当重要的意义。我国的企业文化建设自开展以来，形成良好企业文化的企业受益匪浅，构建有中国特色的广佛肇经济圈民营企业文化，对广佛肇经济圈民营企业进一步发展有着尤为重要的意义。

（一）构建有特色的企业文化有助于广佛肇经济圈民营企业适应社会主义市场经济的发展

企业文化理论是在市场经济发展的过程中由西方先进国家首先创立和发展起来的，是一种适应市场经济体制要求的高层次的管理理论。企业文化理论产生以来，世界各国的建设实践证明：企业文化建设是最能适应市场经济规律与运行要求的，是与现代社会化大生产的合理要求吻合的。只有在市场经济条件之下，企业文化才能够发挥自己的独特功能和积极作用。

目前，我国已经进入了社会主义市场经济阶段，市场运行机制正处于逐步健全和发展的过程中。广佛肇经济圈民营企业将在市场驱动力的作用和市场导向下寻求生存和发展，逐步成为现代意义上的真正独立自主的社会主义企业。在这种情况下，企业文化对建立健全广佛肇经济圈民营企业现代企业制度具有积极的作用。中国市场经济的发展呼唤具有中国特色的企业文化。

（二）构建有特色的企业文化有助于广佛肇经济圈民营企业建立现代企业制度

当前广佛肇经济圈民营企业制度的改革就是要建立现代企业制度，使企业的物质生产手段和全体员工的精神素质都上升到一个新高度，从而带动企业经济效益与社会效益的同步提高。

企业文化作为一种先进的现代化的管理思想和方法，其基本精神与做法都体现了现代企业制度的要求，是符合现代企业建设要求的。企业文化建设的进行可以规范企业行为，通过企业自身的内在约束来帮助企业完成自己的经济任务，履行自己的社会责任，促进企业社会效益与企业利益的有机统一和结合，使广佛肇经济圈民营企业真正得到长足的发展。

另外，企业文化建设有助于培养企业员工的敬业精神、道德准则和团结一致协同奋斗的集体主义精神，从而增强企业内的凝聚力、向心力，充分调动企业成员的劳动积极性、工作主动性和创造性，推动广佛肇经济圈民营企业向前发展。

（三）构建有特色的企业文化有助于广佛肇经济圈民营企业实现企业管理现代化

企业文化本身就是一种企业管理思想和方法，是现代企业管理不断向前发展的产物，是结合了现代各种管理思想和时代特点的一种管理文化。企业文化的形成发展离不开管理理论和实践的不断更新和发展。

广佛肇经济圈民营企业的企业管理，没有走完科学管理、协调性管理和当代管理三个阶段，很大程度上还停留在经验主义管理上。目前来看，管理理论落后、管理水平低下、管理人员素质不高，使企业效益低下。广佛肇经济圈民营企业提高现代管理水平的有效手段，就是提高员工的素质、更新管理思想、改善管理手段。

当前进行企业文化建设，必然有助于提高全体员工的素质和现代化的企业观念、建立起现代化的管理制度，从而提高企业的整体管理水平，提高企业的经济效益和社会效益，带动整个社会生产力向前发展。

（四）构建有特色的企业文化有助于广佛肇经济圈民营企业塑造“企业人”

现代社会中，企业是由一个个单个的人组成的一个有机的统一体，这些单个的分子对企业的发展会产生或多或少的影响。广佛肇经济圈民营企业能否采取各种手段来调动员工的积极性、主动性、创造性，对企业今后的进一步发展意义重大。

企业文化可以从深层次来调动企业劳动者的生产积极性，提高其文化素质，发挥其智慧和创造潜能。这种积极性的调动不是依靠单纯的物质刺激来完成的，而是在对精神需要和物质需要双重满足的情况下完成的。现代科学研究已经告诉我们，精神需要和物质需要对于员工是不可或缺的两种需要。企业文

化在承认对员工进行物质鼓励的同时，重视员工的观念、精神、道德、心理因素、文化氛围等对员工产生的作用，在“硬件”管理的同时强化“软件”管理，起到积极有效的作用，增强员工的集体责任感和自尊心，从而增强集体凝聚力。

（五）构建有特色的企业文化有助于广佛肇经济圈民营企业提高企业知名度

广佛肇经济圈民营企业在进行社会服务的过程中要反映出自身具有的价值观念、企业精神、经营管理方法和优质服务的精神，这一切都是企业对于社会影响的一种反映，是企业文化建设的结果，这些东西的体现，使社会能够对企业予以承认和肯定。在这一过程中，广佛肇经济圈民营企业用自身的行为树立起良好的企业形象，扩大了该企业在社会上的影响，从而提高了企业的知名度。

（六）构建有特色的企业文化有助于广佛肇经济圈民营企业发展与社会发展相辅相成，从而构成一个良性循环系统

通过企业文化建设，广佛肇经济圈民营企业成了社会上一类特殊的、重要的社区。企业社区与社会其他社区及各社会层面构成种种必然联系，企业发展与社会发展息息相关。广佛肇经济圈民营企业的存在由单一的经济功能形态转化为多元的、整合的社会功能形态，并从这些社会功能中寻求企业发展的新动力和方向，使广佛肇经济圈民营企业与社会构成一个良性循环系统。

三、构建有特色的广佛肇经济圈民营企业文化

企业文化可以分为物质层、行为层、制度层、精神层四个层面。如何营造企业文化，如何培育企业的物质文化、行为文化、制度文化、精神文化，如何塑造企业形象，从前述的结构分析中我们可以得到明晰的条理。

第一，按照企业文化的广义理解，优秀的产品本身是企业文化的最终内容。因为，现代意义产品的概念范围扩大了，是指人们向市场提供的能满足消费者或用户需求的任何有形产品和无形服务。而品质文化即强调质量是企业的生命，是维系企业商誉和品牌的根本保证。在知识经济时代，企业文化建设必

须遵循该时代的特有规律，遵循技术审美的原则和顾客愉悦的原则。顾客愉悦原则是“服务文化”的集中体现，它们都带有物质层文化的属性。

第二，要在企业中形成一套行之有效的企业行为规范、人际关系规范、公关策划规范、服务行为规范，并严格执行这些规范，这些都具有行为层文化的属性。

第三，要确立以人为本的企业价值观，营造员工参与、协作、奉献的企业精神，牢牢把握以市场为导向的企业经营哲学，它们都具有了精神层文化的属性等。

本章将根据广佛肇经济圈民营企业的现状和广佛肇经济圈民营企业文化建设中存在的问题，在如下五个方面构建有中国特色的广佛肇经济圈民营企业的企业文化。

（一）科学技术理念是广佛肇经济圈民营企业重新腾飞的推动力

邓小平同志提出了“科学技术是第一生产力”，中共中央、国务院在《关于加速科学技术进步的决定》中提出：“技术创新是企业科技进步的源泉，是现代产业发展的动力。”随着知识经济时代的到来、高新科技的广泛应用，市场竞争实质上已演化成凝结在产品中科技文化含量的竞争，产品的背后、市场的背后乃至国家经济实力的背后，都是靠技术的强大支撑。

在这种日趋激烈的以科技为焦点的国际竞争中，广佛肇经济圈民营企业要适应时代的发展只有进行技术创新，只有创建优秀的品质文化，迅速改善产品结构，提高产品档次，依靠科技文化进步，才能使企业得到可持续发展。改革开放以来，经济思想上虽然一再强调要以经济效益为中心，对内涵扩大再生产和技术改造的重视程度有所提高，然而至今，在一些方面技术改造的效果还不理想。广佛肇经济圈民营企业的科技投入规模既小又分散，导致广佛肇经济圈民营企业的研究开发单项课题经费相对不足，或者说广佛肇经济圈民营企业在经费紧缩的条件下，难以研究出具有竞争力的产品。广佛肇经济圈民营企业在向科技开发型转变的过程中，一要注重高科技产品的开发，要建立专门的科技开发队伍，增加对科技开发的投入，加速产品的研制开发和更新换代，提高企业产品的科技含量。在目前许多企业自身科技开发能力较弱的情况下，要加强与科研院所的交流和合作，共同研究开发新产品；也可直接购买它们的研究成果进行生产开发，提高企业的科技水平。二要重视技术改造，产品要上档次，提高科技含量，必然要求企业采用更加先进的设备和工艺，这要求民营企业要舍得花钱用于设备更新和技术改造，增强企业的发展后劲，向科技进步要效益。

在进行技术创新的同时，也可以采用从国内外引进的先进技术。但是应该注意，引进技术的根本目的在于增强自我发展的创新能力，而不是形成对外部技术的依赖。低水平的重复引进，偏重于引进成套设备，忽视软件技术的引进，一直是广佛肇经济圈民营企业技术引进工作存在的主要问题。广佛肇经济圈民营企业必须坚决贯彻引进技术“一学、二用、三攻、四创”的原则，把引进、消化和独创三者有机地结合起来，外为内用，学习和独创相结合，引进与消化相结合，创造有自己特色的技术文化体系。

（二）品牌文化是广佛肇经济圈民营企业振兴的希望

电子信息时代的到来，冲破了区域和民族间的地理阻隔，促进了世界经济一体化的发展，品牌早已无国界。品牌可以说是一个民族崭新的图片，是一个民族在市场竞争舞台上的亮相，也是历史、文化、个性、价值观及企业实力的融合。名牌在市场竞争中体现出的领先性和强劲性优势，无不显示出品牌经营战略的终极目标就是要创造出具有高价值的名牌。然而名牌的形成并非由权威机构指定或评选出来的，它是由广大消费者优选出来的，是市场竞争的结果。名牌的市场领先性是系统的，它体现在产品上具有多方面的优势，是技术含量、产品质量、销售服务等各方面领先组合而成的综合优势。因而，品牌战略是一项艰巨而复杂的系统工具，它是以创建名牌为目标，对企业各个经营环节进行的综合管理。

近年来，广佛肇经济圈很多民营企业相继提出名牌战略，表明广佛肇经济圈民营企业的品牌文化意识已越来越强烈了。寻找名牌文化的话题，意味着我国民族工业和对外开放都已发展到一个新阶段。面对各类名牌的冲击，广佛肇经济圈民营企业只有面对现实，接受挑战。接受挑战的基本思路是树立正确的经营观，强化品牌意识，加大品牌投资，并针对自身弱势着重抓好以下五个环节。

1. 创建名牌的过程实质上是一种文化建设的过程

在现代经济生活中，名牌早已超越了商标这样一种原有的内涵，成为一种文化现象，成为企业的第二厂名，是企业进军市场的旗帜，是激烈竞争中企业得以取胜的法宝。在当今名牌文化角逐的时代，企业靠名牌生存，市场靠名牌整合，地方靠名牌发展，国家靠名牌振兴。品牌具有无形资产的价值，名牌产品包含了质量价值和商标价值，名牌可带来巨大的经济效益，名牌产品的市场占有份额正在提高，名牌商品是开拓国内外市场的锐利武器。

2. 名牌的质量观念是生产消费者满意的商品

对消费者来说，也只有名牌产品才买得放心，用得满意，甚至只要看见知名品牌和信誉卓著的“老字号”，就会由衷地涌起独特的依赖感。消费者满意的商品包括三方面的内容：一是该商品具有良好的使用性能；二是该商品美观大方，能给人以美的享受；三是要有良好的包装和装潢，好的包装和装潢不但美观，而且便于运输和携带，可以保护商品的使用性能。同时，商品不能离开价格来讲美，消费者对该商品的要求是物美价廉。因此，广佛肇经济圈民营企业的商标质量观念应该是，以最低的总费用使该种商品具有和实现良好的必要功能，使消费者对该商标具有良好的信任感。生产让消费者“买得舒心，用得放心”的产品，是广佛肇经济圈民营企业品牌战略的基础性工作。

3. 只有持续的技术创新才能保持住商品的名牌地位

任何品牌都不可能单纯地依赖现有产品长久地占领市场，市场千变万化，消费者的需求和偏好也时刻在发生变化，企业间的竞争十分激烈，创名牌不易，守名牌更难。而要迎合消费者随时变化的偏好，企业就必须不断地向市场推出符合消费者需要的新产品。接受来自市场和消费者挑剔的目光，对不断变化的消费时尚做出反应，才能受到消费者青睐。为了使名牌保持长久的生命力，除了要采取多种措施，塑造好企业品牌商标形象外，最根本的还是要有长远的眼光，要洁身自好、励精图治、不断创新。通过采用新材料、新工艺、新的管理方式，使原有品牌质量更上一个台阶，进一步巩固已有名牌的地位。

4. 完善的售后服务体系是形成名牌的重要保障

售后服务的管理实质上是对产品信誉的管理，售后服务的好坏体现了企业对消费者的责任感，直接影响到消费者对品牌的评价。完善的售后服务体系，优质的服务是名牌形成的重要保障。

5. 品牌战略离不开良好的社会形象

在现代社会里，企业的经营活动不仅要满足消费者的需求，而且要关心社会福利，以符合消费者和社会的长远利益。所以企业赞助社会公益活动，可能会取得意想不到的效果，取得巨大的社会效益和经济效益。

（三）民营企业管理文化理念

美国人得出结论：日本经济之所以取得如此大的成功，是因为日本企业有着同美国企业不同的管理文化。而日本企业管理文化的精髓却来自儒家思想。孔夫子讲道理，日本人实践其道理。“中国学美国，美国学日本，日本学中国”的怪圈令我们深思。以博大精深的中华优秀文化作为企业管理的厚实根基，同时合理吸收国外的一切先进经验，探索有中国特色的广佛肇经济圈民营企业管理文化体系，才是我们实现广佛肇经济圈大开发的加速器。

1. 广佛肇经济圈民营企业管理文化体系

日本成功的经验及自己在企业管理中面临的诸多现实问题，终于使广佛肇经济圈民营企业茅塞顿开。一个有五千年文明历史的民族，在奔向现代化之路的进程中，故步自封，一味沉溺于昔日的辉煌而原地踏步，固然要遭受长期落后之苦。但是，排斥自己优秀的文化传统，简单模仿、照搬他人的经验，也是很难走向现代化的。

建立有中国特色的广佛肇经济圈民营企业管理文化体系和管理科学，是摆在广佛肇经济圈民营企业管理文化理论和实践工作者面前的一项艰巨任务，只有遵循“古为今用、洋为中用”的方针，以我为主，博采众长，融合提炼，自成一家，才能获得成功。

第一，民族特色。有中国特色的广佛肇经济圈民营企业管理文化体系应反映出我们民族的特色，民族特色也是管理思想赖以形成和发展的基础。有五千年文明的中华民族的价值观念的特色就是“求和”“重人”“勤奋”“节俭”“重信”等。

第二，更新观念。面对新的环境，有中国特色的广佛肇经济圈民营企业管理文化体系还应树立以下几个观念：信息——连接企业与外部世界的桥梁；市场——企业赖以生存的土壤；服务——企业对社会的承诺；创新——企业永葆青春的秘方；质量——企业的生命；人才——企业永恒的主体；战略——企业奔向未来的纲领；竞争——企业不竭的动力。

第三，借鉴西方管理文化。“他山之石，可以攻玉”。弘扬民族的，并不意味着排斥他人的。更何况，在商战搏杀了几百年、在科学管理路上摸索了上百年的西方国家，在现代企业管理方面足以称师。泰罗制、行为科学等管理理论虽已披上了岁月的尘埃，但其中的精华仍在发挥着巨大的作用。如何从广佛肇经济圈民营企业实际情况出发，汲取精华，为我所用，仍是广佛肇经济圈民营企业深思的问题。在社会化大生产和经济技术发展日新月异的今天，靠个人权威、靠经验和靠拍“脑袋”的管理方法已使我们在管理中吃尽了苦头。

2. 建设企业家行为文化

如果我们把国民经济比作一列火车的话，那么，产业便是这列火车上的车轮。众多的企业又构筑了产业这种轮子。作为驾驭企业的首脑人物——企业家，则是“产业车轮的轴心”。

面对世界市场的挑战，我们产生了资源匮乏的危机意识和忧患意识——这里“资源”指的是能在市场上叱咤风云的企业家。企业家缺乏已成为严重制约广佛肇经济圈民营企业活力的“瓶颈”。广佛肇经济圈民营企业缺乏政策扶持，缺技术，缺资金，这都是铁一般的事实，但广佛肇经济圈民营企业最缺的是领航人——企业家。

正视企业家的特殊作用，已成为新体制的新要求；建设一支宏大的企业家队伍已成为广佛肇经济圈民营企业改革和发展的新命题。如果说旧体制不是造就企业家的体制，也是不需要企业家的体制，那么，走上社会主义市场经济体制的中国，已发出了对企业家的呼唤。企业是国民经济的细胞，细胞无活力，国民经济就如体弱的巨人难以举足，更难以快速奔驰。广佛肇经济圈的发展依赖于企业的发展。而企业这一列火车能否乘风疾驰，靠的是轴心——企业家。

（四）建立健全现代民营企业的管理体制

1. 采用公司制

在市场经济条件下，企业应采取怎样的组织文化形态来运作，这是一个陌生的问题。业主制—合伙制—公司制，西方国家企业制度演变之“三部曲”，使这些国家的企业制度日渐成熟。

公司制也许说不上是完美的企业组织文化形式，但它是目前最成熟、最完善的企业组织形式。精巧的公司体制设计是公司制的生命力所在。是以个人股权为主，还是以法人股权为主，这取决于市场经济不同类型的体制。广佛肇经济圈民营企业以选择个人股权为主的股权结构为佳。

与民营经济的集团化相适应，股份制将成为集团型广佛肇经济圈民营企业的一个基本方向，股份公司将是大型广佛肇经济圈民营企业的最重要的企业组织形式，财产混合所有经济单位将随之出现。股份公司可能通过扩股的方式吸

取企业发展所需的资金，可以通过参股、控股等方式来调整产权结构，便于引入专业经理人员进行现代化管理。无论是哪种股权结构的公司，大多是通过股东会（或股东大会）、董事会、经理人员和监事会这四个权力机构来治理公司的，并都将各自的权力做了这样的定位：股东会——权力机构，董事会——决策机构，经理人员——执行机构，监事会——监督机构。然而，由于股权结构的不同，使之在不同公司权利人及权力作用的力度不尽一致。广佛肇经济圈民营企业已认识到股份公司的诸多优点，向股份公司制度转化成为广佛肇经济圈民营企业二次创业中的一项重要工作。这表明我国广佛肇经济圈民营企业正主动向现代企业制度靠拢。股份制的引入也为混合所有制经济单位的出现创造了条件。

2. 购买、兼并形成规模经济

从世界工业化的发展历程看，规模优势是工业发展的主要推动力。不同经济规模工业企业效益比较的结果是：大型工业企业的经济规模和竞争实力远远超过中小型企业。放眼世界经济舞台，大公司、大集团的崛起也是大势所趋。据有关资料，有一半以上的国际贸易和3/4的国际大型投资活动与跨国公司有关，一些超大型的跨国公司每年的营业额达上千亿元。

改革开放以来，中国市场日渐成为国际市场的一部分。据统计，列入世界500强的跨国公司已有半数进入中国市场。民营企业现在面对的是有大规模生产的成本优势、高强度投入技术优势、网络遍及全球的营销优势的大型跨国公司。广佛肇经济圈民营企业的再次创业，将与国有、集体企业改革联系起来，大量广佛肇经济圈民营企业将通过购买、兼并等方式的产权改组实现与公有制经济的相互促进、共同发展。中共十四届五中全会提出要“通过存量资产的流动和重组，对国有企业实施战略性改组”，并提出“搞好大的，放活小的”的方针，明确了国有小企业可以兼并、出售，而广佛肇经济圈民营企业正是国有企业这项改革的一个积极参与者。近年来，江苏、湖北、四川、上海等许多省份均出现了民营企业购买国有、集体亏损企业的事例。

组建大公司，仅仅把企业合在一起，仅做“加法”是不行的。加在一起只是一种“物理现象”，应当让企业内部产生“化学反应”，才能真正爆发出极大的能量。要壮大企业集团，使之跻身于世界级企业之列，就必须认清行业优势，正确选择突破口。面对这种状况，广佛肇经济圈民营企业的选择应该是：确实有大量中小型国有企业因各种复杂原因陷入困境，要救活是很难的，甚至是不可能的。但是并不等于这些企业就没有价值了——作为企业难以有效生存下去，但是一部分资产还有用。怎样盘活这部分资产呢？广佛肇经济圈民营企业应选择与这些企业或是主管部门联合投资，组建有限责任公司，以广佛肇经济圈民营企业控股的方式，这样既可实现广佛肇经济圈民营企业的对外扩张、扩大规模的目的，又可以盘活这些企业中的有用资产，同时解决了那些企业工人的就业问题。

（五）重视民营企业的精神文化建设

企业精神文化是支撑企业文化体系的灵魂，企业文化作为整体是动态的，被企业外部环境所制约，时代的变化、消费模式的变化会影响企业文化的发展变化。在当今社会，诸如以什么样的态度和方法对待顾客、以什么样的态度和方法对待员工和社会，已成为塑造企业精神文化的新课题。笔者认为，企业精神文化的核心是团队精神的建设。

综观任何一家世界知名企业的发展史，我们都能发现，上下同心、顽强拼搏、不怕牺牲、甘于奉献的“团队精神”是它们获得成功的关键。那么怎样才能形成这种强劲的凝聚力呢？关键在于领导的表率作用。韩国大宇集团总裁金宇中的口头禅就是“牺牲精神”，他的信条就是“勤奋治国，苦干成功”。他说：“领导者的牺牲精神对领导力也非常重要，这种牺牲精神来自对集体的热爱。”

团队精神在形态上表现为一种文化问题，而其核心问题其实就是团队共同的价值问题，团队精神是团队及其成立的共同价值取向和行为标准，它的形成是由复杂因素综合作用的结果，其中既有主观的因素也有客观物质条件的因素。

1. 科学确立企业经营理念

特别是科学确立团队事业目标，在团队内充分渗透企业的经营理念及团队事业目标并不是可有可无的，它是企业文化的灵魂和核心，是企业经营成败得失的关键。经营理念及事业目标的定位是团队精神建设的出发点和基础。广佛肇经济圈民营企业在企业经营理念定位及事业目标确立过程中至少必须遵循以下四个原则：

第一，经营理念应该具有时代性，合乎社会规范，并与团队成员的价值取向相统一，这样才能引起员工的心理共鸣。

第二，目标必须真实。切忌好大喜功，盲目冒进，也应避免保守畏缩。确

立团队目标应根据团队及其企业现有内外环境资源及市场机会理性分析综合评判。目标不能定得太高，也不应太低。

第三，目标必须对员工具有激励作用。企业目标应该是团队成员利益的集中体现，只有这样目标才能得到员工的认同，才能对员工行为起规范作用。

第四，经营理念及事业目标必须不断更新。企业的主客观条件，社会环境发生变化以后，理念和目标也必须获得刷新，否则，就会丧失其导向功能和动力作用。广佛肇经济圈民营企业在经营理念和事业目标确立以后，必须得到认真的贯彻推行，必须渗透到每一个员工中，得到团队成员的一致认同和接受。广佛肇经济圈许多民营企业不是没有理念，没有明确的事业目标，而是理念、目标教育不到位。这些企业不是目标教育不重视，就是方法不对头。

2. 建立团队价值观，培养良好的团队气氛

协同工作是良好团队精神的体现。团队内部必须树立起“人人为我，我为人人”的共同价值观。团队是每个成员的舞台，个体的物质和精神回报离不开团队这一集体，每个成员要想获得自己的荣誉，实现事业抱负，都离不开其他成员在信息、知识、能力和爱心上的帮助和支持。因此，广佛肇经济圈民营企业要在团队内部经常性地开展沟通工作，倡导感恩和关爱他人的良好团队氛围。

良好的沟通是营造良好的团队气氛的法宝。团队内部成员与成员之间、成员与团队领袖之间、团队与上司之间、团队与团队之间都必须保持双向沟通，只有沟通才能实现互相之间的了解，产生信任，达成共识，才能产生强大的团队凝聚力。团队要跟踪观察团队成员之间的合作情况，让成员们经常讨论他们的意见和感觉，及时排除隔阂，化解矛盾。

尊重员工的自我价值是形成共同价值观的前提。一般来说，团队成员在团队中是以个人的经济收入和各种潜能的发挥作为价值目标，并体现在对团队的贡献上；而团队则应在追求团队价值的同时，充分考虑到每个成员都能平等地在整体环境中获得追求和实现自我价值的机会。要使这两个方面有机地统一起来，团队的凝聚力就会形成，团队的共同价值也就能通过个体的活动得以实现。

注重感情投资是广佛肇经济圈民营企业团队精神建设的特殊课题。东方文化注重“人和”，中国文化倾向情理相融。日本企业非常注意把企业办成一个大家庭，建立起企业内部情感维系的纽带，如员工生日、结婚、生孩子、乔

迁、晋升等，企业都给予特别的祝贺，以增进员工的归属感和向心力。在团队组织内部必须培养起良好的人际氛围。

3. 强化团队领袖行为建设

优秀的团队领袖会使团队保持高度一致。团队领袖的行为直接影响到团队精神的建立。首先，团队领袖必须懂得如何管人、育人、用人。任何团队都会有管人的问题。团队必须建章立制，这是保持团队完整的基本条件，“没有规矩，不成方圆”，用标准来管理人、约束人并持之以恒地实行，这是团队领袖的重要工作内容。团队领袖也必须善于育人。人才是团队最重要的资源，人才来源，一是靠引进，二是靠培育，引进来后也得加以培养。同时，团队领袖在团队分工的时候还必须做好用人的事情，把人才推进到最适合其发挥才能的工作岗位上，真正做到人尽其才。其次，团队领袖必须加强自身素质和能力的修炼。团队领袖要善于学习，勤于学习，懂得运筹帷幄，懂得把握方向和大局，研究事业发展战略，同时，还要加强自身的德性修养，懂得以德服人、讲信誉、宽胸襟，敢于否定自己、检讨自己，善于集中团队成员的智慧、采纳团队成员的意见，发扬民主管理的作风。

4. 建立规范的管理制度、激励机制

规范的管理制度、良好的激励机制是团队精神形成与维系的内核动力。团队激励机制的建立应围绕以下三个方面着手进行：①建立科学的工资制度。工资制度是激励机制的基础，这一方面成熟企业已经有了很多经验总结，在此不再赘述；②精神激励和物质激励并举。激励的手段应该是多方面的、丰富的，因为人的需要是多方面的，人是社会的人；③批评和奖励双管齐下。奖惩制度是企业管理的有力手段。批评是负激励，它推动着团队成员向前走；奖励是正激励，它牵着团队成员向前走。

总之，团队及团队精神的建设在广佛肇经济圈民营企业目前仍处于实践探索阶段。近 200 年来的工业化进程为人类社会创造了辉煌的物质文明，为管理从经验到科学的发展奠定了坚实的基础，如今信息化与知识经济时代的到来，变革与创新、以人为本、虚拟企业、团队工作等一系列新的理论，正在突破传统思想的束缚，成为新时代管理思想的主要支柱。随着我国改革开放进一步深化，市场体制已日臻成熟，广佛肇经济圈民营企业要想获得新一轮的发展，必须认真研究诸如团队建设等一系列的管理创新理论，这是摆在民营企业面前的重大课题。

参考文献

[1] 胡伟希．大浪潮（经济与文化第一辑）[M]. 北京：当代中国出版社，1990.

[2] 阎焕东．企业文化与企业现代化 [M]. 银川：宁夏人民出版社，1999.

[3] [美] 威廉·大内．Z 理论——美国企业界怎样迎接日本的挑战 [M]. 北京：中国社会科学出版社，1984.

[4] [美] 托马斯等．寻求优势 [M]. 北京：中国财政经济出版社，1985.

[5] 范周．企业文化导论 [M]. 北京：世界知识出版社，1991.

[6] 刘光明．现代企业家与企业文化 [M]. 北京：经济管理出版社，1996.

[7] [美] 沙因．企业文化与领导 [M]. 北京：中国友谊出版社，1989.

[8] 贾春峰．文化力观 [M]. 北京：群众出版社，1997.

[9] [美] 约翰·科特．企业文化与经营业绩 [M]. 北京：华夏出版社，1997.

[10] 郝明道．中国企业文化概论 [M]. 北京：中国经济出版社，1994.

[11] 徐建民．企业之魂 [M]. 北京：首都经济贸易大学出版社，1995.

[12] 黄河涛．现代市场的美学冲击 [M]. 北京：人民出版社，1996.

[13] 万力．名牌：CI 策划 [M]. 北京：中国人民大学出版社，1997.

[14] 刘光友，任虹．民营企业成长应注重企业文化的转变 [J]. 企业文化，2001 (6)：22-23.

[15] 黎永泰，蒋庆．民营企业文化管理的重构 [J]. 四川大学学报（哲学社会科学版），2001 (5)：38-39.

[16] 武汉大学社会经济研究中心课题组．民营经济：九十年代的特点与走向 [J]. 当代经济科学，1996 (3)：55-59.

[17] 曹建国．民营企业经济增长方式应实现六个转变 [J]. 民营导报，1997 (3)：5.

[18] 李宝生．论企业团队与团队精神建设 [J]. 龙岩师专学报，2001 (2)：35-36.

[19] 黄燕．乡镇企业的品牌战略 [J]. 乡镇经济，2001 (6)：21.

第八章　广佛肇经济圈民营企业协同创新和核心能力研究

第一节　协同创新的内涵和模式

一、协同创新的内涵

协同创新（Collaborative Innovation）的定义由美国麻省理工学院斯隆中心（MIT Sloan’s Center for Collective Intelligence）的研究员彼得·葛洛（Peter Gloor）给出：协同创新就是“由自我激励的人员所组成的网络小组形成集体愿景，借助网络交流思路、信息及工作状况，合作实现共同的目标”。传统的创新往往封闭于单一的范围之内，局限于体制、区域等条件，无法集成各领域的资源、技术和成果，造成创新效率低下的结果。而协同创新是对创新资源和要素的有效汇聚，通过突破创新主体间的壁垒，充分释放人才、资本、信息、技术等创新要素的整合与流动，共享科技成果和技术资源，减少资源的分割、浪费和重复，能够有效地提高社会的创新效率。换句话说，协同创新能够突破学科、系统行业的壁垒，打破部门、区域，即体制的限制，促进创新要素向企业集聚，实现科技资源共享，推动科技体制改革深化。

协同创新意在大力推进高校、科研院所、行业企业、政府及其他中介机构之间的深度合作，探索适应于不同需求的创新模式，营造有利于创新的环境和氛围。协同创新已是当今世界科技创新活动的新趋势，成为整合创新资源、提

高创新效率的有效途径。美国硅谷之所以能诞生苹果、惠普、英特尔等一大批世界著名的高科技企业，很大程度上得益于硅谷所在地政府、企业、大学、科研机构及其他中介机构的合作创新生态系统，即深层次的科技力量整合、创新资源共享、创新人才聚集的创新模式——协同创新。

协同创新知易行难，不同的创新主体对协同创新实践的认知存在差异。公共创新主体对创新的共同追求是实现协同创新的必要条件，微观主体间共同利益体的形成对协同创新的实现也至关重要。

协同创新的主要途径有：一是构建协同创新战略联盟；二是推动科技体制改革；三是构建适宜协同创新发展的文化氛围。

二、创新的内容与模式

（一）创新的内容

“创新”是美籍奥地利经济学熊彼特（Sehumpeter J. A.）在《经济发展理论》中首次提出的概念，他从经济角度，把创新界定为“执行新的组合”，指从新思想的产生到产品的设计、试制、营销和市场等一系列活动。熊彼特的定义是将已经发明的技术发展成为社会能够接受，并具有商业价值的活动。随着社会进步及对创新理论深入研究，学术界对创新的内涵有了深刻的认识，外延有了很大的扩展。把创新看成是一种追求创意的意识和一种勇于思索、积极探求的心理取向。创新包括新的思想、学说、方法、理论和新技术，既包括事务发展的过程，又包括事务发展的结果。

（二）创新的模式

1. 维持模式

一些有一定的相对竞争力的国家，由于国家规模小，发展中遇到困难等原因，国家总体的创新能力有限。这些国家的经济发展和科技创新以企业为主导，而政府则在关系国民经济发展的、重大的、有着深远影响力的关键问题上进行引导和支持，以实现重点创新，维持国家的竞争力，并希望获得进一步的发展。

2. 紧跟模式

一个国家在竞争力相对不强的情况下，通过政府管理创新产生的强大力量，紧跟世界先进水平，促进国民经济的跨越式发展。在20世纪五六十年代，日本经济实现腾飞，就是紧跟战略的成功实例。在这一时期，日本的经济实力还不强，主要靠生产低成本的模仿产品。但是，日本政府重点加强国家对经济发展的宏观调控和指导作用，以产业政策为指导发展战略工业，以组织高效率的“技术引进+消化吸收+改进提高”紧跟世界先进水平，为形成日本经济的竞争优势奠定了良好的基础。

3. 精益模式

精益模式是指一些相对竞争力强的国家，政府着重现有财富的管理以使优势持续，保持现有的竞争地位。

作为欧洲经济大国、科技强国，德国虽然在世界范围内属于发达国家之列，但同美国、日本比起来则显得较为落后；高福利、高工资削弱了竞争机制，企业的投资和革新热情日渐消退，个人的想象力和创造性难以发挥；德国的科技投入远低于日本和美国，且呈递减趋势，这必然导致科技竞争水平的降低。

面对新经济的冲击，德国政府认识到了危机的存在，开始制定系统的国家创新战略：1993年、1995年分别发表了第一个和第二个《德尔斐报告》，明确国家的创新方向；1996年提出了发展科学技术、促进技术革新的行动计划，加强其知识经济的基础地位。其重点一是增强人们的知识经济意识，热情支持和参与发展科技；二是促进科技成果产业化，让科技创新转变为生产力。但是，德国把投资重点放在改进传统工业的传统工艺上，尽管1996年投资达到590亿马克，却选错了方向，没能取得预期的效果。

4. 竞争模式

竞争模式是指政府减小控制力度，企业发挥竞争优势，保持国家竞争力。

20世纪80年代以前，日本公司的产品开发几乎完全依赖于从美国和欧洲获取的技术许可。为了阻止日本的快速发展和贸易顺差，美国等贸易逆差国开始实行自由出口限制政策。这样，从产品创新开始，日本进入了一个创新时代，表现为光电子、高密度电视、记忆芯片、机器人、工厂自动化等领域的进展。不仅如此，日本还在先进的、有发展前途的领域力争卓越。

这一时期，在日本的创新系统中，更多的是由市场主体——企业主导。较之20世纪五六十年代，政府的控制力度减小了，更多地依靠发挥企业的竞争优势来保持国家的竞争力。

5. 领先模式

领先模式指发达国家和企业保持科技投入和政府支持，永续国家和企业竞争力。

一个国家或者是企业墨守成规是没有出路的，一时的成功只能获得暂时的竞争优势，但无法阻止潜在竞争国家和企业的模仿和进入。众多成功的国家和企业因为创新能力的窒息而导致国力的江河日下。世界上一些发达国家从国家竞争力的沉浮中认识到了这一点。为了永续国家竞争力，他们在努力保持科技投入和政府的支持。

第二节 核心能力的内涵和特征

一、核心能力的内容

自普拉哈拉德和哈默尔（Prahalad and Hamel，1990）在《哈佛商业评论》上发表了企业“核心能力”（Core Competence）一文以来，关于企业核心能力或核心竞争力问题引起了理论界和企业界的广泛关注，许多学者在这方面做了有益的探索，其中也产生了一些歧义。因此，本节试图从普氏和哈氏的原始定义出发，介绍和比较几种有代表性的观点，最终阐明笔者的认识。

普氏和哈氏在他们的原文中是这样定义核心能力的：核心能力主要是关乎各种技术和对应组织之间的协调和配合，从而可以给企业带来长期竞争优势（Competitive Advantage in Long-run）和超额利润（Superior Profit）。

在技术方面，普氏和哈氏强调了企业核心能力是对多种技术或技能的整合。例如，卡西欧把收音机放置在一个芯片上，从而生产出名片大小的微型收音机。这种产品是微型化技术、微处理器设计、材料科学及超薄精密装盒技术等多种技术流的整合。这种整合能力一旦形成，则卡西欧公司不仅可以生产微型收音机，而且还可以将这项能力应用于微型计算机、微型电视和其他微型装置上，从而生产出多种有竞争力的最终产品。在组织方面，强调了企业核心能力是工作和价值传递的组织能力，组织能力是企业将各种资源有效配置，使各项工作协调一致，从而高效率地向目标顾客提供产品和服务或传递价值的能力。各种资源和技能、各项工作若不能有效配置和整合，就不可能生产出符合顾客需要的产品，也就谈不上市场竞争力了。其他学者也对核心能力问题做了有益的探索。蒂斯、皮萨诺和舒恩（Teece、Pisano and Shuen，1990）将核心能力定义为提供企业在特定经营中的竞争能力支柱优势基础的一组相异的技能、互补性资产和规则。埃里克森和米克尔森（1998）从组织资本和社会资本的角度认为核心能力是组织资本和社会资本的有机结合，组织资本反映了协调和组织生产的技术方面，而社会资本反映了社会环境的重要性。伦纳德·巴顿（Leonard Barton，1992）认为核心能力是一个系统，包括员工的技能、物理体系中的知识、管理系统和价值观四种形式的技术竞争力。笔者认为，企业核心力是一个企业拥有的共同知识，它既包括企业配置和整合各种资源方面的知识，也包括组织和协调企业各项活动方面的知识，并最终表现为向目标顾客传递价值方面的知识。企业核心能力从本质上讲是决定企业生存和发展的关键环节，也是决定企业市场竞争地位的根本所在，它反映了企业适应环境、服务顾客的整体能力。

二、企业核心能力的特征

普拉哈拉德和哈默尔认为，至少有三项测试可以用以识别企业的核心能力：一是核心能力为企业进入范围广阔的多个市场提供了潜在的通路；二是核心能力应该能够为最终产品的消费者福利做出重大贡献；三是核心能力应该为竞争对手所难以模仿。竞争对手可以获得构成核心能力的一些技术，却很难把这些技术复制成为核心能力的整体协同模式和集体学习机制。不具备上述三个方面特征的能力，是称不上企业的核心能力。归纳中外学者的观点，笔者认为企业核心能力具有以下八个显著特征：

（一）服务顾客的能力

企业核心能力从本质上讲是企业发现顾客需求，满足顾客需求，为顾客创造价值的能力。企业的一切经营活动的出发点和归属点是顾客需求，其竞争力的大小，各种技能的优劣，各种管理制度、企业文化是否先进，最终的判别标准是其产品和服务能否适应顾客需求，甚至超越顾客的需求。

（二）整体能力

企业核心能力不是指企业的单项技能，或某一方面的知识，它是企业优化配置各种资源，整合企业各项活动的综合能力。企业拥有多种资源（如人才、资本、设备、技术、信息等），开展多环节的经营活动（如市场调研、产品研发、产品制造、市场营销、资本运作与管理等），相应地具备各种要素能力和专门能力。前者如高级专门人才的数量和质量、资本的规模和结构、设备的效率和技术水平、信息的掌握程度和应用技能等。后者如市场调研能力、产品研发能力、产品制造能力、市场营销能力、资本运作能力等。要素能力和专门能力对企业来说是非常重要的，构成了企业核心能力的基础。但是，它们显然不是企业的核心能力，企业核心能力是整合上述各方面能力的能力。有些学者把关键技术等同于核心能力，认为企业如果不掌握最先进的技术，就没核心能力。例如，有人把 Intel 公司的微处理器的制造技术、可口可乐公司的产品配方、微软公司的软件开发能力称作这些公司的核心能力，并由此得出中国 IT 产业和软饮料制造业没有核心能力的结论。我们认为这种看法是片面的。因为技术只是企业要素能力的一个方面，它可以在企业竞争能力架构中发挥重要作用，但却不能把它等同于核心能力。

（三）普遍性

任何企业都可以挖掘、培育和拥有自己的核心能力。“凡是存在的，都是合理的”。不同企业拥有不同的核心能力，但是任何企业都拥有核心能力。我们不能用企业是否拥有某一方面的要素能力或专门能力作为判别核心能力的唯一标准。掌握关键技术的大型企业拥有核心能力，具有较强制造能力的中小型企业也同样拥有核心能力，如美国的 Intel、IBM、微软、通用电气等公司拥有核心能力，中国的长虹、联想、海尔、TCL、春兰等也拥有核心能力，只是它们的核心能力各具特色。

（四）共同性

企业核心能力是企业在开展经营活动中积累起来的共同知识，不能为企业中的个人或单元所占有。企业家在配置和整合企业资源，协调企业各项活动，促进企业创新和发展方面发挥着独特的作用。但是，企业家精神和能力并不等于企业核心能力。企业核心能力是由企业中的成员创造、形成并共同拥有的知识。企业中的成员可以拥有要素能力，并对企业核心能力产生影响，但不可能拥有企业核心能力。

（五）竞争力

企业的核心能力与企业的竞争优势有着密切的关系，而竞争优势又与企业的“专长”密切相关。企业核心能力是以某一方面的“专长”为亮点的整体能力。“专长”实质上是企业优于竞争对手的某一方面的要素能力或专门能力。专长不能脱离企业核心能力而独立存在，但是专长可以作为衡量企业核心能力大小的尺度（标准）之一。这也是不少人把专长等同于企业核心能力的原因之一。例如，Intel公司拥有研发和制造计算机微处理器的领先技术，戴尔公司在信息系统和营销方面具有独特专长，微软公司拥有强大的计算机软件的开发能力，可口可乐公司在产品配方、品牌塑造方面具有独特能力。联想则在个人电脑制造和销售方面表现出卓越能力。

（六）延展性

企业的核心能力是在具体产品的生产经营活动中形成的，但是，它又绝不会局限于此。它可以被运用于其他领域，开发出多种强势产品和服务。例如，海尔集团将其核心能力冰箱生产移植到了洗衣机、热水器、微波炉、彩电、空调等多个领域，取得了很大的成功。

（七）个案性

任何企业都拥有核心能力，这是指企业核心能力的普遍性；不同企业拥有不同的核心能力，企业核心能力难以被模仿或学习，则是企业核心能力的个案性特征。这就提醒我们在研究企业核心能力时应该采取“一企一策”的方法，以保证研究成果的针对性和适用性。在对某一类别企业核心能力研究时，则应该更多地着眼于方法论的探索，而不是提出很具体的战略和策略。

（八）动态性

在市场经济条件下，企业存在于复杂的经济环境中的开放系统。因此，企业核心能力不是静止不变的，不仅是企业内部因素综合的结果，它的大小或强

弱还受到企业外部因素的影响，并且是不断演变和发展的。在企业发展的不同阶段需要或对应不同的核心能力，因为在不同的发展阶段企业面对不同的环境，需要实现不同的经营目标。

三、研究、识别和培育企业核心能力的意义

（一）开展此项研究工作可以为企业透视自我提供一个理论框架

以往人们在企业管理研究中发现，虽然可以运用有效的分析工具（定量的或定性的）认识企业产品的市场地位高低及企业效率的大小，但是对企业之间产生差异的原因却较为困惑。虽然以往人们运用单项因素（如技术、人才等）分析法做出过某种解释，但是不少解释常常停留于浅层次上，有些结论还自相矛盾，不能令人信服，企业核心能力理论为解开企业竞争力差异谜团提供了一把钥匙。

（二）运用企业核心能力理论可以使企业的战略和策略建立在可靠的基础之上

运用企业核心能力理论有利于企业全面审视自身的各种资源和活动，从中找出优势和劣势所在，探明突破口，从而使企业的战略和策略的制定及实施建立在可靠的基础之上。

（三）运用企业核心理论有助于树立全局观念，澄清某些认识误区

人们在企业竞争力研究上经常犯的错误就是以偏概全，过分看重单项因素，忽视企业的综合能力，尤其是把技术因素等同于企业核心能力的现象亟待校正。那种认为企业不掌握领先技术就没有核心能力，也就没有市场竞争力的说法也是值得怀疑的。市场经济是交换经济，是以社会分工和协作为基础的经济模式，并非所有企业都有必要或有能力开发领先技术或核心技术，因为附加核心技术的产品（如计算机芯片、Windows 系统）是可以通过交换获得的。中国已经正式加入世界贸易组织，完全可以通过正常的技术贸易方式获得所需技术。有不少企业的核心能力是与某些领域的关键技术联系在一起的，但不能由此得出不掌握（拥有）关键技术所有权的企业就没有核心能力的结论。例如，

美国戴尔公司不具备计算机软硬件的设计、开发和制造技术，但同样拥有企业核心能力，其个人电脑的产销量居世界前三位。

（四）研究和运用企业核心能力理论，对于中国企业，尤其是对于广佛肇经济圈民营企业来说，具有更为直接和重大的意义

在中国加入世界贸易组织和广佛肇经济圈大开发战略逐步推进的新形势下，中国企业，尤其是广佛肇经济圈民营企业将面临激烈的国际、国内市场竞争。中国企业规模小，品牌知名度低，经营观念和管理模式陈旧，不掌握核心技术或领先技术的问题日渐突出。如何提高中国企业的市场竞争能力的问题已经成为政府、企业界和理论界关注的热门课题。不少学者做了有益的探索，提出了一些有创见的思路，如技术创新说、制度创新说、企业家精神说、人力资本开发说、名牌战略说等。但是，这些理论只切入了企业经营管理活动的一个方面，都只是必要条件，而非充分条件，不能解释选择同样的企业制度、同样的技术装备的企业却有不同竞争力的问题。企业核心能力理论为中国企业提出了努力的方向和工作的着力点，也增强了市场竞争取胜的信心。也就是说，中国企业只要培育和不断增强企业核心能力，就可以在国内外市场竞争总格局中获得较有利的地位。

第三节　企业核心能力的评价与培育

一、价值链与企业能力体系

（一）价值链

哈佛大学的迈克尔·波特提出了价值链这个概念，作为公司的一种工具，用以识别创造更多的顾客价值的各种途径。每个公司集合了设计、生产、销售、送货和支持其产品而采取的一系列活动。价值链将在某一特定行业中创造价值和产生成本的各种活动分解为在战略上相互关联的九项活动。这九项价值创造活动又分类为五项基础活动和四项支持性活动。基础活动是指以企业购进原材料、进入加工生产，将其运出企业、上市销售到售后服务等依次进行的活动，包括原材料运入后勤、生产操作、产品运出后勤、营销与销售、服务五项活动。支持性活动始终贯穿于这些主要活动之中，包括各种基础活动所需投入物的采购、技术发展、人力资源管理、公司基础设施的建设与维护四项活动。菲利普·科特勒认为，公司的成功不仅取决于每个部门做得如何，还取决于不同部门之间如何协调。解决问题的途径就是加强对核心业务过程的平滑管理，其中大部分涉及跨职能部门的投入和合作。公司的核心业务程序有四个方面：新产品实现过程、存货管理过程、订单付款过程、顾客服务过程。强大的公司就是那些在管理这些核心过程中具有较高能力的公司。例如，沃尔玛公司的最大优势之一就是它在安排商品从供应商那里送往各商店方面拥有的高效率。综上所述，公司的业务活动实质上是通过为顾客创造和提供价值而实现经营目标（利润）的活动，公司的优势大小取决于对公司核心过程的管理能力。

（二）企业能力体系不同的企业可以采取不同的方式为顾客创造和提供价值

但是，如果撇开这些具体的形式，任何企业的经营活动都可以抽象为一个“投入—产出”的过程，也就是各种生产要素投入企业，经过优化组合，最终为顾客提供满意产品和服务，并实现企业经营目标和形成企业文化的过程。企业能力体系可以由要素能力、运作力和产出力三个部分组成。要素能力主要由企业的人力、物力、资本、技术、信息等要素组成，它反映了企业经营活动的潜力，并与企业的预期经营成果之间存在正相关关系。企业中的人力由企业家、高级专门人才和普通员工三个部分组成，他们在企业发展（或经营活动）中的地位及所能发挥的作用是不同的。企业家的创新精神、远见卓识的管理才能直接决定企业的发展方向和成长速度。高级专门人才的专业知识和钻研精神直接决定企业关键难题的解决。普通员工的敬业奉献精神和良好的工作作风直接关系到企业经营目标和计划的实现程度。企业中的物力主要由厂房、设备和其他相关设施组成。其中制造设备发挥着关键作用，它直接决定着企业的生产效率、产品的质量和技术含量，直接影响企业产品的市场竞争能力。企业中的资本规模大小反映着企业实力，资本的结构决定着企业的基本制度和管理模式的选择。企业中的技术是指加工工艺、产品配方、技术诀窍、技术专利等，是影响企业产品竞争力的关键因素之一。信息也是企业投入要素的重要组成部分，一个企业占有的信息资源越丰富、运用越得当，就越能对市场需求及其相关因素变化做出快速有效的反应。

企业运作力包括经营能力和管理能力两个方面。经营能力包括产品研制开发能力、采购供应能力（后勤保障能力）、制造能力、营销能力、财务能力（企业资本的筹措、运用与管理能力），以及人力资源的开发与配置能力等。管理能力包括决策与计划能力、组织能力、执行计划的能力，对各项经营活动的协调与控制能力。企业运作力在整个企业体系中发挥着关键作用，它直接决定着企业各种经营要素潜力的发挥水平，也决定着企业的产出质量（企业效益）和产出水平（企业效率）。

企业产出力是企业经营成果的最终体现，主要产出两大成果：一是产品，用来满足顾客的需要，实现企业的经营目标；二是企业文化，体现着企业的经营理念、价值追求、企业形象和管理制度、行为、规范等诸要素的综合结果。产品能力可以用市场占有率、资本收益率、品牌知名度、美誉度和品牌价值等指标反映，它是企业生存和发展能力的直接体现，也是企业存在价值的基础。增强产品力可以从两方面着手：一是增加产品所能给顾客带来的总价值，包括产品价值、服务价值、人员价值和形象价值。二是降低顾客获得产品所付出的代价，包括货币成本、时间成本、体力成本和精力成本。企业在为顾客创造和传递价值的同时还必须满足股东、经营者、企业员工等利益相关者的需求，这决定着企业的效率，也决定着企业（组织）存在的理由。如果不能较好地满足各利益相关者的需求，股东就可能停止投入资本，甚至会撤资，经营者和员工会失去工作积极性，要么选择消极怠工，要么选择跳槽，从而使企业发生危机或解体。企业文化是企业在经营活动中逐步培育和形成的，并为企业人员共同享有的管理遗产，很难被其他企业所移植和模仿。企业文化一方面是企业经营活动的成果之一，另一方面又有很强的渗透力和影响力，对企业人员行为起着潜移默化的引导及塑造作用。积极的、健康向上的企业文化不仅使企业人员自觉地用一定规范约束自我，不再把规范看作是不得不遵守的束缚，而是视作行为的指南，而且还可以发挥凝聚人心，教化新来者，激发创造力的作用。

企业核心能力是贯穿于企业经营管理全过程，整合企业各种要素和经营活动，并使本企业保持和取得竞争优势，以实现企业经营目标的整体能力。企业核心能力受到各要素能力和具体经营活动能力的影响。但是，它又是超脱于具

体能力的抽象能力。从企业能力体系来看，要素力是形成企业核心能力的“原料”，运作力是形成企业核心能力的“工艺”，产出力是企业核心能力的成果。企业核心能力既不是具体能力，也不是具体能力的简单相加，而是各种能力的综合。从动态角度看，企业核心能力具有积累性特征，并为组织成员学习和享有，对企业未来产生决定性影响。

(三) 企业核心能力的不同侧面

企业核心能力可以从五个侧面表现出来，即适应能力、整合能力、沟通能力、学习能力和创新能力。

1. 适应能力

适应能力是指企业面对顾客需求变化和营销环境变迁的反应能力，反映了企业产品或服务适合顾客需求的程度，也体现了企业面对环境变化带来的市场机会和潜在威胁的敏感程度及相关策略的正确性。适应能力是企业核心能力的最基础的层面和最直接的表现形式，因为企业各方面的能力会最终综合为适应能力。企业适应能力的大小或强弱直接决定企业市场竞争力的高低，决定企业的生死存亡，理所当然成为考察企业核心能力的重要侧面。

2. 整合能力

整合能力是企业对各项经营要素进行有效配置，组织、协调和控制各项经营活动，以实现企业经营目标的能力。从整合过程看，由计划、组织、执行、协调、控制等管理能力组成，从整合方面看，由研发、制造、采购、营销、财务及人事等多方面能力综合而成。科学管理是企业的永恒主题和竞争力的源泉。不管企业管理制度如何，身在何种行业，从抽象意义上看，都是整合各种经营要素和经营活动的过程。

3. 沟通能力

沟通能力体现了企业与各利益相关者进行信息交流的效率和效能，既包括企业内部的沟通，也包括企业与外部的沟通。企业内部沟通可以从两个角度分析：一是纵向沟通，即企业高层领导—中层领导—基层员工的沟通，反映了企业决策的贯彻落实过程和各层次人员的信息反馈情况。二是横向沟通，即同一层次人员之间的沟通情况。企业内部沟通对提高决策的效率，形成群体动力有着重要作用。企业与外部的沟通主要指企业与顾客、供应商、经销商、社会公众等的沟通，其中，企业与顾客的沟通起着关键作用。企业只有将有关企业及企业产品的信息准确、高效地传递给顾客，方能使顾客对企业产品及企业形象产生正确的认识或合理的期望，从而扩大产品的销售。加强企业与外部利益相关者的沟通，还可以及时了解市场需求动态，消除不利于企业的各种传闻或事件带来的负面影响。

4. 学习能力

企业核心能力是企业共同的学识（Learning），而企业的学识一方面是企业自身经营管理经验的总结和概括，另一方面则需要从企业外部汲取科学技术知识和管理技能。企业内部成员及企业整体的学习能力直接影响企业整体素质的提高。现代企业要努力使自身成为一个学习型的组织，因为只有学习型组织才能适应市场需求和营销环境的变化。

5. 创新能力

创新有多种表现形式，如开发一种新产品，推出一个新品牌，进入一个新市场，采用一种新技术或新工艺，实施一种新制度等。创新能力是企业采取新手段、新途径、新方法应对营销环境变化带来的市场机会和环境威胁的能力，反映了企业变革的可能性。如果企业不能创造性地解决所面临的难题，就可能发生企业危机。

以上五个方面既相互区别，又相互联系，从而形成企业的核心力体系。

二、企业核心能力的评价

对企业核心能力进行客观公正的评价是培育提高企业核心能力的重要前提。评价企业核心能力必须坚持实事求是的原则，强调言之有理，论之有据，把定量分析与定性分析相结合，专项评价与综合评价相结合，理论分析与实践检验相结合。只有这样才能认清问题，提出改进措施。

（一）企业核心能力评价的程序（步骤）

1. 确定评价目的和要求

这一阶段重点要解决三个问题：一是为什么要进行企业核心能力评价；二是通过评价希望说明或解决哪些问题；三是此次评价的性质是什么，是常规评价还是特殊评价？是专项评价还是综合评价？不同的评价目的有不同的资料要求和方法要求。

2. 开展调查研究，收集相关资料

评价企业核心能力的资料涉及企业内外的方方面面，但重点应该收集以下四个方面的资料：一是反映企业经营成果、市场地位及企业形象的历史序列资料。利用这些资料可以从动态上分析企业核心能力历史变化过程及变动趋势。二是通过调查收集反映企业工作效率、信息沟通效果及员工满意程度的资料。利用这些资料说明企业的整合能力和沟通能力。三是收集主要竞争对手经营条件、经营状况的资料。利用这些资料与本企业相关资料比较，找出优势或劣势所在，从而对企业核心能力的状况做出评价。四是收集有关企业经营环境方面的资料。利用这些资料研究影响企业核心能力的因素及对形成机理做出分析。

3. 选择评价方法

企业核心能力的评价方法目前尚处于探索阶段，本章拟提出五种评价方法供选择：一是最终经营成果历史资料比较指数法；二是专家评分法；三是竞争对比法；四是动态指数法；五是功效系数法。

4. 选择评价人员

企业核心能力的评价虽然要以客观资料为依据，但是评价人员的经验、知识和判断力对评价结论有很大的影响。因此，选择合适的评价人员就成为企业核心能力评价的重要环节。选择评价人员应该坚持内外结合、各方兼顾的原则。企业内部高层、中层及基层管理人员要有合适的比例，产品研发、技术开发、制造、财务、营销、人事等方面的人员都应有代表。选择企业外部专家要考虑到他们的学术专长及代表的广泛性，要做到市场调研专家、营销专家、技术专家、信息专家、管理专家、财务专家等兼备。

5. 形成评价结论

这一阶段最为关键，必须做好以下四方面的工作：一是要准备好充分的背景资料，并发给有关人员，使他们有充分的时间阅读和思考有关问题。二是印制和分发有关评价方法的详细说明，熟悉评价规则。三是个人评价。评价人员提交个人的评价结论。四是综合评价。采用平均数的方法综合企业核心能力的评价结果。

6. 提出改进建议，制定和实施改进计划

通过评价了解企业核心能力的强弱及核心能力各个方面的优势和劣势所在，在此基础上就可以制定和实施改进计划。由于各个企业情况不同，因此，改进计划差异较大，但总的选择是保持强项，增强弱项。

7. 跟踪反馈

这一阶段的主要任务是了解改进计划的落实情况及实施计划后的成效。如果达到了预期目标，就说明计划的制定和实施科学有效。如果未达到预期目标，则要进一步分析未达到目标的原因是什么。是计划制定得不科学，还是计划实施不到位，或是企业的经营环境发生了较大变化。

（二）企业核心能力的评价方法

1. 专家评分法

专家评分法就是邀请有关专家，采取会议形式或非会议形式，由他们对企业核心能力各个方面给出评分，并按一定的权重综合出个人的分值。在此基础上，采用平均的方法综合各位专家意见，最后确定企业核心能力的平均得分及等级的方法。专家个人的评价总有可能存在一定的偏差，通过平均的方法可以消除偶然性误差的影响，显示专家们评价的一般水平。尤其是在专家人数众多的情况下，采用平均数指标能够较好地集中大家的智慧，正确地评价出企业核心能力的水平。

专家评分法的优点有两点：一是把定性问题定量化，既便于横向比较，又便于动态比较，具有可操作性；二是有利于集中大家的智慧，消除偶然性因素带来的偏差。当然，该方法也存在一定的局限性：一是合适的专家难寻；二是评价的主观性较强，专家选择不同，评价结论也会发生差异；三是企业核心能力从理论上讲是一个确定的分值。用平均值对其进行估计存在发生偏差的可能性，尤其是存在平均谬误的可能性，即各项目得分经平均后出现了几乎相同的现象，而实际上各项目之间却存在较大差异。当然，如果专家数量足够多，代表具有广泛性，这种偏差出现的可能性会被减小。

2. 竞争对比法

这是一种通过与竞争对手比较来说明能力强弱的评价法。该方法的基本思路可简述如下：一是选择 1~3 家在同行业中市场占有率较大的企业，或者认为对企业构成最直接威胁的企业。二是有关专家个人将企业核心能力的各项目与竞争对手项目进行比较。如果认为优于竞争对手，则该项目得 1 分；如果与竞争对手相当，则该项目得 0.5 分；如果劣于竞争对手，则该项目得 0 分。三是将各项目得分简单相加得出个人综合评价值。四是运用中位数法或算术平均效法计算出各项目得分，将各项目得分求和，得出综合评分值。如果综合评分值在 1 分以下，则说明企业核心能力弱；1~2 分，则较弱；2~3 分，则中等；

3~4 分，则较强；4 分以上，则说明企业核心能力强。

竞争对比法有以下三个优点：一是突出了企业核心能力的竞争性特征，可以清晰地说明某企业核心能力的强弱；二是操作简单，便于计算；三是便于企业制定和实施提高企业核心能力的战略和策略。该方法也有其缺点：一是评分只具有相对意义，只能说明两者比较的结果，无法说明企业在市场上的绝对位置；二是在总评分相同的情况下，各个项目得分情况可能差异很大。

3. 历史资料比较指数法

历史资料比较指数法就是在选择一批有代表性的反应能力状况的统计指标的基础上，通过计算历史资料比较指数来判断企业核心能力状况及其变动趋势的方法。其基本原理是：首先，选择一批有代表性的反映企业核心能力状况的统计指标。可以采用专家会议法或专家小组来选择统计指标。其次，收集中选指标基期和报告期的数据资料。再次，将中选指标报告期数值与基期数值进行比较得到评分。如果该统计指标为正指标，报告期数大于基期数值，则该指标得 1 分，相等得 0.5 分，小于得 0 分。如果该统计指标为逆指标，报告期数值小于基期数值，则该指标得 1 分，相等得 0.5 分，大于得 0 分。

历史资料比较指数法的优点：一是数据资料可靠，评价结果可信度高；二是资料容易收集，计算简便；三是便于动态比较；四是既能反映综合结果，又可以反映单项指标的情况。该方法也有一定缺点：一是只能反映指标变化的性质，不能反映指标变化的程度；二是在指标选择上存在一定的主观性。

4. 动态指数法和功效系数法

动态指数法和功效系数法是两种综合评价企业经营状况和经济效益水平高低的常用方法，同样可以用来评价企业核心能力的大小或强弱。动态指数法是在选择反映企业核心能力状况统计指标的基础上，先将单项指标报告期数值与基期数值相比得到单项指数，然后再将单项指数加权平均得到综合指数。综合指数大于 100%，说明企业核心能力有所增强；小于 100%，说明企业核心能力状况恶化。该方法不仅能说明企业核心能力的状态，而且能说明变化的程度。

功效系数法在指标选择及综合值计算上与动态指数法相同，所不同的是单项指标的功效系数的计算上。

（三）培育和增强企业核心能力的一般思路

企业核心能力具有普遍性的特征，但同时不同企业的核心能力却有大小或强弱之分，不同企业的核心能力也都有其个性特征。普遍性特征说明任何企业都可以培育和增强自身的核心能力，从而提高企业的市场竞争能力。个性特征则说明企业在培育和增强企业核心能力时应该遵循“权变”原则，从本企业实际出发培育和增强自己的核心能力。本书拟从企业普遍面临的问题出发，提出若干条培育和增强企业核心能力的思路供参考。

1. 在充分调查研究的基础上，正确评价和认识企业核心能力的现状

认识问题是解决问题的前提。如果不能清楚地认识和评价企业核心能力的现状，就不能准确地把握努力的方向。在这一阶段还有一项重要任务就是要对企业面临的经营环境做出评价。任何企业都是开放系统，存在于一定的环境之中。企业核心能力的强弱从一定意义上讲就是相对于特定经营环境而言的。如果经营环境变了，企业的核心能力也可能会发生变化。例如，企业的某种经营理念和管理制度在计划经济条件下表现出很强的整合力，但是在市场经济条件下则可能表现出极大的不适应性。

企业的经营环境按照其对企业经营活动的作用方式不同可以分两大类：一是宏观环境，即对企业所在行业（企业整体）产业共同影响的因素，包括人口环境、经济环境、科学技术环境、政治法律环境、自然环境和社会文化环境等；二是微观因素，即对企业经营活动产生直接影响的因素，包括供应商、经销商、营销服务公司、顾客、竞争者、企业员工、新闻媒介、政府部门、社会公众等。总之，在不同的经营环境下，要求企业应该具备相应的核心能力。

2. 确定培育和增强企业核心能力的目标

在对企业核心能力评价的基础上，应该确立培育和增强企业核心能力的目标，这样才能做到有的放矢。企业核心能力可以从适应能力、整合能力、沟通能力、学习能力和创新能力五个方面来认识。因此，企业核心能力目标可以从以上五个方面加以考虑。

3. 拟订和评价、培育和增强企业核心能力的备选方案

实现拟订的目标往往有多种途径，通过对多种途径的比较可以找到最佳途径，从而取得事半功倍的效果。例如，增强企业的沟通能力可以通过改变现有企业的组织系统，使之更利于企业内部交流，也可以通过使企业管理手段现代化的方式来提高信息交流的效率，或者两者兼而有之。不同方案的效率和效益是不同的，因此，对其进行评价和选择是十分必要的。对不同方案评价时，一般要遵循三个标准：一是经济标准。即从成本—收益比较中选择恰当方案。一

般来说，在实现企业核心能力一定目标的条件下，尽可能选择成本（或费用）最小的方案。在一定的成本（或费用）支出的条件下，尽可能选择使企业核心能力最大化的方案。二是可行性标准。即企业完全可以掌握和动用其资源去实现增强企业核心能力的目标，企业从法律上讲拥有变革企业制度的权利。否则，再好的方案也只能停留在蓝图阶段。例如，我国的许多大型国有企业集团其基本制度和重大决策需经过政府有关部门的批准。由于政企的价值取向不同，因而决策标准也有较大差异，从而使不少企业致力于增强企业核心能力的方案难以获得批准。三是先进性标准。即增强企业核心能力的措施或手段应该是先进的，符合世界经济发展的潮流和人们的一般价值取向。

4. 筹集资源，推动方案的实施

培育和增强企业核心能力总要投入一定的资源，包括人力、物力和财力资源。投入不足就不能使方案得到充分的实施，也就难以取得好的效果。

5. 跟踪反馈

通过测定方案实施前后企业核心能力的变化情况，说明方案的科学性和实施效果。方案实施的效果大体有以下三种情况：一是方案实施后增强了企业的核心能力，并达到了预期目的。说明方案科学有效，要采取措施，保持所取得的成果。二是部分达到了预期目的。这可以从检查方案本身是否存在问题，方案实施力度是否到位及方案实施时的经营环境是否与方案制定时的经营环境相比发生了较大变化等方面加以分析。三是未达到预期目的，甚至企业核心能力还有所削弱。出现这种情况后，企业主要应从方案本身和企业经营环境两方面加以分析，并迅速采取对策扭转这种不利局面。

第四节 经济全球化与广佛肇民营企业协同创新与核心能力的提高途径

一、经济全球化的本质和特征

自 20 世纪 80 年代以来，“经济全球化”成为新闻媒体出现频率最高的词语之一，更是各国政府、企业界及理论界关注和研究的热门课题。经过 15 年的艰苦谈判，中国已经与所有有关国家达成“入世”双边协议，并于 2001 年 1 月加入了世界贸易组织。这标志着中国已经开始正式融入世界经济主流，同时，也必将加快经济全球化的进程。因此，只有正确认识经济全球化的本质和特征，才能了解和把握它给企业带来的机遇和挑战，并采取有效措施加以应对。

经济全球化从本质上讲是社会分工国际化的高级形式，它要求各类资源（包括资本、技术、人才、自然资源、社会文化资源）在全球范围内进行市场化的优化配置，从而从整体上提高企业的经营效率，降低经营成本，进而更好地满足顾客需要，增加社会福利。

经济全球化是市场经济发展的必然要求，反映了当今世界经济发展的必然趋势和突出特征。当然，经济全球化的进程并非始于今日，早期的国际贸易应是其开端。1947 年关贸总协定的成立是其进入成长期的标志，当今则是其成熟期的到来。与以往相比，这一时期有八大特征：

（一）资源配置国际化

国际贸易作为国际分工的初级形式，可以发挥各国的绝对优势和相对优势，但不能从根本上解决企业所需要的资源优化配置问题。经济全球化则是各种资源（包括资本、技术、人才、自然资源、社会文化资源、营销网络、服务理念等）在全球范围无障碍地进行交换、流动、配置和有效地利用。各种阻碍资源市场化配置的贸易壁垒（包括关税及非关税壁垒）将逐步减少，直至取消。各国消费者可以充分享受国际分工带来的质优价廉的商品和服务，投资者可以平等地利用市场机会，参与市场竞争，劳动者可以在自由流动中找到最适合的岗位，发挥其特长，实现其理想和人生价值。

（二）市场营销本土化

经济全球化一方面意味着商品、资本、人才、技术等经济要素在世界范围内流动，各种文化相互交融，各种消费观念、消费偏好、消费方式相互影响，人们在消费方面表现出同一文化趋势；另一方面，随着经济发展和人们收入水平提高，消费者的个性偏好越来越受到企业的重视，甚至成为赢得市场的锐利武器。有些学者认为，大规模市场营销时代已到来。因此，中外企业为了增强

自身产品适应市场的能力，纷纷把市场营销本土化作为竞争取胜的基本战略。市场营销本土化包括以下四方面内容：①从市场调查、产品设计、开发、制造到产品销售和市场竞争战略及策略的制定都直接从所在国家（或地区）消费者的偏好出发。②人才本地化。即尽可能利用当地优秀管理人才和技术开发人才，这样更有利于把市场营销本地化落在实处。③在保持效率优先的前提下，在企业管理制度和组织架构设计上更多地适应当地文化的要求，以便把跨文化冲突减少到最低限度。④资本筹措、资源利用本地化，以便充分利用比较优势带来的好处。许多跨国公司，如柯达、可口可乐、伊莱克斯、富士等公司均通过市场营销本土化策略在中国市场上取得了很大的优势。我国的海尔集团依仗市场营销本土化策略，使其产品迅速渗透到东南亚、欧盟、美国等市场，并取得了一定的竞争优势。

（三）交易规则通用化

自 1947 年关贸总协定成立以来，各国政府经过多轮谈判，尤其是乌拉圭回合以后，在许多方面达成共识，从而大大推动了经济全球化进程。许多阻碍商品、资本、人才、信息、资源自由流动的关税及非关税壁垒在不断减少，世界贸易组织的多边贸易规则及例外规则受到绝大多数国家的认同。多边贸易规则由以下八条原则组成：自由贸易原则、互惠原则、非歧视原则、关税保护原则、贸易壁垒递减原则、公平贸易原则、一般禁止数量限制、争端解决机制。另外，许多区域性国际组织，如东南亚联盟、欧盟、北美自由贸易区等，也制定了适合其组织内各成员国企业的交易规则，也从一定程度上加速了交易规则通用化的进程。启动和推行欧元不仅标志着欧盟的一体化进程进入了新的阶段，对经济全球化也具有一定的示范作用。

（四）技术创新快速化

在当今时代，科学技术日新月异，商品、服务和技术的寿命周期越来越短，技术创新及其快速运用已经成为企业抢占市场先机，取得竞争优势的锐利武器。技术更新周期已经不足 5 年，个别产业或领域的技术周期不足一年。例如，手机的技术更新周期短得惊人，几乎月月在更新。

（五）国际竞争国内化

在经济全球化的初级阶段，企业只有在进行国际贸易时才真正考虑国际竞争问题。但是，到了经济全球化的成熟阶段，由于跨国公司的发展和渗透，使许多企业即使基本产品已完全在国内市场销售也会遇到激烈的国际竞争压力。例如，中国乐凯深受柯达、富士挤压之苦，娃哈哈则从可口可乐和百事可乐那里虎口夺粮，中国各手机生产厂商与摩托罗拉、爱立信、诺基亚、三星、苹果等国际知名通信产品生产企业频频过招。

（六）成功模式多样化

成功企业都有一个共同的特征，这就是他们都能从环境变化中寻找商机，根据顾客需求拟订和实施恰当的发展战略和策略。但是，在何时、何地及如何把握和运用商机，如何组织企业资源、选择何种管理制度及管理模式等方面都存在着很大的差异，不存在一个可以供所有企业套用的成功模式。权变原则成为当代企业管理的首要原则。例如，英格尔、IBM、微软等公司均是计算机行业的佼佼者，但是，他们在主导产品、业务组合、发展战略、经营理念、管理制度及企业文化等方面却存在着很大的差别。

（七）企业危机经常化

经济全球化拓展了企业发展的空间，提供了许多成长的机会。但是，同时也使企业面临着前所未有的市场竞争。经济全球化意味着社会分工协作关系网络化和复杂化，企业之间相互依赖、相互补短。所有这些因素都会使企业随时面临危机的考验。如果企业缺乏危机意识和反危机的有效机制和策略，就会被无情的市场所淘汰。例如，大宇集团曾经是韩国经济增长奇迹的代表，世界500强企业之一，在1997年下半年爆发的亚洲金融风暴中却遭遇破产的厄运。

（八）竞争对手联盟化

竞争中合作，合作中竞争，这是一种新型的竞争观念，也是经济全球化的必然要求和突出特征。竞争对手结成战略联盟有利于优化资源配置，提高技术攻关的成功率，为顾客提供质优价廉、丰富方便的商品和服务。同时，还有利于避免恶性竞争对整个行业带来的损害。战略联盟可以采用产品开发、生产、

市场等多种形式。例如，摩托罗拉公司与IBM公司共同研制无线计算机网络，惠普公司与佳能公司共同开发激光打印机市场，通用汽车公司与丰田汽车公司共同生产汽车，波音与空中客车联合研制高性能的飞机发动机。

二、提高广佛肇民营企业协同创新与核心能力的途径

经济全球化使中国企业，尤其是广佛肇经济圈民营企业面临日益激烈的市场竞争和诸多挑战。由于广佛肇经济圈民营企业起步晚、规模小，知名品牌少，再加上地理区位劣势，导致市场竞争力较弱，面临更为严峻的生存危机。面对挑战，只有不断提高企业的核心能力，才能在激烈的市场竞争中取胜。企业核心能力可以从适应能力、整合能力、沟通能力、学习能力和创新能力五个侧面考察。因此，凡是能够增强上述能力的措施都可以视作提高企业核心能力的途径之一。结合广佛肇经济圈民营企业特点，我们认为，提高其核心能力可以从以下八个方面入手：

（一）加强战略管理

企业经历了从生产管理到经营管理，再到战略管理三个阶段的发展。生产管理是与早期简单的卖方市场相对应的。在卖方市场上，企业生产的产品都能卖得出去，企业管理的重点是如何提高生产效率和产品质量，尽可能多地生产质量可靠的产品投放市场，市场上几乎不存在竞争力量，也不存在以竞争战略为核心的战略管理思想产生的客观条件。随着生产的发展，市场从卖方市场向买方市场转化，消费者的力量不断壮大，企业面临的环境日益复杂，原来的生产手段和管理模式已经不能与之相适应，企业管理开始从生产管理向经营管理转变。企业经营管理突出了以市场为中心，以消费者需求为重心，营销、生产、财务、研究、人力资源各职能的作用得到平衡发展。经营管理是战略管理的前奏，但是它并不强调竞争，只是对企业活动中各职能的一次清楚的分离和规范以应付环境变化的需要，各职能独立行事，协调性差。战略管理在市场竞争日益激烈的背景下产生，形成于20世纪70年代（以计划学派、设计学派为代表），经过80年代的争论与反思（以结构学派、能力学派、资源学派为代表），再经过90年代中期以后各学派的融合（以战略联盟学派、基于IT的战略管理学派为代表），从而形成了当代企业战略管理理论，并且被广泛应用于

企业管理实践中。

战略管理有广义和狭义之分。广义的战略管理是指运用战略管理思想对整个企业进行管理。狭义的战略管理是指对企业战略制定、实施和控制的过程。战略制定是在对企业内外资源和环境分析的基础上，按照必要的程序和方法制定战略的过程。战略实施是通过组织系统贯彻战略，使之变成全体职工行动的过程。战略控制是评价战略实施结果，修正战略计划的过程。战略管理是现代企业管理的重要组成部分和崭新阶段。通过战略管理有利于企业树立正确的经营理念，确定正确的经营目标，优化企业的资源配置，协调企业内部活动，使企业与环境保持长期的适应关系。总之，加强企业战略管理是增强企业适应能力和整合能力的重要途径。广佛肇经济圈民营企业在进行战略管理时应着重解决好以下两个问题：

1. 树立正确的经营理念

一是要树立以顾客满意为导向的经营理念，从单纯强调满足顾客现有需求转向创造顾客需求，超越顾客需求；从单纯强调规模成本优势转向谋求价值优势。二是树立开放的资源观。要跳出“优势资源转化论”的圈子，从全国甚至世界范围内考虑资源的获取和优化组合。要综合考虑企业内外人力、物力、财力、技术、信息及自然资源获取的可能性、获取成本及优化组合的效率。广佛肇经济圈民营企业尤其应该重视“外脑”资源的开发和利用，按照不求所有，但求所用的思路解决人才缺乏的问题。这样不仅可以高效地引进高层次人才，而且可以降低人才获取的成本。三是树立大市场观。广佛肇经济圈民营企业要从全国市场和世界市场的角度去勾勒发展思路和战略，因为广佛肇经济圈市场较为狭小，单纯的内向需求导向型企业是很难发展壮大的。四是树立争上游的经营理念。通用电气公司总裁韦尔奇曾经指出，一个企业的业务要么做到行业数一数二的地位，要么该业务就应该退出，因为只有位居前列的企业及其产品才能赢得最大量顾客的信任，从而取得良好的经济效益。

2. 制定和实施正确的企业发展战略

企业战略通常由总体战略、经营战略及职能战略组成。总体战略表明了企业的任务、目标及业务组合，体现了企业要进入的领域和方式，起着关键作用。经营战略反映了企业进入某一领域后取得竞争优势的途径和措施。职能战略则是企业各职能部门主要任务的反映。三个方面的战略相互联系、相互制约构成了一个战略体系。可以说，总体战略是龙头，经营战略是龙身，职能战略

是龙足。广佛肇经济圈民营企业在制定和实施企业战略时必须注意解决好以下三个问题：一是要认真搞好调查研究工作，把握好市场发展动向和产业发展方向。二是要准确把握经营领域和增长方式，企业所选择经营领域的宽窄和增长战略的类型是由其面临的环境和拥有的资源状况决定的，也与企业领导人的经营风格有关，具有很大的灵活性。例如，英特尔公司依靠专业化发展，IBM公司靠多角化成长。广佛肇经济圈民营企业大多起步晚、起点低、规模小，发展背景和条件差异较大，因此，其战略选择无固定模式可循。但是，从一些成功企业经验中可以找出规律性的东西，供其他企业借鉴。例如，特变电工从制作特种变压器的集体小厂出发，发展成为集机电、灭菌器材、太阳能电池和房地产开发为一体的企业集团。其发展战略经历了密集性增长战略（从特种变压器到大型、标准化变压器）、一体化增长战略（从变压器扩展到电线电缆生产）、同心多角化增长战略（增加电子灭菌器材生产）、横向一体化增长战略（兼并四川德阳电线电缆厂、天津变压器厂、陕西变压器厂、湖南衡阳电线电缆厂），再到综合多角化战略（进军房地产开发）。三是做好企业管理组织构建、调整及企业文化的整合工作。企业战略与管理组织、企业文化有着密切的关系。战略管理组织，影响企业文化。管理组织一方面要适应企业实现战略的要求，另一方面又要随时监视环境的变化，及时调整企业战略。为了保证企业战略的实现，必须在认真分析企业内外部条件的基础上选择战略类型，搞好组织内部的分工协作关系，以实现组织的高效运转。企业在拟订发展战略时，必然受到企业文化的影响，同时企业文化又是凝聚人心、团结广大员工实现发展战略的重要手段。企业文化反映了企业经营理念、共同的价值观，折射出企业形象，既是黏合剂，又是原动力。优秀的企业文化可以极大地调动广大员工的积极性和创造性，高效率地实现企业战略目标。

（二）加强危机管理，永葆企业青春

经济全球化一方面使企业可以在全球范围内利用各种资源开发经营活动，实现企业效率和效益的最大化；另一方面也使企业面对激烈的市场竞争，导致企业危机经常化。增强危机意识，加强危机管理对广佛肇经济圈民营企业来说尤为重要。因为，广佛肇经济圈民营企业虽然起点低，管理基础差，但是成长很快。如果管理决策稍有不慎，就可以导致灾难性后果。例如，“三株”“巨人”“今日”都曾经成为我国民营企业的旗帜，但由于未能平安渡过企业危机

而折戟商场。企业危机管理可以从“防”和“治”两个方面加以考虑。“防”就是企业要树立危机意识，居安思危，未雨绸缪，防患于未然。“治”则是在企业发生危机后，处变不惊，冷静沉着，果断行事，尽快化解危机，把危机损失减少到最低限度。

1. 建立企业危机防范机制

建立企业危机防范机制可以从以下五个方面考虑：一是要建立科学的决策制度。科学决策是企业发展壮大的前提，盲目决策则是导致企业危机的最重要的原因之一。因此，科学的决策制度就成为防止危机的重要屏障。从企业机制管理角度看，科学的决策制度包括：科学的决策组织系统和议事规则；决策程序；错误决策追究制度；决策方案实施的监督检查制度等。二是拟订有弹性的企业发展战略和经营计划。企业的发展战略和经营计划必须瞻前顾后，留有余地，保持一定的弹性，以便根据市场变化加以调整。三是建立企业风险保障基金。企业开展任何经营活动总是存在一定的风险，失败往往是成功的孪生兄弟。因此，企业应该建立一套制度，按一定比例定期从收益中提取企业风险保障基金，并做到专款专用，这样就可以在危机即将发生时消除危机或减轻危机带来的危害。四是建立完善的、灵敏的企业信息系统和预警系统，随时把握环境变化的动态，适时监视企业经营活动的各个方面和各个环节，及时发现和解决问题，力争把危机消灭在萌芽状态。五是要加强企业的“硬件”和“软件”建设，预设企业危机的“防火墙”。这包括搞好关键设备，危险设备的检查、维修、保养和更新工作，以便消除事故隐患；搞好企业文化建设，增强企业员工的凝聚力和向心力；预设反危机方案，并通过模拟实验验证其可行性。

2. 采取有效措施应对企业危机

一是成立由企业各有关方面负责人参加的危机处理委员会，迅速着手收集有关资料，分析企业危机发生的原因，确定企业危机的类型，以便做到对症下药，有的放矢。二是企业公关部门要迅速行动起来，利用与新闻媒介长期建立起来的良好关系，使其宣传报道尽可能客观公正，并随着调查的深入，主动向新闻界提供详细资料，使社会公众了解事实真相，防止以讹传讹。在企业危机原因和责任尚未弄清之前，企业最高领导人不宜公开发表意见，这有助于为解决善后事宜留下充分的余地。三是真诚地对待受害者及其相关人士，及时赔偿他们的损失，以争取他们的谅解，把矛盾冲突及消极影响减小到最低限度。四是起用新人，变革已经过时的企业管理制度、组织机构和发展战略，这不仅有

利于消除当前危机，而且能为企业今后发展奠定坚实的基础。五是把真相告诉员工，谋求员工的理解、合作和支持。这是消除各种猜测和疑虑，使谣言不攻自破，并激发起广大员工同舟共济共渡难关的重要措施，也是企业反危机决策贯彻落实的前提条件。六是运用法律手段保护企业利益。当企业由于竞争对手采取不正当手段使其利益受到严重损害，发生经营危机时，敢于运用法律武器维护自身合法权益，打击不正当竞争行为就成为企业摆脱危机的重要措施。七是重塑企业形象。重塑企业形象的措施有两大类：一是治标；二是治本。从治标角度看，企业可以通过精心策划和实施公关活动，借助新闻媒介让社会各界充分了解企业解决危机的决心、能力和过程，恢复人们对企业的信心。从治本角度看，企业可以通过提出新的经营理念，革新管理体制，开发新产品，拓展新领域，进入新市场等措施树立起变革求生存，创新求发展的形象。治标使企业形象得以恢复，治本则使企业形象得到提升。

（三）建立高效的公司治理结构

公司治理结构是提供资金给公司的投资者（股东和债权人）如何保护其资金投入不受侵犯的一整套制度安排。其主要涉及以下几个问题：投资者如何收回他们的投资？是以短期高额利润的形式还是长期稳定利润的形式，抑或以资产出售的形式（破产）？投资者如何确保经理不会挪用公司的资金用于私人用途？投资者如何有效地控制和激励经理。从理论上讲，有效的公司治理结构应该符合以下几个条件：①剩余索取权和控制权应当尽可能对应，即拥有剩余索取权和承担风险的人应当拥有控制权；反之，拥有控制权的人应当承担风险。剩余索取权是使拥有控制权的人采取恰当行动的激励机制。当然，剩余索取权和控制权完全对应是不太可能的，否则，就存在代理问题了。经理的补偿收入应当与企业的营业业绩挂钩而不应当是固定合同支付。②资本家应当拥有选择和监督经理的权威。资本家是最终的风险承担者，只有他们才有足够的动机去选择好的经理、雇用经理及监督经理的表现。③最优公司治理结构应当是一种状态依存控制结构。也就是说，控、惩、罚，债权人应当拥有对企业控制权。以企业的干预作为对经理的惩罚，债权人应当拥有对企业控制权。④为了解决投资者“搭便车”问题，应当让所有权适当集中于大股东手中，控制权应当与自然状态相关，不同状态下的企业应当由不同的利益要求者控制。当企业业绩优良时，外部人应当少干预企业的事务以作为对经理的奖励。大股东有权收集有关企业的信息和监督经理。他们是通过共同利益最大化和对企业资产的充分控制来解决代理问题的。

广佛肇经济圈民营企业需要的治理结构与一般企业的治理结构的要求从总体上讲是一致的。但是，由于广佛肇经济圈民营企业设立时的背景不同，发展规模、发展水平、资本结构等方面的差异使各民营企业治理结构在形式上又有较大的差异性，不可能套用统一的模式。根据广佛肇经济圈民营企业的发展情况应该重点解决好以下两个问题：

1. 产权明晰问题

产权明晰是企业选择治理结构的前提，它也直接决定着企业的价值取向和内在动力问题。广佛肇经济圈民营企业中有两类企业亟须产权明晰，一是乡镇企业，二是私营企业。乡镇企业中原始资本由乡村集体积累和资产形成的企业可以采用股份合作制形式。划定一定的时间界限，在此之前的企业员工有双重身份，既是股东，又是劳动者。在此之后进入企业的员工只有劳动者身份。乡镇企业中为谋求优惠政策，而在设立时挂名乡镇企业，实际上完全由个人出资设立的私营企业，应尽快摘掉“红帽子”恢复其本来面貌。私营企业在设立之初，往往以血缘关系为基础建立了相互信任关系，在公司经营目标及盈利分配上都不会有太多的计较。但是，随着企业的发展壮大，家族成员教育背景、价值取向、个人兴趣爱好等方面的差异都会直接影响企业决策的效率。解决这一问题的方式主要有两种：一是资产分离，企业分立。二是实行股份制改造，成立董事会，聘任总经理实行委托经营体制。

2. 家族制管理问题

家族制管理有优点，也有其局限性，在企业发展的不同阶段，所要解决的问题不同时，其优劣性也有所不同。显然，一味地指责或简单地赞成家族制管理都是不对的。但是，广佛肇经济圈民营企业中的过度家族倾向则需要校正。例如，广东某私营企业从董事长、总经理、营销、财务、人事等重要岗位的正职均由其家族成员担任，并且要求员工称呼其子女为“大哥、二哥、大姐、二姐”等，明显地将员工视作“外人”甚至“家奴”。这种管理体制一方面不利于吸引优秀人才加盟企业，现有员工也只是将自己视作实现人生理想和价值之所在，始终存在着“随时跳槽”的心态；另一方面虽然家族成员忠诚可信，但是由于能力参差不齐，勉强担任领导职务就不难发生决策失误或执行不力的问题。

（四）建立高效运转的组织系统

组织系统是实现企业经营目标，协调企业各方在经营活动中的关系的基础结构。建立高效运转的组织系统是提高企业整合能力和信息沟通能力的重要措施，因而就成为提高企业核心能力的重要途径之一。广佛肇经济圈民营企业在选择和构建组织系统上与一般企业没有本质的差别。从总体上讲应该在权变思想指导下选择和建立符合企业实际，适应市场竞争环境变化的组织类型作为本企业的组织系统。在组织系统设计时应注意解决好以下五个问题：

1. 组织的层次

指从企业最高领导层到最基层的领导环节数。层次过多会导致组织内信息传递速度低，运转效率低下。层次过少可能导致管理跨度过大，职责不清，同样会导致组织效率低。

2. 管理的跨度

指一个领导者直接指挥下级的数目。管理跨度与组织层次成反方向变化，组织层次越多，管理跨度越小。企业在决定管理跨度时主要应考虑 10 个因素：职能的相似性；地区的相似性；职能的复杂性；指导和控制工作量；计划工作量；协调工作量；主管人员的能力；下级人员的能力；沟通程度；层次高低等。

3. 责、权、利的匹配问题

组织系统的构建实质上是企业人员的分群及责、权、利的划分问题，也就是要将合适的人放到合适的位置上承担合适的职责，获得合理的报酬（包括经济的和非经济的两方面报酬）。显然，只有责任、权力和利益相匹配，才能充分调动各方面的积极性和创造性，形成实现企业目标的强大动力。民营企业需要重点解决好三个问题：一是要打破家族门第观念，选贤用能；二是要处理好集权与分权的关系，本着用人不疑、疑人不用的原则，适度授权，使各级管理人员能充分发挥其主动性；三是要建立起合理的报酬体系，不仅使企业中各类人员所得与其付出相适应，而且与期望所得相一致。

4. 部门划分问题

企业的组织系统总是由按照分工协作原则形成的，承担特定经营任务的部门组成的。划分部门就是把工作和人员组编成可供管理的单元，它是形成组织系统架构的基础工作。企业划分部门的方法主要有七种：一是按职能划分部门。例如，某工业企业由制造、产品开发、营销财务、人事、供应等职能部门组成企业的组织系统。二是按产品划分部门。当企业生产或经营的产品在性质上差异很大时可以选择此方法划分部门，例如，某企业分别成立了彩电、冰箱、家用电脑、移动电话等事业部，每个事业部是相对独立的成本利润中心。三是按顾客不同划分部门。当某企业面对的顾客在需求上差别较大，每一类顾客均需要专门部门去开发和维护时，可以采用此方法划分部门，例如，某酒类贸易公司分别成立酒店营销部和批发商营销部，从而有针对性地开发市场。四是按照地区划分部门。如果一个企业跨地区或跨国开展经营活动时，可以采用此方法划分部门。五是按照产品加工过程划分部门。例如，某机械加工企业按照产品加工过程不同将制造部门进一步细分为铸造车间、锻造车间、加工车间及总装配车间等。六是按时间划分成不同的工作小组。七是按人数划分部门。当企业所面临的任务较为简单时，可以根据工作量的大小和员工人数的多少，划分成不同的工作小组。上述七种方法仅指出了单变量划分的情况，企业在实际应用时可以采用 2~3 个变量交叉划分的方式决定部门的性质和数量。

5. 组织类型的选择问题

上述四个方面均是从分析的角度认识企业组织系统的。如果从综合角度看，构建企业的组织系统实质上是企业组织类型的选择问题。企业的组织类型主要有直线职能结构、事业部结构、模拟分权结构、矩阵结构、委员会组织等。各组织类型都有其优点、缺点及适用范围，广佛肇经济圈民营企业应该根据本企业实际，按照效率与效益相统一的原则选择合适的组织系统。表 8-1 列示了各类型组织系统的优缺点及适用范围，供有关企业决策时参考。

表 8-1　组织类型的优缺点及适用范围

组织类型	优　点	缺　点	适用范围
直线职能结构	1. 分工细致、任务明确，职责界限清楚 2. 工作效率高 3. 结构的稳定性强	1. 缺乏信息交流 2. 各部门缺乏全局观点 3. 协调工作力量 4. 适应环境变化的能力差	产品品种较小的中小企业

续表

组织类型	优　点	缺　点	适用范围
事业部结构	1. 高层领导可以脱离日常管理，着力解决战略问题 2. 稳定性和适应性强 3. 适合培养高级管理人才 4. 可以调动各方面的积极性和创造性	1. 对管理人员素质要求高 2. 集权与分权关系敏感	各大类产品之间差异较大，且市场规模较大的企业集团
模拟分权结构	同事业部结构	同事业部结构	连续生产的大型加工企业
矩阵结构	1. 机动灵活，适应性强 2. 可以充分利用人力资源 3. 节约成本	1. 稳定性差，不易形成团队精神 2. 多头领导，有时会无所适从	科技开发、房地产开发、建设项目承包等以项目管理为主的企业
委员会组织	1. 集思广益 2. 防止个人权力滥用 3. 便于协调 4. 决策参与度高 5. 便于沟通	1. 委曲求全，折中调和 2. 责任不清 3. 决策效率低	大型企业战略性问题决策。股份制、股份合作制企业

（五）加快广佛肇经济圈民营企业的信息化进程

信息是企业最重要的资源之一，企业的经营活动从抽象的意义上看是一个信息输入、传递、加工和输出的过程。企业核心能力的五个方面无不与信息相关联。显然，提高企业的核心能力与推进企业的信息化进程有着紧密的关系。信息化有三个方面的内容：一是加快企业的计算机硬件设施、通信设施及各种办公自动化设备的配备和更新步伐；二是建立适合本企业的管理信息系统；三是充分利用国际互联网系统开展电子商务和网络营销活动。通过信息化不仅可以提高企业经营活动的效率和效益，而且有助于广佛肇经济圈民营企业实现跨越式发展。

1. 计算机软硬件设施、通信及各种办公自动化设备的配备和升级换代

这是企业信息化的基础环节，也是决定企业信息化的力度和深度的物质条件。各企业可以根据本企业经营活动的特点和财力状况，按照够用、实用、好

用和适当超前的原则购买和配置各类办公自动化设施。广佛肇经济圈民营企业要增强信息意识，充分认识到购买和配置各类办公自动化设施的目的在于提高工作效率，并非只是用来装点门面的工具。当然，这些体现现代信息科技成果的设施不仅具有工具层面的意义，而且会转变企业的用人观念，开阔人们的视野，促进企业管理方式的转变。

2. 建立高效率的管理信息系统

管理信息系统是由人、机器和程序组成的，为企业管理决策者收集、整理、分析、评价和分配所需要的及时和准确的信息系统。它通常由内部报告系统、管理调研系统、管理情报系统及管理决策支持系统四个子系统构成。内部报告系统能够为企业管理决策提供有关信息，包括企业资产、人员及经营状况等基础性的资料。该系统是以企业现有组织架构为基础的信息收集、传递、加工、存储和使用的系统，有利于企业领导人随时了解企业的基本状况、财务状况和产品销售情况。

管理情报系统是使企业管理人员用以获得日常的关于企业经营环境发展的恰当信息的一整套程序和来源。该系统应该能够及时为企业管理人员提供以下两方面的信息资料：一是宏观环境信息，主要包括各有关国家和地区的人口资料、经济发展前景资料、城乡居民的收支状况资料、有关市场信息及资源信息、相关法律政策信息、技术信息及社会文化背景资料等。二是微观环境信息，主要包括顾客信息、竞争者信息及行业动态资料、供应商信息、中间商及辅助商信息及社会公众动向信息等。

管理调研系统是为完成决策任务而系统地设计、收集、分析和提供调研结果的系统。管理调研的范围与管理决策的范围一致，管理调研总是与特定的决策任务相联系。无论是管理人员的考绩升迁、新技术的引进，还是设备的更新改造、新产品的开发与推广、新市场开拓的必要性及营销方案的合理性等方面的决策问题均可以借助此系统提供信息。

管理决策支持系统是由统计库和模型库构成的，为企业决策分析提供程序、方法支持的系统。统计库中有回归分析、相关分析、因子分析、判别分析、聚类分析等方法。模型库中主要有管理绩效评价模式、定价模式、库存模型、营销组合模型、选址模式等。

通过上述四大系统及其相互协调可以使企业管理当局在适当的时间、适当的地点获得准确可靠的信息，从而使决策建立在可靠基础之上，经营管理活动高效运转。

3. 借助国际互联网，大力开展电子商务和网络营销活动

电子商务和网络营销是依托国际互联网开展的高效率的新型商务或营销模式。它突破了传统的交易方式在时间、空间及信息方面的诸多限制，不仅可以使企业便捷地获得商务信息，而且获得了与顾客、供应商、社会公众沟通交流的新方式。它除了具有方便、高效的特点外，还有低成本的优势。无论企业规模大小都可以建立自己的网站，利用搜索引擎（如搜狐、雅虎等）及时获得商务信息，并且可以在网上开展营销调研、企业新产品信息发布、网上促销等活动。与传统的大众传播媒体（如电视、报纸、杂志、广播等）比较，在互联网上开展上述活动的费用十分低廉，并且可以方便地补充和修改信息。当然，电子商务和网络营销也有一些局限性：一是网民与人口总体存在较大的差异，网上调研信息的信度需要认真考证。二是网上交易的相关法律政策尚不完善，网上交易信息的真实性和可靠性无法保证。三是网络营销还必须与服务于社会公众的便捷的货币结算系统和物流配送系统相配合。尽管存在上述问题，但是从长远来看，随着信息科学技术的发展和应用，电子商务和网络营销将成为企业经营活动的重要形式。广佛肇经济圈民营企业只有树立超前意识，大胆介入，谨慎从事，才能在信息化浪潮中立于不败之地，实现跨越式发展。

（六）加强企业文化的建设工作

1. 企业文化的内涵和特征

企业文化是在一定的社会文化大背景下，企业在开展生产经营活动中创造、积累、继承和逐步形成的，并为广大员工所认同的经营观念、价值理念、行为规范、工作作风、企业习俗等要素的总和。企业文化的十个特征：一是企业文化的核心是人。企业领导人和广大员工是企业文化的创造者、继承者和体现者。作为个体，他们在企业文化的建设中发挥着不同的作用。作为整体，他们是企业文化的核心。企业文化既是由人创造，又由人来运用和体现出来。企业文化不是挂在嘴上、贴在墙上、写在纸上的制度规范，而是融入企业人员脑海中、血液里，并自觉落实在行动上的指南。二是企业领导人在企业文化形成和建设中发挥着关键作用。企业领导人的品格、价值观、工作作风、远见卓识都会给员工留下深刻印象，起到示范作用。企业领导人的处事原则、处事方式及对各种事项的看法和态度发挥着舆论导向作用。三是企业文化对员工的行为

具有同化和约束作用。企业文化对员工的约束与一般制度不同。面对一般的规章制度时，企业员工往往表现出较强的功利倾向，因为违反制度会受到惩罚，其行为是被动的。企业文化使企业员工把企业的价值观念、制度规范看成是理所当然的事情，其行为是自觉自愿的。企业员工自愿地、主动地向新来者传授企业文化的内涵，使他们融入到集体中来。四是企业文化具有复杂多样性的特点。任何企业都有自己的文化，不同企业的文化之间有着较大的差异性。五是企业文化是长期形成的。任何想在短期内实现企业文化建设目标的想法都是不现实的。六是企业文化具有一定的惰性。企业文化一旦形成，就很难在短期内改变。七是非理性特征。企业文化中的许多方面与人的感情、心理认知有着密切的关系，员工的情感直接影响企业文化的接受和认同程度。八是企业文化具有开放性。企业文化是企业系统的子系统，并且是一个开放系统，企业外部的各种因素，尤其是国内外社会文化因素，其他企业的文化都会从不同角度对本企业文化产生影响。九是企业文化具有可塑性。企业文化可以按照企业最高管理当局的意图塑造企业文化。例如，企业可以引进先进的经营理念，建立新的价值观念，改变落后的制度规范等。十是企业文化具有客观性的特征。企业文化是伴随企业活动产生和形成的客观现象，有着发展变化的规律性。企业文化的建设不能完全凭主观意志办事，必须探索和遵循企业文化的规律。

2. 广佛肇经济圈民营企业文化建设的原则

第一，要树立明确的目标。只有目标明确，才能做到有的放矢，使企业文化建设工作达到预期目的。目标不明确，就会使企业文化建设工作迷失方向，而且难以评价取得的成就。第二，要顺应时代潮流。“世界潮流，浩浩荡荡，顺之则昌，逆之则亡”。企业文化建设只有顺应时代要求，体现现代企业经营管理思想，才能为广大员工所认同和接受。例如，现代经营理念强调顾客满意、股东满意与员工满意三者相结合；企业经营活动不仅要注意经济效益，而且要注意社会效益和生态效益，把可持续发展原则贯彻于经营活动之中；现代竞争理念强调在竞争中合作，在合作中竞争，共同为顾客创造价值去开拓市场，而不是单纯依靠价格竞争去争夺市场份额；在企业管理中更加强调以人为本，尊重员工的基本权利，积极挖掘他们的创造力。上述思想应该体现在企业文化建设的目标体系之中。第三，突出企业的特点。企业文化建设必须从本企业的实际出发，体现出自己的特色。简单模仿或照搬其他企业的模式是很难取得良好效果的。第四，要循序渐进。企业文化建设是一个改变企业员工思想观

念和行为方式的过程，也是人们从必然王国走向自由王国的历程，不可能一蹴而就。第五，要以正面宣传为主。要通过企业领导人报告、专家授课、员工学习讨论等方式，使企业各级人员充分认识企业所面临的形势、经营状况及企业文化建设的意义和内容。在企业建设的初级阶段可以借助奖惩措施体现企业管理当局的决心，促进人们尽快改变不良习惯，树立新的行为方式。但是，当企业文化建设目标和内容的方方面面成为企业人员的共同行为时，奖惩措施就失去了存在的价值。在企业文化建设时尤其要防止出现简单粗暴、强迫命令的不文明现象和急于求成的形式主义的东西，这些都会使广大员工产生逆反心理，甚至会导致人才流失。第六，企业领导人要率先垂范。企业领导人具有很强的号召力、影响力和示范作用。企业领导人率先垂范、身体力行不仅是无声的命令，而且有助于他们真正认识和把握企业文化建设的关键环节。第七，重视与广大员工的沟通。要通过个别谈话、集体座谈、问卷调查等方式准确了解企业各级人员的思想动态和真实看法，在此基础上才能制定和实施有效措施推动企业文化建设工作。第八，要注意发掘、整理和弘扬企业优良的传统。企业文化建设不是从零点起步的，而是一个革新、存优除劣的扬弃过程。在企业文化建设中要切忌文化虚无主义和经验主义两种不良倾向。要在认真发掘、整理、分析和评价企业文化现状的基础上，确定那些值得保留、继承和弘扬的企业优良传统，并将其列入企业文化建设目标之中。优良传统是企业的重要的精神财富，将其列入企业文化建设目标之中实质上是对企业一代或几代员工辛勤劳动奉献的肯定，因而可以激发他们的自豪感和成就感，减少企业文化建设的阻力。

3. 广佛肇经济圈民营企业文化建设的方法

结合国内外企业建设实践经验和广佛肇经济圈民营企业的特点，笔者认为可以采用以下几种方法开展企业文化建设工作：一是示范法。通过企业领导人率先垂范的行为和对本企业先进典型事迹的宣传开展企业文化建设工作。例如，在海尔质量文化形成中，张瑞敏就发挥了关键作用。在20世纪80年代初期，虽然家用冰箱十分畅销，但张瑞敏对冰箱质量的要求几乎达到了苛刻的地步。他曾经带领全体员工用铁锤砸烂了十几台运回企业的不合格冰箱，而这些冰箱经过维修还是可以出售的。他用铁锤唤醒了海尔人的质量意识，从此建立了追求产品质量100%合格的海尔质量文化。又如，张秉贵对王府井百货大楼、李素丽对北京市公交公司的企业文化建设工作都发挥了重要作用。二是激励法。通过建立和实施奖惩制度去改变企业员工的观念和行为，使企业所倡导的经营理念、价值观念、行为规范、工作作风等深入人心，变成企业员工的自觉行动。采用这种方法要特别注意激励诱因的大小和方式，防止出现以追求奖励为目的的机会主义现象。三是感染法。通过文艺演出、知识竞赛、读书活动、体育比赛、升厂旗、唱厂歌等灵活多样的形式推动企业文化建设工作。四是灌输法。通过领导做报告、提要求、请专家讲课、发放宣传材料、组织考试、派人督查等方式促进落实企业文化建设工作。五是自我教育法。组织企业员工座谈讨论，讲身边人，说身边事，找差距，定目标，从而推动企业文化建设工作。以上五种方法各有侧重，又都有一定的局限性，因此，在企业文化建设实践中应该结合运用，从而取得良好效果。

（七）努力使企业成为学习型组织

20 世纪末，科技发展快速化、经济活动全球化、市场竞争国际化，使企业面临日趋复杂的环境和激烈的竞争压力。企业比以往任何时候都需要持续地、快速地获取、吸收和转化信息及知识，学习型组织的理论应运而生。彼得·圣吉在《第五项修炼》中认为，企业是一个系统，它可以通过不断学习来提高生存和发展能力。通过五次修炼即在组织中实现共同愿景、自我超越、团队学习、改善心智模式和系统思考，可以使企业成为一个相互关照、彼此通融的学习型组织，形成“学习—持续改进—建立持续性竞争优势”的良性循环。

广佛肇经济圈民营企业由于起步晚、起点低、规模小，因而在 21 世纪将面临着更大的竞争压力和生存考验。只有通过不断学习，尤其是努力成为学习型组织才能应对所面临的种种挑战。广佛肇经济圈民营企业成为学习型组织可以从以下三个方面入手：

1. 增强学习意识，充分认识学习的重要性

企业有关部门要收集整理相关材料，组织企业各层次人员听课和座谈讨论。讨论的主题可以定为三个：学习和学习型组织的含义是什么？为什么本企业要成为学习型组织？本企业如何才能成为学习型组织？要利用企业内部刊物、板报、有线广播、电视网等宣传工具，形成强大的宣传攻势和舆论氛围。企业领导人要带头学习，虚心听取员工建议。可以利用知识竞赛的方式，增强团队学习意识，也可增加学习的趣味性。

2. 加强企业各层次人员的培训工作

人的知识有两个来源：一是自身实践经验的总结和概括；二是他人的实践经验。培训是获得他人实践经验最便捷的途径之一。通过培训可以在较短的时间内获得更多的知识，改变人们的思维模式，提高人们的工作技能。企业培训只有主题明确，针对性强，才能取得良好的效果。

3. 建立激励学习的制度

一是鼓励员工自我学习的制度。凡是企业员工自学或利用业余时间参加各类培训，经过考试获得相应学历证书、培训证书的都应受到表扬和报销学费。二是可以考虑把员工学习纳入绩效考核体系之中。三是企业要建立员工培训奖惩制度，并严格加以执行。凡是积极参加培训、获得良好成绩的，予以奖励；凡是马马虎虎，应付差事的要给予惩罚。

（八）努力提高企业的创新能力

广佛肇经济圈民营企业能否抵制市场竞争风浪的冲击关键在于其竞争力的大小，而竞争力大小的关键又在于其创新能力的大小。企业创新的内容极为广泛，既包括产品创新、技术创新、营销创新，也包括组织创新、制度创新、管理创新和文化创新等，而且各种创新又相互交织在一起，形成一个复杂的创新系统。同时，不同的企业在不同时间和不同条件下创新的重点和主攻方向也有很大的不同。例如，高科技企业的创新重点在于通过技术创新以保持核心技术的领先优势，而从事传统产业的企业的创新重点则可能在于通过营销创新来保持较高的市场占有率。英特尔公司倚仗技术创新推动产品不断更新换代，从而引导世界计算机发展的新潮流，可口可乐公司则通过营销创新雄霸世界软饮料市场。通过企业重组、兼并、联合等方式进行组织创新也是企业发展壮大或重获新生的重要途径。波音与麦道合并后，不仅使波音公司继续保持民用客机在国际市场上的领先地位，市场份额相当于空中客车的两倍多，而且成为世界上最大的军用飞机制造公司。时代华纳与美国在线的合并使新公司成为全球最大的信息传媒公司。

结合广佛肇经济圈民营企业的情况，可以从以下四个方面考虑提高企业的创新能力：

1. 建立优秀企业家的选拔、任用、考核、激励和发挥作用的机制

优秀企业家是具有全面的现代管理知识和实际操作能力，并有创新精神和

丰富管理经验的专门人才。他们直接参与企业的战略决策，把握企业的发展方向和实际运作，直接影响企业的兴衰存亡。许多明星企业都与知名企业家密切联系在一起，例如，微软与比尔·盖茨、通用电气与韦尔奇、海尔与张瑞敏、四川长虹与倪润峰、四川希望集团与刘氏兄妹、广汇企业集团与孙广信等。因此，建立与企业家相关的机制十分重要。具体可以从以下四个方面加以考虑：一是建立企业家的选拔任用机制。要面向社会（包括企业内部人员），通过公开、公平、公正的竞争，择优选聘企业家。企业应该建立企业家信息库，也可借助猎头公司，通过挖、请、荐等方式获得优秀企业家。二是要适当授权，让企业家所承担的责任与拥有的权力相适应。三是建立合理的激励机制。激励是企业家形成创新动力的源泉，要使他们获得的利益与承担的风险相适应，可以通过薪金+奖金、年薪制、重大贡献重奖制、期股等方式激发企业家的创新精神。四是建立适当的考核和约束机制。考核和约束会给企业家带来一定的压力，促使他们勤勉工作，创造性地完成企业的经营目标。如果没有考核和约束机制，除极少数十分优秀的企业家外，大多数企业家的创新动力会减弱，甚至可能产生权力腐败问题。可以通过风险抵押约束、契约管理约束（任期目标责任制）、企业内部权力制衡机制等方式进行监督和约束。

2. 要树立群体创新意识，充分发挥广大员工的积极性和创造性，努力形成人人主动创新的企业文化

通过设立建议箱，召开员工座谈会，开展最优建议奖评选活动等方式激发员工参与创新活动的积极性。

3. 以市场需求为导向选准创新的目标和重点，使企业创新效率和效益达到最大化

企业在选择创新目标和重点时，可以充分考虑企业外专家和专业咨询公司的意见，并进行多方面比较和选优。要注意创新风险，避免由于创新失败引发企业危机。

4. 将企业各方面的创新活动协调起来，使之相互配合形成整体合力

技术创新、营销创新、组织创新、制度创新等在目标、难点、条件及时机上都有所不同，但他们又是相互联系、相互制约的。只有相互协调形成合力，才能取得良好的效果。

参考文献

[1] 王明夫. 企业核心能力论 [J]. 企业顾问，2001 (4)：69-73.

[2] 方统法. 企业核心能力及其识别 [J]. 经济管理，2001 (20)：10-16.

[3] 赵愚，蔡剑英等. 技术创新与我国企业核心竞争力的构建模式 [J]. 中国软科学，2001 (1)：94-97.

[4] 陈劲. 协同创新 [M]. 杭州：浙江大学出版社，2012.

[5] 普拉哈拉德，哈默尔. 企业核心竞争力 [J]. 哈佛商业评论，1990，68 (3).

[6] 文化建设提升企业可持续发展 [EB/OL]. http：//www.gwyoo.com/lunwen/guanli-lunwen/qiyeguanlilunwen/201004/359870.asp.

[7] 彭剑锋. 人力资源开发与管理研究 [EB/OL]. https：//wenku.baidu.com/view/0945cb81d4d8d15abe234e4d.html.

[8] Leonard Barton. Core Capabilities and Core Rigidities：A Paradox in Managing New Product Development [J]. Strategic Management Journal，1992 (13).

第九章　广佛肇经济圈民营企业协同创新案例

第一节　美的的技术创新

美的集团坐落于广东省佛山市顺德区美的大道6号，是一家以家电业为主，涉足房地产、物流等领域的大型综合性现代企业集团，也是广佛肇比较知名的企业。提起“美的”，可谓家喻户晓、妇孺皆知。在我国，人们使用的电风扇每三台就有一台是美的集团生产的，还有电饭煲、空调等各种各样的美的家用电器，成为生活的好伴侣。“美的”已成为我国知名的家电品牌，是我国家电企业中唯一拥有完整的空调产业链和微波炉产业链的企业。

作为国内家电企业的主要生产厂家，美的一直高度重视创新，将技术创新视为企业竞争制胜的关键，为此，美的专门制定了技术创新的发展计划，并以巨大的投入保证技术创新的顺利进行。

美的一直以来都注重产品的技术提升，从1980年自主研制出第一台全塑电风扇开始，美的的技术创新之路就一直没有停止过。1991年，美的提出了第一项专利申请——“轻触式转页扇”，生产出美的历史上的第一个专利产品；1993年，美的组建了省级工程中心——“广东省空调节能工程中心”，实现了空调产品技术的大飞跃；1999年美的建立了国家级企业技术中心，这个技术中心在2007年全国438家国家认定技术中心评价中，以87.7的高分名列第16位，在全国家电企业中排第二位，居广东企业第二位。此外，美的还拥有三个通过国家实验室认可的测试中心（制冷技术分析测试中心、家用电器

认证测试中心、电机测试中心），以及已成为业内一面旗帜的工业设计公司。强大的技术创新能力使美的收获了丰硕的技术成果，目前美的拥有了涵盖微波应用、家用空调、商用空调、压缩机、电机、微波炉、磁控管等领域大量的核心技术，许多产品技术水平已达到国际先进或国内领先的水平。美的技术发展战略是“以技术合作为基础，逐步由外围到核心，强化自主创新，树立技术优势”。20 世纪 90 年代初，美的开始与日本东芝展开技术合作，逐步实现了空调核心技术由引进到创新。通过不断加强对引进技术的消化吸收、建立自身的技术人员队伍、重奖技术创新项目等措施，美的逐步形成了自主创新能力。1997 年事业部制改革完成后，美的自主创新步伐更是不断加快，以新产品开发项目为例，1997 年该指标就达到 32 项，比上一年增长 88%，到 1999 年美的建立国家级企业技术中心时，这一数值又快速增长到 80 项。不仅新产品研发速度快，产品向商品转化速度也很高。1999 年美的完成技术开发并推向市场的换气分体机项目，当年就销售 27 万套，盈利超过 7000 万元，这样的成果在国内外都很少见。1999 年，美的引进东芝的商用空调技术，开始进入商用空调领域，很快发展成为国内商用空调行业的领导者。2005 年，美的生产的第四代系列中央空调产品（MDVIV）推向市场，向世界表明美的已拥有了引领商用空调的最尖端技术。

美的还是全球仅有的五家掌握磁控管核心技术的高科技企业之一。在满足微波炉磁控管需求并掌握了微波控制技术的基础上，美的还不断进行技术拓展，研发新的产品。2005 年，美的成功自主研发出第一台沥青路面微波养护车，并交付客户使用。这一创新属国际首创，填补了世界公路养护机械的空白，也标志着美的在微波加热技术方面已经走在世界前列。

现在，美的集团已具备平均每天开发 2 项新产品、每天申请 1 项专利的自主研发能力，每年新产品的销售收入已占到总体销售收入的 60%以上。2000~2007 年，集团累计申请专利 3425 件，获得授权 2441 件（其中发明 11 件，实用新型 832 件），并且，在近年的专利申请与授权中，发明与实用新型的比例有了明显的提高，表明美的不仅在专利数量上保持增长，专利的质量也在不断提高。

美的不仅技术开发能力强，实现了丰硕的创新成果，而且还保持了很高的创新成果转化率。2007 年美的集团共完成新产品开发 513 项，创新成果的商品转化率超过 95%；集团新产品对销售收入的贡献率达 68. 7%，对利税总额的贡献率也达到了72.1%。

此外，美的还与专业的标准信息机构合作，建立了涵盖集团所有产品的技术标准数据平台（国标/行标）。目前集团拥有国标/行标23810份、国际标准570份，并制定了企业技术标准1060项。

第二节　威创公司的管理体制创新

广东威创视讯科技股份有限公司位于广东广州高新技术产业开发区科珠路233号。公司专注可视化信息沟通领域，是全球仅有的几家拥有超高分辨率数字拼接墙系统和交互数字平台全线产品及自主知识产权的厂商之一，产品系列丰富、全面。以可视化信息沟通的系统解决方案提升客户的工作效率和竞争力，是国家化的高新技术企业。

在当今市场上，企业如果不能掌握产品的核心技术，不能拥有自己的专有技术，就不可能获得良好的经济效益，只能成为他人产品的加工点，或为别人的核心技术做补充。不论哪个行业、哪个产业乃至哪种产品，居主导地位的永远都是那些掌握核心技术的企业。核心技术是企业的命脉、企业的根本和效益的源泉，没有核心技术，企业就没有了灵魂。作为集产品开发、生产、销售、服务于一体的高科技企业，威创从一开始就深刻认识到通过自主创新掌握核心技术对企业生存、发展所起的重要作用，因此，公司在成立之初就确立了培育创新文化、鼓励创新活动、发展核心技术的企业发展理念，树立了“责任、协作、创新”三位一体的核心价值观，并通过公司业务的拓展付诸实践。

为了有效推进技术创新工作，公司设立了知识产权部，由专职知识产权管理人员按公司知识产权管理规定开展知识产权工作。公司知识产权部还制定了适合公司长远发展的“威创公司知识产权中长期发展规划”，明确提出了公司科技创新激励机制及未来几年的科技创新发展目标。近年来，公司又先后在员工绩效、任职资格、公司业务流程管理、信息管理等方面与微软、明基、华为等国内外著名公司进行公司管理经验交流及合作，完成了一系列的管理制度改革，先后制定了员工绩效考核制度、员工薪酬管理制度、科技精英奖励制度等多种激励员工科技创新的措施。为强化员工的创新意识，争取多出发明，多出专利，公司先后制定了专利申报流程、软件著作权登记流程、知识产权管理制度、科技创新奖励管理制度等科技奖励和管理制度，对科技人员在物质层面、精神层面进行工资、荣誉、情感等多方面的激励，通过激励，大大激发了技术人员发明创造的能动性和积极性，公司的专利申请量，特别是发明专利的申请数量有了很大的提高。2007 年，公司又进一步加大了科技创新奖励力度，并将过去单一的专利授权奖励改为从专利申请、授权、许可、实施及为公司创造的效益大小等多方面奖励，奖励幅度超过原额度的 50%，同时，增加了年度创新精英奖励、积分奖励、开发成果奖励等各种奖励措施。这些激励措施大大地调动了科技人员创新的积极性，在企业内形成了重视创新、积极创新的良好风气。

此外，公司还不断地优化研发结构，以提高技术研发的效率和科技创新水平，公司将原来单一研发机构发展成为专门针对产品不同阶段而进行研发活动的多个研发部门，如针对市场前沿阶段的技术研究部门、针对产品应用阶段的应用研究部门等，研发结构的优化极大地提高了公司综合研发水平。

为了鼓励公司全体员工参与到创新中，威创公司还在公司内部实行了合理化建议制度。企业合理化建议是企业创新设想的主要来源，在美国、德国等西方国家都有专门的立法制度来鼓励设立合理化建议制度，我国 1986 年也颁布了《合理化建议和技术改进奖励条例》，明确规定了合理化建议的制度和具体内容。

威创公司在 2004 年 11 月开始正式实施合理化建议制度，这一制度使公司收集到多项对公司非常有益的合理化建议，涵盖技术、管理等多个方面，这些建议对提高企业经济效益起到了一定的积极作用。公司为了鼓励员工，对员工提出的合理化建议进行了评价活动，这些活动又进一步激发了公司全体员工的创新热情。

第三节　广东科达机电的自主创新之路

广东科达机电股份有限公司创建于 1992 年，坐落于民营经济繁荣的广东省佛山市顺德区陈村镇广隆工业园，2002 年 10 月 10 日在上海证券交易所挂牌上市，是一家以生产制造陶瓷、石材、墙体材料、节能环保等大型机械及机电一体化装备，并从事陶瓷、石材整线工程建设和技术服务的专业公司，也是目前国内专业性、配套性最强的建材装备研发生产高科技企业。发展至今，已成为目前中国最大型的专业制造墙地砖全自动液压压砖机、干燥器、窑炉、瓷质砖全自动抛光生产线等墙地砖生产成套设备，国内唯一一家可提供陶瓷厂整厂整线工程的生产厂家，当前综合实力在行业内的排名是中国第一、世界第二。

公司自成立以来在中国陶瓷机械行业创造了许多的唯一：唯一连续两次入选中国机械 500 强；唯一连续两次被评为中国建材机械 10 强；唯一拥有国家级企业博士后工作站；唯一入选广东省重点扶持 20 家机械装备制造业企业；唯一入选广东省百强民营企业；唯一被评为广东省著名商标；唯一入选广东省重大攻关技术项目及关键设备中标单位；唯一被评为广东省知识产权优势企业，唯一一家同时荣获三个“中国陶瓷行业名牌产品”荣誉称号的企业等。

这一切都得益于公司在“创新永无止境，永远追求更好”的经营理念指导下，以创新的思维为根本，使企业在用户中享有极高的美誉度。

一、领导层创新意识——创新行动的起点

2002 年 10 月，科达机电在上海证券交易所成功上市，成为中国陶瓷机械行业第一家民营上市公司，顺德区赫赫有名的四大上市公司之一。然而，随着上市后公司规模的扩大，销售收入和净利润明显增加，科达机电面临着来自外界的严峻考验。此时，总经理边程先生理性地提出：企业的主业必须在行业领域内有一定的可持续发展能力；公司的主导产品必须具备核心竞争力，这是企业能否持续发展的前提，公司领导人的这种创新意识，带领科达机电走出竞争越来越激烈的“红海”，不断进行产品技术的创新，开辟新的市场。正确的决策不但使公司规避了风险，而且扩大了公司在国内外压机市场的份额，2004 年，科达压机的国内市场份额已经达到 30% ，2006 年科达压机销售再一次创下历史最高纪录，企业整体业绩实现井喷式的增长，比上一年度翻了一番。目前科达机电的大吨位压机最高吨位可达 7800 吨，超过了意大利同行 7200 吨的吨位极限。2004 年至今，科达机电的一半利润来自压机生产。如果不是当时果断地投资压机项目，科达机电就不可能有今天这样一个局面。“在行业里踏踏

实实做，做别人不容易做到的，才能产生长久的竞争力”成了科达机电企业文化的重要内容。

二、市场需求——创新的原动力

中国现代建陶产业发轫的标志是1983年佛山耐酸陶瓷厂从意大利引进中国第一条全自动陶瓷墙地砖生产线，从此国内建筑陶瓷产业迈开了发展的步伐。据统计，1991～2003年，中国的建筑陶瓷产量从2.72亿平方米猛增至32.5亿平方米，年平均增长率为22.9%，至2006年末总产量突破50亿平方米，接近世界总产量的70%，成为名副其实的世界最大的建筑陶瓷生产大国。中国建筑陶瓷产业快速发展的背后是国内国际市场的巨大需求，强大的市场需求不仅推动了中国建筑陶瓷产业的快速发展，同时也为中国陶机产业带来了新的发展机会。

科达机电就是在这样的大背景、大环境下发展起来的。20世纪90年代，随着国家改革开放程度的不断加深，人民生活水平的不断提高，人们对建筑陶瓷产品的需求也越来越强烈，希望能用建陶产品（如内墙砖、抛光砖）来装饰自己的家。可90年代生产建筑产品的陶机（如陶瓷墙地砖抛光机和磨边机）几乎被以意大利为代表的国际陶机生产国垄断，而且价格昂贵，配件供应、售后服务却屡受掣肘，许多建筑陶瓷厂商难以承受其昂贵的价格和落后的服务，纷纷对建陶行业失去信心。当时陶机市场被国外垄断，这一现状严重制约着我国建筑陶瓷行业的发展，科达机电90年代初率先开发出当时属于国外控制技术的陶瓷墙地砖抛光机和磨边机，把这两种设备的价格从进口价格的1000多万元和100多万元（抛光线1000多万元），分别大幅降低至200多万元和20万元，相当于进口设备价格的1/5到1/4，而设备性能和功能却持续提高，使中国陶瓷墙地砖生产企业的投资成本大幅度下降，使建陶产业的投资门槛大幅降低，支持了国内建陶企业的蓬勃大发展，为推动中国建陶产业的发展做出了突出的贡献。在满足市场需求的同时，科达机电也从中获得创业时的第一桶金。

科达机电发展到今天，在陶瓷机械领域已经居于“中国第一、世界第二”的位置。在不断开发新产品的过程中，科达机电始终以市场需求为导向，认为只有创造出市场接受、客户满意的产品才能真正获得企业的长久发展。可以说，科达机电产品和技术的创新始终是和市场的需求一脉相承的，创新的原因是市场需求，市场需求也决定了科达机电的创新方向。

三、人才——一切创新活动的实践者

现代企业成功的基础是知识的领先、技术的超前。而科达机电的管理层和技术层正是具备了这两项现代企业的根本。

以卢勤为中心的科达机电 9 位核心领导层：边程、鲍杰军、黄建起、尹育航、庞少机、冯红建、吴桂周、吴跃飞基本上具有大学或以上学历。其中，卢勤、鲍杰军都具有中国名牌院校 MBA 学历，尹育航曾在英国留学 3 年攻读硕士，现任科达机电总经理的边程先生，毕业于中国航空航天机械研究领域赫赫有名的最高学府——北京航空学院（现北京航空航天大学）。以这样高素质的团队，吸引一大批精英加入到科达机电的管理层和技术研发层里来。从 2004 年起，仅 3 年的时间科达机电累计吸收录用的大学应届毕业生人数已达 134 人。科达机电有计划地大量吸收大学毕业生入职，悉心培育，精心为大学生制定职业规划，取得了很好的效果。人才的不断加入保障了公司的可持续发展，不仅为公司平添了朝气与活力，更为公司的长远发展"攒足了相当的后劲"。

2003 年底，科达机电获准建立博士后工作站，2006 年又设立了院士工作室并大力推动行业内技术研发成果的交流。这些举措都使科达企业能够广泛吸引高级人才，支持企业自主研发，提升核心竞争力，为科达机电的发展插上了腾飞的双翼。截至 2006 年底，科达机电有员工 1700 多人，其中拥有一支 100 多人组成的科研技术人员队伍，全部具有大学本科以上学历，其中博士后、博士、硕士占 16.4%，专业覆盖机械设计与制造、工业电气自动控制、流体传动与控制、计算机辅助设计和力学分析等领域。正是有这样一批高精尖技术人才，科达机电才能冲击世界陶机顶峰，以陶瓷产品清洁生产、节约能源、提高质量为己任，不断进行课题研究。

四、研发机构——创新进程的保障

2006 年，科达机电投资 4500 万元兴建的亚洲陶机行业内唯一的一座多功能陶瓷工程试验中心的正式启用，标志着中国陶机装备的创新已由渐进式创新

进入了自主集成创新的快车道。“科达机电陶瓷工程试验中心”的正式启用是中国陶瓷工业发展史上一件具有历史性意义的大事。具有三个方面的重大意义：

第一，科达机电陶瓷工程试验中心的建成，搭建了第一个中国陶机装备业产品研发、技术孵化、成果转化的服务平台，服务项目包括陶瓷原料理化分析、墙地砖制品半工业化试验、卫生洁具装备与新工艺研发、热工产品和材料试验、陶机新产品投放市场前的工艺性试验、机械制造使用材料的理化检验和计量器具的检测。

第二，可以实现中国陶瓷工业创新模式的质变，陶瓷的创新将由单项的技术创新向系统创新发展。

第三，为陶业同行提供了一个绝好的合作、交流平台。该试验中心的建成，将改变建陶中国制式高能耗、高污染的形象，快速推动建陶中国制式向高档、节能、环保的方向发展。科达机电陶瓷工程试验中心这次成功推出的新型大规格陶瓷薄板技术，就是利用这个平台与景德镇陶瓷学院、华夏陶瓷研发中心及东鹏陶瓷合作成功的典范。

与此同时，科达机电“陶瓷工程试验中心”配备了多名高级工程师和陶瓷卫生洁具、墙地砖工艺技术专业人才，以及陶瓷机械设备开发、调试管理高级人才，为陶瓷整厂工程、整线工程建设提供软件支持。利用“陶瓷工程试验中心”多媒体培训室可为广大陶瓷企业培训管理人员及陶瓷工艺技术人员和设备管理人员，提高陶瓷企业的生产能力和管理水平，进而提升其市场效应和经济效益。

五、客户服务——创新价值的持续体现

一般来说，陶机装备的装配和运行是一个庞大而又比较复杂的系统。陶机装备的先进和独创性并不能构成建陶厂商选择的唯一标准，正是因为陶机装备的装配和运行是一个庞大而又比较复杂的系统，所以建陶企业对陶机生产厂商的客户服务能力有着较高的要求。科达机电深知这一点：即便自己创造出的产品很先进，很符合市场发展趋势，如果服务跟不上，客户也不会选择你的产品，那么所有的“创新”都没有任何意义。所以科达机电一直以“客户生产线的正常高效运转”为服务目标，积极构建“产业化运作的服务体系”，经过

多年发展，科达形成了完善的配件服务体系，科达配件服务有限公司在广东佛山、山东淄博、临沂、四川夹江等全国主要陶瓷产区设立了 17 个大型配件配送中心，甚至在一些大客户的厂里也设有配件库（如鹰牌、贝斯特、展鹏等厂家），为客户提供快速、全面的配件配送及零部件维修服务，并承接旧设备改造、项目承包等服务。实实在在地保证了售后服务的及时性。这一系列“管家式”的客户服务系统，也是行业内绝无仅有的。在这一点上，科达机电对客户的培训充分地得到了体现：科达机电对客户的培训主要有三类，一是发机前在厂内对客户进行培训；二是安装调试后对客户进行现场培训指导；三是投产后不定期巡回，对客户使用、保养设备展开多样化的培训。值得一提的是，在每项新技术试用成熟以后，科达机电还会义务地为客户升级改造相关合适的设备。

为了保证客户现场的使用效果，科达机电技术部门在发机前由专人负责，在家里就“控制程序等方面”的调试都已经做了大量试验、检测的工作。在安装调试现场，科达机电客户服务部的专业技术人员对“压机在实际工况下的工作曲线”又会通过示波器进行仔细的测试，并根据实测数据进行微调。与此同时，为了保障客户压机设备正常高效地运行，给客户创造“最大化的效益”，科达机电建立并完善了“24 小时全天候随时提供服务”的机制，所有服务人员都是科达机电全职的配套技术人才，并要求他们 24 小时开机待命，随时准备第一时间赶赴客户生产现场，为客户提供最为及时的技术支持。

为了更好地为客户服务，科达公司狠抓服务质量，建立了完善的服务网络，为客户提供 24 小时全天候服务。同时，科达公司应用网络信息技术率先开通远程监控系统。通过这个专用的远程服务管理系统平台，科达的技术人员只需一条电话线即可为客户提供远程技术服务，还可对终端的数据进行分析判断和程序诊断，大大提高了服务效率，而且这种技术服务不涉及陶企的工艺机密，维护成本也大大降低。

公司每年还定期与客户沟通，同操作工、设备管理人员交流，讨论设备的科学使用和维护保养问题。

六、产品——创新的载体

“创新永无止境，永远追求最好”“客户为本、品质至上”是科达机电股

份有限公司的经营哲学，在经营实践中，科达机电始终坚持这一经营理念，扎扎实实地把这一经营理念的内涵落到实处。产品技术的开发着眼高起点，设备的制造追求精细化，致力于打造一款款陶机装备精品，获得了整个建陶行业的广泛好评。

"打造世界陶机装备精品"——走精品之路是科达机电坚定不移的选择，记者由于工作的便利近日深入陶瓷企业，走访了陶瓷生产线的多位操作者，这些可敬的一线劳动者一致认为科达机电的系列陶机装备是"陶企的最佳选择，与科达机电合作心里感到踏实，就是选择了放心"。陶瓷企业瓷质抛光砖生产线，由于砖坯烧制后的变形，必须配备刮平定厚机进行刮平加工，获得一个比较平整的表面后，再进入抛光机进行抛光处理。而刮平定厚机刮平之后留下的刀痕一般较深，同时，抛光工序的抛光磨头的主要作用是对瓷质砖表面进行抛光处理，切削性能较低，所以靠抛光磨头处理刀痕加重了抛光机的工作负担，造成了抛光工序的效率低下，极大地制约了抛光砖生产效率的提高。因此，开发用于快速处理较深刀痕的粗磨设备，成了抛光砖生产企业提升效率的迫切需求，也成了陶机装备企业的一大课题。一些陶机装备企业为此做出了艰苦的探索，但使用效果不尽如人意。科达机电 KD280A 粗磨头——也就是大家说的"六爪鱼"就是在这种背景之下，为了消除刮平后的刀痕，有效提升抛光线生产效率而专门研发的用于粗磨的一款稳定性能好、效率高的产品。

科达 KD280A"六爪鱼"粗磨头吸收了原科达 KD266（八爪鱼）的优点，经过全新设计而成，有效解决了粗磨中常见的振动、噪声、机体温升过高等问题。科达机电于 2003 年底开发设计该款磨头，2004 年投入试用，减少了振动及噪声；与原 KD266（八爪鱼）相比，因为传动系统的改进，科学的自动吸油循环润滑系统及完整的冷却系统，保障了润滑系统供油的连续性及可靠性，有效改善了系统的运动特性及减少了油液的发热，使轴承及其传动件的寿命大大延长；完善的密封系统及特种材料油封的采用，从根本上解决了该类产品油液泄漏的可能，使产品使用的稳定性大大提高，科达 KD280A"六爪鱼"粗磨头的开发成功使抛光砖生产线生产效率整体提高了 15%以上，科达 KD280A"六爪鱼"粗磨头因其独特的技术创新获得了 3 项国家专利。

2005 年，科达机电的产品、技术创新更是迈出了前所未有的步伐。2005 年 5 月 15 日，在"第十九届中国国际陶瓷工业展览会"上，科达机电一举推出"二大八小"10 个新产品，其中的"魔术师布料系统""超洁亮生产线"

“干法磨边生产线”的关键核心技术已超过了代表世界陶机最高技术水平的意大利同行，属世界首创技术，已实现了由“抄”到“超”的历史性跨越。“GB 系列干法磨边生产线”“KMX 超洁亮生产线”两个系列的新产品于 2005 年 10 月 24~25 日通过省级新产品科技成果鉴定。

专家们对被鉴定产品各项性能指标进行了认真的测试与审议，对上述两个项目给予了高度的评价。“GB 系列干法磨边生产线”在上海展示取得了很好的效果，得到了众多墙地砖生产厂的青睐，泰国 GBP 等数十家陶瓷企业纷纷订购并投入使用。“KMX 超洁亮生产线”2005 年 5 月刚推出，就被新中源陶瓷有限公司连续订购了 20 条 ，该公司用“KMK 超洁亮生产线”生产的“防污专家超洁亮抛光砖”受到瓷砖市场的追捧，成为抛光砖市场一道耀眼的风景线。“超洁亮现象”至今仍然是行业关注的焦点。“魔术师布料系统”在鹰牌陶瓷的成功应用，促使墙地砖布料装饰技术发生了革命性的变化。

2006 年 5 月 17 日，科达机电投资 4500 万元建成的世界上最大的陶瓷工程试验中心正式启用，标志着中国陶瓷技术领域的创新模式由渐进式实用新型类创新迈进了自主集成创新的快车道，宣告了我国陶瓷工艺技术和陶机装备技术的创新能力已经位居世界先进行列。凭借这一平台，科达机电 2006 年 5 月集中推出了世界首创的“KD333 型抛光线”“超大规格陶瓷薄板制成技术”“魔术师成型装饰系统”三大创新技术，在节约资源、能源和墙地砖产品花色品种的开发方面均开辟了新的广阔前景。

依靠自主创新，科达机电发展成为目前国内陶机类产品生产厂家中规模最大、研发能力与创新能力最强的企业，其中主导产品瓷质砖全自动抛光生产线市场占有率超过 70%。公司现已形成了年产各类瓷质砖全自动抛光生产线 150 条、全自动液压压砖机 200 台（套）、磨边线 200 条、干燥器和窑炉 30 多套的生产能力，2005 年度实现销售收入 56021 万元，2006 年度实现销售收入 82163 万元，截至 2007 年 8 月底，已经实现销售收入 79979 万元，实现了飞速的发展。

参考文献

[1] 杨丽 . 创新力开发与创新案例 [M]. 广州：羊城晚报出版社，2010.

附录　广佛肇经济圈建设合作框架协议

以广州佛山同城化为示范，打造广佛肇经济圈，促进珠江三角洲地区一体化发展，是深入贯彻落实《珠江三角洲地区改革发展规划纲要（2008～2020年）》（以下简称《规划纲要》）和省委、省政府《关于贯彻实施〈珠江三角洲地区改革发展规划纲要（2008～2020年）〉的决定》的具体举措，是省委、省政府赋予广州、佛山、肇庆三市的历史使命，对提升广佛肇整体发展水平，共同打造珠江三角洲地区布局合理、功能完善、联系紧密的城市群，建成全国科学发展示范区，具有重大的现实意义和深远的战略意义。为加快广佛肇经济圈发展，在省委、省政府的统一领导下，广州市、佛山市、肇庆市（以下简称三市）经协商一致，特签署本框架协议。

第一章　总则

第一条　指导思想

按照《规划纲要》促进区域协调发展的目标和要求，根据省委、省政府总体部署，遵循政府推动、市场主导，资源共享、优势互补，互利共赢、一体发展的原则，以交通基础设施建设为先导，以产业和劳动力“双转移”为切入点，创新行政管理体制，推进政策规则对接，完善合作机制，拓宽合作领域，全面构建城乡规划统筹协调、基础设施共建共享、产业发展合作共赢、生态环境协同保护、公共事务协作管理的一体化发展格局，提高广佛肇经济圈的竞争力和辐射带动力。

第二章　合作机制

第二条　领导机构

在省的指导下，成立由三市市委书记、市长组成的领导小组，负责重大事项的决策和协调，领导小组会议由三市协商召开。

第三条　联席会议制度

建立三市市长联席会议制度，三市市长为联席会议总召集人，分管发展改革工作的副市长为召集人，市政府秘书长为联席会议秘书长，三市分管发展改革工作的副秘书长和相关部门主要负责人为联席会议成员，负责协调解决一体化发展工作中的重大问题，统筹协调各部门职责分工，指导检查有关部门工作。联席会议办公室设在三市发展改革部门，承担日常工作，督促联席会议议定事项的落实。

第四条　专责小组

三市就有关专项合作领域成立专责小组，落实领导小组和联席会议确定的有关工作事项，制定三市相关领域工作规划和具体措施，细化目标任务，具体协商和落实合作事宜。

第五条　新闻发布制度

建立三市政府新闻办沟通协商机制，不定期发布广佛肇经济圈建设的权威信息，切实加强舆论宣传工作。

第六条　发展研讨

采取“联合主办、轮流承办”的形式，举办“广佛肇经济圈发展研讨会”，邀请专家、学者和政府官员参加，共同探讨广佛肇合作的深层次问题。

第三章　重点合作领域

第七条　规划对接

在省的协调指导下，以战略思维和整体理念推进一体化发展规划，引领广佛肇经济圈全面协调可持续发展。

（一）共同委托高水平专业研究机构开展广佛肇经济圈重大战略问题研究，编制《广佛肇经济圈发展规划》。联合制定和实施广佛肇交通运输、产业协作、环境保护、旅游合作、教育培训等专项规划。

（二）探索建立三市城乡规划一体化机制，联合开展重大设施衔接规划、重点地区整合规划和城乡一体化规划等研究和编制工作。

（三）加强三市发展战略、经济社会发展规划、城乡规划、土地利用规划等重大战略和规划的衔接协调，增强一体化发展的协调性和整体性。建立编制实施广佛肇一体化规划体系的统筹机制和政策机制。

第八条　交通运输

围绕建成珠江三角洲一小时城市圈核心的要求，充分发挥交通先行的引导作用，加快交通基础设施和服务一体化进程。

（一）推进广佛肇交通基础设施全面对接。着力推进广佛肇城际、贵广、南广等轨道交通建设，加快珠三角环线、广肇高速、二广高速、肇花高速等高快速路建设，促进城际间高快速路与市政道路网衔接，重点加强广佛肇各区域与广州铁路新客站、白云国际机场、南沙港等战略性基础设施的交通对接，共同推进广佛肇交通基础设施的互联互通，形成一体化的综合交通体系。整合广佛肇区域港口及航线、岸线资源，加强港口、航道规划、建设和管理的衔接，形成广佛肇江海水陆空联运的一体化运输体系。

（二）交通管理与服务。科学布局城际客运线路、公交线路、站场和公交换乘枢纽，提供快捷便利的城际客运和公交客运服务。加强交通管理协调力度，强化交通管制信息互报制度，降低广佛肇间交通出行成本。

第九条　产业协作

以《规划纲要》为指导，统筹协调产业发展规划，促进广佛肇产业优势互补、联动发展，共同构建结构优化、布局合理、各具特色、协调发展的现代产业体系。

（一）加强现代服务业发展合作。整合区域物流资源，加快枢纽性物流园区的建设与合作，构建物流信息共享平台，形成水陆空多式联运体系，共同打造南方国际物流中心。充分利用三市会展场馆资源，联手开拓国内外市场。加大金融、商贸、中介、文化、工业设计、创意、电子商务、信息、服务外包等领域的合作力度，共建区域服务体系。

（二）加强先进制造业和传统优势产业发展合作。充分利用三市产业基础和发展条件，形成结构布局科学合理、配套互补发展的先进制造业分工体系，建设汽车、石化、钢铁、造船、机械装备、家电家具、陶瓷、建材等具有国际竞争力的制造业集群，共同打造世界先进制造业基地。加强三市产业配套协作，推动产业链条延伸。推进广州经济技术开发区、南沙经济技术开发区、佛山高新区和肇庆高新区等产业功能区合作。

（三）加强高新技术产业发展合作。构建完善电子信息产业链，共同建设世界级电子信息产业基地。推进生物医药和健康工程技术研发合作，共同提升区域生物医药和健康产业竞争力。加强软件研发合作，发展壮大软件产业。积极推动在发展新材料、新能源、环保等新兴高技术产业上的合作。加强政府协调，发挥高新技术产业在加快工业化和信息化进程中的带动作用。促进三市在招商引资、公共服务平台建设、共性技术研发等方面扩大深化合作。

（四）加强现代农业发展合作。优化广佛肇现代农业规划布局，构建一体化的农产品流通体系、质量安全体系、科技服务体系和动植物疫病防控体系，共同发展优质高效农业、绿色生态农业、休闲观光农业。推进三市高科技农业基地、无公害农产品基地、特色农产品基地和农副产品基地建设，实现农产品无障碍流通。

（五）加强“双转移”工作合作。发挥三市的比较优势，协同加强产业转移的规划引导，推动生产要素对接互补，积极探索共建产业转移工业园、先进制造业基地、传统优势产业转型升级集聚区。引导广佛地区产业结构调整和扩张延伸项目向肇庆转移。加强三市劳动力培训转移协作，调整优化培训专业结构，提升技能培训水平，推动职业院校和企业开展订单式对口培训，为广佛肇经济圈及珠江三角洲地区提供高技能实用型人才。

第十条　科技创新

整合三市科技资源，建立科技创新协作机制，构建开放融合、布局合理、支撑有力的区域创新体系，促进区域创新要素高效流动和优化配置。

（一）共享科技创新资源。加强三市高等院校和科研院所的交流合作，建立研发人才、科研设备、科技信息、知识产权服务共享机制，推动基础性科技教育资源开放融合。

（二）共建科技创新平台。围绕构建现代产业体系，共同推进行业重大通用技术、应用技术和创新服务体系建设。推动三市产学研合作，支持企业跨地域与高等院校和科研院所共建高水平研发机构。

（三）共创科技创新环境。积极建设信息交换和共享平台，推进电子信息网络、电子社区信息交换标准和规范的统一。构建三市统一的技术产权交易市场，完善三市科技中介服务网络。协同开展知识产权运用、交易、执法和技术标准制订工作。建立科技研发人才职业能力评价互认机制。

第十一条　环境保护

以水环境污染和空气污染联防联治为突破口，加强资源节约和环境保护，实现环境基础设施资源共建共享，改善区域整体环境质量，率先构建资源节约型和环境友好型社会，实现区域可持续发展。

（一）加强区域绿色生态屏障建设。加强生态廊道自然形态的维护维育，形成三市自然山水格局，切实做好河流、湿地和森林的环境保护，强化城乡绿地系统、绿色通道和生态隔离防护带建设，在生态敏感地带构筑区域生态走廊。

（二）建立健全区域生态环境协调机制。构建三市一体生态环境预警监控体系，强化森林火灾和外来有害生物预警防控体系建设，开展森林灾害的联动监控和信息通报，建立健全森林灾害应急处置联动机制。

（三）加强水资源保护利用合作。加强饮用水源保护，强化跨境河道管理，联合推进水环境整治和水资源保护，划定水功能区和水环境保护区，共同开展河流（涌）截污与治污工程，确保河流交接断面水质达标和按水功能区达标。

（四）加强大气环境综合治理。建立三市大气污染联合防治机制，共同治理城市机动车尾气污染、工业废气污染和城乡固体废物污染，加快传统工业的技术改造，淘汰落后产能，推行清洁生产、清洁工艺和清洁消费。

第十二条　旅游合作

建立广佛肇旅游一体化合作机制，共同打造广佛肇经济圈旅游品牌，实现三市旅游资源共享、信息共通、品牌共建、市场共管、客源互动。

（一）建立旅游合作机制。积极探索政府、行业协会、企业等多层面、多渠道的旅游合作。推动旅游资源整合，推进旅游投资合作，实现资源、资金和管理的优势互补。实施区域旅游品牌战略，共同打造旅游精品线路，开发具有显著竞争优势的高端旅游产品。加强旅游联合宣传推介，共同开拓客源市场。建立旅游人才交流与培训机制，促进业界的交流合作，共同推动国民旅游休闲计划的实施。

（二）统一旅游服务标准。共同开辟旅游绿色通道，实现无障碍旅游。加强旅游市场监管合作和旅游信息互换，建立行业监管通报机制和旅游应急联动机制。协调处理重大旅游事件和旅游投诉，共同维护三市旅游者和旅游经营者的合法权益。统一旅游优惠标准，提高旅游接待水平。

第十三条　社会事务

积极推动社会事务领域合作，不断提高三市市民生活质量，共建“广佛肇优质生活圈”。

（一）教育。积极开展各类教育合作。支持高等院校、科研院所、中小学名校跨地域设立教学、科研机构。推动职业院校联合办学，扩大跨地区招生规模，联手打造我国南方重要的职业技术教育基地。加大地区间教育人才交流支援力度，加强区域教育学术研讨活动。共建教育教学资源库，实现教育信息共享。

（二）文化。建立文化发展协调机制，全面加强文化交流合作。联手做好传统岭南文化开发与保护工作。大力推进公共图书馆文献资源共建共享和服务协作。共同承办区域性、全国性、国际性重大文化活动。共同加强区域媒体合作。

（三）医疗卫生。探索医疗卫生合作模式，加强医疗技术和卫生人才的交流合作。促进三市卫生资源共享。逐步建立协同处理突发公共卫生事件和重大传染病联防联控工作机制。探索建立医疗卫生信息服务共享平台。

（四）就业。加强就业政策对接，建立就业服务协作机制，推动就业指导、职业介绍、创业咨询、就业扶持等方面的就业服务协作。建立和完善职业技能培训、职业技术教育、转移就业协作机制。

（五）人力资源。建立三市统一规范的人力资源市场体系和人才交流合作机制，促进人才有效开发与合理流动。加强流动人口管理政策和信息系统的对接，探索建立一体化的流动人口管理服务新机制。

（六）社会治安。建立相邻地区相关公共管理和治安联动机制，加强接壤地区的治安管理和情报信息合作，推进以 110 报警为龙头的警务协作和救助系统的联网联动，共同打击违法犯罪活动。

（七）食品药品安全。构建三市食品药品安全预警系统和协作机制，建立食品药品生产加工经营企业公共信息数据库，联合开展食品药品安全执法合作，保障食品药品安全。

（八）应急处置。建立应急事务协调处理机制，加强在应对重大汛情、重大环境、重大安全生产、重大公共卫生等突发事件的应急信息共享、应急处置协作、应急物资互助，推进应急专家和应急救援队伍的跨区域援助。

第十四条　区域合作

强化广佛肇经济圈整体优势，以珠江三角洲、环珠江三角洲、泛珠江三角洲、港澳台及中国—东盟合作为平台，积极参与国内外经济合作，加强与世界主要经济体的经贸联系和文化交流，完善区域开放型经济体系。

（一）推动区域一体化发展。深化与深莞惠、珠中江经济圈的合作，共同打造具有较强国际竞争力的都市群。推动与环珠江三角洲地区的产业和劳动力“双转移”，积极参与和支持省重点产业转移园区建设。加强与泛珠江三角洲城市广泛开展合作，不断扩大经济腹地和影响力。

（二）深化与港澳台合作。加强与港澳交通基础设施对接，深化与港澳台现代服务业、先进制造业、教育和社会民生等领域的合作，提高合作层次和水平。

（三）加强与东盟合作。按照合作共赢、资源共享的原则，推进与东盟投资贸易、资源开发、工程承包等深度合作，促进协会、商会间的交流与合作。

第四章　附则

第十五条　相关工作

本框架协议签订后，三市及时开展本框架协议细化事项协商，并签署交通运输、产业协作、环境保护、旅游合作、教育培训等具体合作协议。在本框架协议之外的其他重大合作事项可另行协商。

第十六条　协议生效

本框架协议一式七份，三市各执两份，报省实施《规划纲要》领导小组办公室备案一份，经三市市长签署并加盖公章生效。

广州市人民政府	佛山市人民政府	肇庆市人民政府
（盖章）	（盖章）	（盖章）
二〇〇九年六月 日	二〇〇九年六月 日	二〇〇九年六月 日